区块链与金融科技

凌力 著

BLOCKCHAIN
AND
FINTECH

北京大学出版社
PEKING UNIVERSITY PRESS

内 容 提 要

本书从回顾货币及金融发展史出发，分析了数字化货币诞生的必然性及必要性，通过详细剖析具有开创性的比特币系统的基础技术、体系架构、数据结构、核心算法、通信协议的方式，解构其金融科技的本质和能力，以点带面、举一反三，揭示了区块链技术和应用的演化发展规律，论述了区块链作为数字底座对于金融科技及各领域数字化转型升级的关键性支撑作用，以及在实现数字身份、数字资产、审计监管、自治组织方面对当前数字经济、未来元宇宙的稳定性基石作用。

图书在版编目（CIP）数据

区块链与金融科技 / 凌力著. — 北京：北京大学出版社，2024.1
ISBN 978-7-301-34593-1

Ⅰ.①区… Ⅱ.①凌… Ⅲ.①区块链技术－关系－金融－科学技术－研究 Ⅳ.①F830

中国国家版本馆CIP数据核字（2023）第210483号

书　　　名	区块链与金融科技 QUKUAI LIAN YU JINRONG KEJI
著作责任者	凌　力　著
责 任 编 辑	刘　云
标 准 书 号	ISBN 978-7-301-34593-1
出 版 发 行	北京大学出版社
地　　　址	北京市海淀区成府路205号　100871
网　　　址	http://www.pup.cn　　新浪微博：@北京大学出版社
电 子 邮 箱	编辑部 pup7@pup.cn　总编室 zpup@pup.cn
电　　　话	邮购部 010-62752015　发行部 010-62750672　编辑部 010-62570390
印 刷 者	北京圣夫亚美印刷有限公司
经 销 者	新华书店
	787毫米×1092毫米　16开本　22印张　335千字
	2024年1月第1版　2024年1月第1次印刷
印　　　数	1-3000册
定　　　价	89.00元

未经许可，不得以任何方式复制或抄袭本书之部分或全部内容。
版权所有，侵权必究
举报电话：010-62752024　电子邮箱：fd@pup.cn
图书如有印装质量问题，请与出版部联系，电话：010-62756370

作者序 Foreword

相比于区块链技术应用热潮刚刚掀起的那几年（2016—2018年），现在已取得肉眼可见的进步——了解区块链技术的人越来越多，不用逢人就从头讲起，拼命解释区块链究竟是什么（What）、何时和谁（When & Who）发明了区块链、为什么（Why）区块链技术很重要。现在大多数时候沟通话题会直奔更高层次，探讨区块链能够应用在哪里（Where）、如何（How）更好地运用区块链技术。

技术的应用只有通过发挥作用才能体现出来价值。运用技术的目的无非是解决应用中的缺点、弱点、疑点、难点、痛点、堵点、断点、盲点，补上需求满足中的短板。区块链技术受到高度重视和关注的缘由亦是如此，不仅是为了更加安全、可信，而且为信息系统建设和运行提供了一种新的实现思路、新的支撑手段，使得数字经济、数字治理、数字生活的转型升级拥有了更大的施展空间。

人不能抓住自己的头发把自己提起来，但人可以制造升降机把自己升起来、制造飞机让自己飞上天。虽然没有"上帝之手"来协助我们人类"升维"，但就像瓦特改良蒸汽机、富兰克林发现电，人类可以依靠科技的力量来做到。数字化技术，包括区块链、大数据、人工智能等，就是人类为自己"升维"赋能的手段。

然而"升维"并不简单。就拿区块链技术来说，虽然很多人初步掌握了区块链的技术原理，但在实践中用好区块链技术又是另一码事。例如，比较普遍性的区块链应用的做法是实现数据可信化，方法是把数据的数字指纹上链，声称利用了区块链"存证"功能。其实这是一种较大的认识误解和应用误区，是把区块链性质当功能来用了。再例如，有人一听说虚拟币挖矿和交易的禁令，就对"虚拟币"三个字噤若寒蝉，更不用说在业务系统中使用了。

因此，本书实际上悄悄夹带了一些"私货"。不过别误解，"私"指的是《区块链与金融科技》书名中没有的、隐藏的内容；"私"还指根据理论原理结合应用实践而形成的观点，是从知识中提炼出的知识。这些"私货"主要是关于数字化转型的思路和方法论。因为不是弄懂区块链与金融科技就可以了，而是要建立数字化思维，对区块链和金融科技及其应用具备科学、全面的认知，懂得如何采用合理、合规的方法以实现需求，这样才能让区块链和金融科技赋能数字空间走在正确的路径上。

许多人还遇到过这样一种尴尬场面：废寝忘食做出来的一个区块链应用设计方案，被问到的第一个问题是"为什么要用区块链"。当听到这个"灵魂拷问"时，注定就已经输了。类似的质疑还有"难道政府部门不可信吗"（为何还需要区块链帮忙？）、"没有区块链的时候也运行得好好的"（区块链只是锦上添花吗？），等等。原因往往不是方案没有写清楚或没有讲明白，而是设计目标没有选对，没有发挥出区块链技术的关键优势，没有挖掘出区块链技术的独特能力，业务上缺少创新性、技术上存在替代性，自然就会受到质疑，存在"为区块链而区块链"之嫌。

区块链的创始系统是比特币系统。比特币系统的设计动机是电子支付，包括电子现金生成和交易，是一套典型的数字化金融工具。因此，金融科技是区块链技术的出发点，也是区块链技术的特长。如果在区块链应用中抛弃金融科技能力，只用区块链来做所谓"可信存储"的数据容器，则无异于"扬短避长"。因此，本书将金融科技与区块链并列，不单单是出于区块链技术可以赋能金融科技的考虑，也是因为区块链技术自起源就被打上了金融科技的清晰烙印。

温馨提示：本书附赠资源已上传至百度网盘，关注封底"博雅读书社"公众号，输入本书77页资源下载码，即可获取相关资源。

目录

第1章 货币变迁——从海贝到数币 /1

1.1 实物货币简史 /1
1.2 数字化货币 /4
1.3 交易账本 /8
1.4 电子支付系统 /11
1.5 金融体系问题分析 /14
  1.5.1 跨境支付系统 /14
  1.5.2 通货膨胀 /16
  1.5.3 庞氏骗局 /17
  1.5.4 金融风暴 /19

第2章 密码学基础——在数字中隐藏数字 /22

2.1 密码学概论 /22
  2.1.1 密码学模型 /23
  2.1.2 传统密码技术 /26
  2.1.3 现代密码技术 /29
2.2 现代密码技术原理与算法 /33
  2.2.1 对称密钥加密 /34
  2.2.2 非对称密钥加密 /47
  2.2.3 单向函数 /64
2.3 前沿密码技术 /75
  2.3.1 同态加密 /75
  2.3.2 属性加密 /78
  2.3.3 量子密码 /79
  2.3.4 后量子密码 /82
2.4 数据保全技术原理 /85

第 3 章 数字签名原理——匿名者的签名 /89

3.1 网络实名与匿名 /89
3.2 零知识证明 /92
3.3 数字签名 /93
 3.3.1 数字签名与验签原理 /94
 3.3.2 数字签名标准 /97
 3.3.3 标识密码与 SM9 签名算法 /100
 3.3.4 环签名和盲签名 /103
3.4 生物特征核验 /107

第 4 章 区块链原理——探索理想的货币 /109

4.1 比特币动机 /109
4.2 链式区块结构 /113
 4.2.1 比特币区块 /113
 4.2.2 区块生成算法 /117
4.3 对等网络结构 /120
 4.3.1 对等网络 /120
 4.3.2 比特币网络 /123
 4.3.3 比特币协议 /127
4.4 全网共识机制 /132
 4.4.1 共识机制 /132
 4.4.2 PoW 共识算法 /137
 4.4.3 比特币共识证明 /141
4.5 交易验证机制 /144
 4.5.1 比特币地址 /144
 4.5.2 比特币交易 /149
 4.5.3 交易验证 /154
4.6 智能合约引擎 /159

第 5 章 区块链生态——虚拟币并非主角 /164

5.1 区块链本质 /165
 5.1.1 区块链概念 /165
 5.1.2 区块链分类 /167
 5.1.3 区块链性质 /170
 5.1.4 区块链功能 /175
5.2 区块链生态 /177
 5.2.1 币圈生态 /179

5.2.2　链圈生态　/181
　5.3　区块链技术演化　/183
　　　5.3.1　区块链体系结构演化　/184
　　　5.3.2　区块链共识机制演化　/185
　5.4　区块链应用系统　/187
　　　5.4.1　区块链网络结构　/187
　　　5.4.2　链上-链下协同　/191
　　　5.4.3　区块链应用Dapp　/196
　5.5　区块链互连　/202
　　　5.5.1　跨链原理　/203
　　　5.5.2　BaaS平台　/206
　　　5.5.3　链管平台　/207
　　　5.5.4　区块链网络　/209

第6章　数字货币——技术亦关乎主权　/212
　6.1　数字货币估值　/212
　6.2　数字货币挑战与机遇　/219
　6.3　数字人民币　/223
　6.4　数字主权货币关键技术　/226

第7章　数字资产——穿梭于时空虚实之间　/230
　7.1　资产权属　/231
　7.2　数字身份　/235
　　　7.2.1　比特币用户身份　/235
　　　7.2.2　数字身份原理　/239
　　　7.2.3　DID规范　/242
　7.3　数字资产　/243
　7.4　数字资产确权　/247
　7.5　资产数字化　/249

第8章　区块链金融——金融科技创新　/252
　8.1　链改　/252
　　　8.1.1　区块链技术基因　/253
　　　8.1.2　链改系统架构　/255
　　　8.1.3　链改模式　/259
　8.2　区块链金融科技　/262
　8.3　数字化监管　/264

8.4 数字空间法律保障 /267

第9章 数字金融安全——谁在觊觎奶酪 /269

9.1 区块链金融安全框架 /269
　　9.1.1 宏观安全 /270
　　9.1.2 中观安全 /270
　　9.1.3 微观安全 /272
9.2 区块链安全风险 /273
9.3 数字资产风险 /277
9.4 隐私计算 /280
9.5 区块链技术与安全评估 /286

第10章 数字化思维——掌握更高能力维度 /290

10.1 数字化进阶 /290
10.2 互联网思维 /293
　　10.2.1 创新经济 /294
　　10.2.2 流量经济 /295
　　10.2.3 共享经济 /296
　　10.2.4 众包经济 /299
　　10.2.5 生态经济 /300
10.3 区块链思维 /302
　　10.3.1 区块链技术理念 /303
　　10.3.2 三元悖论 /308
　　10.3.3 DAO 组织架构 /309
10.4 数字化思维 /310
　　10.4.1 需求导向 /311
　　10.4.2 数据驱动 /313
　　10.4.3 数字赋能 /317
10.5 金融科技与数字化应用 /321

第11章 元宇宙——并非游戏人生 /326

11.1 元宇宙认知 /326
11.2 元宇宙关键技术 /330
　　11.2.1 数字孪生 /330
　　11.2.2 Web 3.0 /334
　　11.2.3 元宇宙基础 4A 要素 /337
11.3 元宇宙哲学观 /340

第 1 章 货币变迁——从海贝到数币

货币是我们再熟悉不过的东西了，不论是日常生活，还是企业运行、城市建设，都需要用到货币。但很多时候，货币又显得复杂而陌生，因为其形态多样，可以是金属、纸张，也可以是一张卡、一个码，或者干脆是屏幕上一串数字，有的摸得着，有的甚至都看不见。那么货币究竟从何而来？如何理解？未来又会往何处去？

1.1 实物货币简史

金钱不是万能的，但是金钱（货币）无疑是人类最伟大的发明之一，极大地促进了经济社会的发展，进而加速推动了人类文明的进步。货币之所以具备如此强大的力量，主要是其完美解决了一个时空难题，实现了货物交易的时间自由、空间自由，并且还具备价值衡量、价值储存作用。当我们收到压岁钱时为什么会觉得快乐？那是因为揣着这些钱意味着可以穿漂亮的新衣服和品尝甜蜜的棒棒糖。

历史学家揭示了远古人类艰难生存的状况：从靠打猎果腹，饥一餐饱一顿，到探索掌握种植、养殖技术，终于可以比较稳定地自给自足。随着生产技术的提高、工具的改进，古人欣喜地发现家里有了余粮，自然就动了跟人换点别的东西吃或用的念头。于是，物物交换的商品贸易出现了。

然而，物物交换存在一个很大的缺陷，即交换物不一定是双方都想要的，这就让交易变得困难。古代的保鲜技术很差，绝大部分食物都无法长时间保存，就会产生"我有东西"和"我有需要"这对矛盾，也不利于换取远在他乡的物品。

聪明的古人当然不会一直受困于时间和空间的限制中，一种新颖的货物交换方式悄然出现：货物可以换取稀有的天然海贝，海贝则随时可以换取其他所需的货物，人们通过协商确定每一种货物等于几个海贝。于是，海贝不再单纯是戴在脖子上的装饰品，而成为一种特殊等价物。此时，货币诞生了。考古发现贝币的出现可上溯到夏商时代。

随着商品交易对货币的需求量越来越大，市场中进一步出现了人工制作的石贝币、骨贝币、蚌贝币、铜贝币等古代钱币（如图1.1所示）。民间对货币有各式各样的称谓，如钱、币、现金、钞票、铜钿、通货，还有戏称"孔方兄"。历史上出现过的钱币形状、材质可谓五花八门，有蚁鼻钱、布币、刀币、方孔圆币等，西太平洋雅浦岛原住民居然用的是巨型石环。但无论如何，钱币的基本性质一脉相承、一成不变，就是货物交换的中间媒介，具有定价性、流通性、通用性、储值性、继承性等作用。其中有个朴素的道理值得注意，就是有货才有币。货物的丰富是基础，支撑着货币的价值。因此，离开了货来谈币，即使这种币的技术含量很高、金融功能很强，也是没有意义的，比如虚拟币。当我们对高高在上的虚拟币价格产生困惑时，不妨回过头来想一想这个道理。

图 1.1　古代钱币示意图

用数字化系统设计者解析业务流程的语言来说，在货物交换过程中使用货币，相当于把同步会话过程异步化了，通过增加货币这种通用的中介物，实现了时间、地点、交易对象的拆分，从而有效降低了供给方与需求方之间的耦合度，使交易变得更容易达成（不易因协商不匹配导致失败），同时也极大地提升了交易并发能力，如图1.2所示。

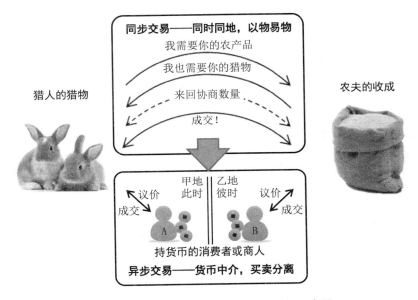

图1.2　货物交易的同步与异步逻辑示意图

货币的贡献不仅在于让人类挣脱了商品交易的时空束缚，而且有利于社会分工。货币的出现使生产活动更具专业性，有助于生产出数量更多、质量更高的商品，并让人类创意、创新不断，使物质不再局限于大自然的恩赐，而是极大地繁荣，驱使人类在蓝色星球上一骑绝尘。

在货币诞生之初，还没有国家这种社会组织，因此用什么作为货币、币值如何衡量等，都是人们多方认可、长期积累的结果。但随着人类社会规模越来越大、财富越来越多，特别是私有财产出现，货币的脆弱性逐渐暴露出来，比如容易造假。其根本原因是，在较小群体里屡试不爽的信任机制不存在了。一旦失去了可信度，货币体系必然摇摇欲坠。国家出现后，出于集权的需要，货币随即进入一个新的历史阶段，由国家接管进行铸币、定价、发行货币。国家行使了金融权,也给货币提供了信用背书,使人与人之间即使没有互信关系,也不会影响货币的流通使用。这一原理反过来也说得通,当国家政权不稳定时,国家信用崩溃,必然殃及货币,钱就不值钱了。人们拼命抛钱囤货,更加速了恶化势头。

由国家发行的货币,被称为主权货币、法定货币(简称法币),早期通常采用铜、铁、铅等金属材料制造。因金属开采、冶炼、铸造的难度很大,普通民众无法轻易复制,可以起到杜绝假币的作用。金、银等贵金属作为货币更是如此,因其稀有性,提炼获取的代价更大,因而其价值更大。将其做成金条、元宝、碎银子,一般以重量来计算价值,等价于货币,成为金融体系的定海神针,并沿用至今。可见,获取货币需要付出相应的工作量,这是防止弄虚作假、增强可信程度的重要指标,不论发行新币还是赚取收入都不能不劳而获。

金属货币从刀币、布币、环钱一路走来,时至北宋初年,川蜀商人印刷的"交子"开始流通,这无疑是货币史上一项颠覆性的发明,成为世界首创的纸币,甚至在官方认可下创立了准备金的金融保障机制。印刷交子的初衷或许只是替代携带不便、容易被盗被劫的笨重铜钱,但从事物演化发展的角度来看,却意义非凡,可以说是以一片轻薄的纸张开创了货币符号化的新纪元。到了元代更是全面采用国家发行的纸币为流通货币,直到如今,几乎所有国家(或国家联盟)都独立发行主权货币,无一例外都是以纸币的形式出现。

货币符号化将人类从货币的实物材料中解放出来,为货币的脱胎换骨奠定了基础,而现代信息技术的引入与融合再次极大地加速了货币的升级换代。

1.2 数字化货币

在江苏省镇江市的西津渡古镇,有个"一眼看千年"的小景点。玻璃罩子下是被层层剥离开的道路和台阶,最下层的是元代的泥地,之后是各朝代叠加的石板或砖块,不断翻新和修复的因繁华的通商码头人来车往而磨损的路面。景点的创意不动声色地表现了小镇的悠久历史,或许会让无数文人雅士诗兴大发，但或许还有其他更多的视角可以观察、思考和感慨，比如推车或行走在历朝历代路面上的船工或商贩们，他们从哪里来？怀里揣着什么样子的货币？他们一定无法想象到自己的后人们怀里只需要揣一部手机就能满世界游走了。

纵观人类社会发展史，包括货币演化历程，无外乎是一部技术和科学进步的编年史。只不过过去的几千年的变革低频一些，像西津渡的石板路从明到清变化不大，而从近代工业革命起，科学技术开始发力，新事物层出不穷，变化频率越来越快。如今的"一眼"是否已超过了过往的"千年"？

不妨回忆一下，多久没碰过现金了？很多人恐怕都算不出来了。虽然每天都会在各种场合花钱，但是并不用往外掏纸币，真正达到了"用币不见币"的境界。

这一切要归功于货币的数字化。

计算机和网络技术让银行抛弃了厚重的、容易出错的手工账本，同时减轻了运钞车在商店和银行间每天搬运大量现金的负担和风险。因为计算机擅长计算和记忆，而且效率惊人，天生是记账的超级高手，网络则轻松连接银行与各消费场所，数量再多也毫不费力，所以银行不再需要忙于发放或收储现金，营业员不用时刻担心收到伪钞而蒙受经济损失，消费者也不必害怕弄丢口袋里的钱。

首创的数字货币应当属于20世纪50年代初在美国诞生的银行卡。不论是借记卡还是贷记卡，也不论是早期的磁条卡还是新一代的IC（Integrated Circuit，集成电路）卡或RFID（Radio Frequency Identification，射频识别）卡，银行卡的功能都是标记用户，如图1.3所示，在消费场所的POS机上刷卡时，只用来读取卡号，识别持卡人身份。有时需要输入预先设置的银行卡消费密码，用于验证确实是持卡人在使用。最初POS机采用的通信方式是用调制解调器（Modem，俗称"猫"）通过电话网进行拨号连接，现在早已进化为宽带线路并通过Internet连接，连通银行数据中心的计算机。银行卡刷卡消费实际上就是传输卡号、密码、金额、商户号这些数据，由银行方面对账号和余额验证无误后，自动转账给商户的账号的过程。

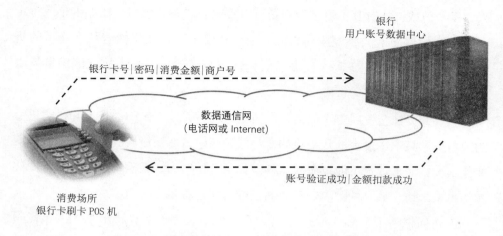

图 1.3　消费场所银行卡数字化货币支付示意图

消费场所与银行之间流动的是计算机的数据，代表人的账号、代表钱的余额都是以 0 和 1 的形式存在。实物货币（或现金支票）不再是必需品，并再次突破了时空的限制：空间自由——不需要到银行网点取钱；时间自由——支持先消费再还贷。货币数字化时代揭开了序幕。

虽然银行卡也是一种实物，并可用来购买商品，但已不是实物货币，也不属于实物货币的替代品。银行卡表明的是持卡人身份，本身并不需要存储隐私信息，关于真实身份、资产余额、交易记录等数据都保存在银行端。货币财富也因此被虚拟化了。

进入 21 世纪，互联网热潮掀起后，新技术蓬勃涌现，数字化消费支付的方式跳出了银行卡的局限，打开钱包抖出一堆五颜六色银行卡的姿势不再时髦，各种"花式"花钱的方式如雨后春笋般涌现。

- 网银：网上银行（最初为电话银行）在计算机或手机上即可操作付款或转账。
- 电子钱包：持牌的第三方支付机构可开设电子钱包，并提供汇集各家银行卡的网上支付手段。网上支付功能嵌入社交应用，可以向好友精准转账，或发红包。
- 扫码：移动支付支持用智能手机扫描二维码，既可扫描消费场所张贴的商家二维码付款，又可出示手机上的动态二维码供商家 POS 机扫码收款，用户还可相互扫码转账。
- 分摊：在社交群组场景下可多人分摊支付某一笔消费金额。
- 刷卡：利用RFID/NFC（Near Field Communication，近场通信）技术发行专用储值卡，如交通卡、校园卡，可记名或不记名，用于小额消费场景（不超过1000元）。
- 刷脸：如果认为携带卡或手机等实物还是不够方便，那么可以利用生物特征支付方式，验证事先注册好的指纹、面容、虹膜、掌纹等完成支付。鉴于生物特征与生俱来、不可重置，因此要注意避免信息流失造成财产损失。
- 代币：消费行为获得企业发放的代币，如银行或航空公司积分、游戏币等，可登录相关账号后用来购买实物商品或虚拟商品（包括服务）。
- 化身：未来元宇宙中则识别虚拟人数字身份进行数字资产的相互转移等操作。

与货币的发展相似，火车票、发票等实物票证也正在走向终结，逐步被数字化票证取代，使得在数字空间可以实现从搜索查看到购买使用的全流程，在现实世界只需要轻松携带一部手机即可通行无忧。

生活中与"币"相关的实物化、数字化产品很多，如图1.4所示，可以大致分为法币和代币两大类。法币指由各国央行发行的主权货币（法定货币），具有法偿性；代币是指由商业企业发放的有价票券，如购物券、优惠券，一般只能在企业经营范围内用于兑换相关产品或服务，不具有通用性。数字技术分别应用于法币和代币，为区别起见，将数字化法币称为电子货币，将数字化代币称为数字货币。数字化法币有实物型的银行卡、交通卡等，也有虚拟化的网上银行、第三方支付机构的电子钱包等；数字货币则专指原生的虚拟化代币，有早期的积分、游戏币，有基于区块链技术的虚拟币（亦称加密货币）。

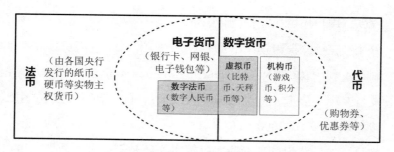

图 1.4　不同的币分类及其关系示意图

以新一代数字人民币为代表的数字化法币是主权货币领域的原生货币，目前体量尚小，处于试点和改进中，绝大部分国家的主权货币也没有升级举动，但区块链技术加持的数字化法币是未来主权货币的发展方向。作为全球最大的经济体之一，我国理应在货币及金融数字化方面占领高地、引领潮流。

1.3　交易账本

对于金融来说，账本比货币更重要，或者说行为比对象更为关键。货币只是相对静态的数字，而货币的来源、去向、作用等动态信息才是最需要全面、精准、细致掌握的。甚至可以说，账本清楚了，货币情况自然也就清楚了，反之则不然。

货币的流通使用，包括买卖、转账等，都属于交易（Transaction，经常简写为Tx）行为。把每次交易行为的详情记录下来，称为记账（Bookkeeping，或称为簿记）。最简单、直观的记账方式为单式记账法，就是客观地记下何时谁花了多少钱，购买了谁的什么东西等，如图1.5所示，俗称"流水账"，以便事后进行汇总、统计、分析，准确地掌握收入、支出的情况。最朴素的记账方法是站在自身的角度，以自己为交易的一方，只需记录日期和时间、资金流向（收入或支出）、金额、交易对象、交易内容（可细化物品组成清单、单价和数量）。

日期和时间	+/-	金额(元)	资金用途（对象、内容）
2018.4.1	−	74.35	请朋友喝咖啡（包括消费税和小费）
2018.4.2	−	500.00	餐厅一卡通充值
2018.4.5	+	2000.00	收到老爸老妈给的零花钱
本月结余		1425.65	
余额		1605.65	（上月结余 180 元）

图 1.5　单式记账法示例

记账一般是对交易事实的忠实、原始的记录，包括被取消的交易，但也可以扩展记录尚未发生的交易，如预期交易、有条件的交易。交易双方订立的合同中常常包含有条件的交易，例如，签订合同后 3 个工作日内支付 10%，软件开发完成上线运行后支付 60% 等。一旦交易双方（或多方）达成某种约定，则各方应守信履约，不论交易有没有完成，交易都应以某种形式被固化下来，成为可以采信的证据，防止任意一方毁约。但是，单式记账法仅在一个账户中登记，是交易的一个方面，且一般只反映现金收支事项，随着商业活动、金融产品越来越丰富、复杂和频繁，已不能完整反映诸如债权、债务、资金去向和来源等全方位的信息。比如买咖啡的钱，并不知道（当然个人也不在乎）是爸妈给的零花钱，还是勤工助学挣的薪水，还是炒股票的收益。

14 世纪的威尼斯商人为了理清付款、收款、贷款、抵押、赊账、放贷、拆借等各种金融活动的过程和结果，发明了复式记账法（Double Entry Bookkeeping），成为一种更科学、更完善的会计方法。一方（个人、家庭或机构）拥有的全部资产（Asset）如下式描述：

$$资产 \equiv 负债 + 所有者权益\ [+ 损益]$$

恒等号的左侧说明资产的构成和去向，包括银行账户有多少钱、有多少固定资产、花了多少成本及费用等；恒等号的右侧说明资产的来源，包括负债（Liability）、所有者权益（Equity）和损益。负债是指欠别人（银行、交易对方等）多少钱，所有者权益是指股东拥有多少钱，损益是指公司经营活动导致收入和成本（及费用）间的差值形成的盈利或亏损。

复式记账法以借（Debit）和贷（Credit）为记账符号，前者体现债务，后者体现债权。任何一笔涉及钱物的交易，分解到最基本的单元，都会记录为借、贷两个会计科目（Entry），这也是称之为"复式"的原因。具体操作方式是：资产和成本（及费用）的增加记借方，减少记贷方；负债、所有者权益和收入的增加记贷方，减少记借方。以"有借必有贷、借贷必相等"作为记账规则，每一次交易都要记两笔，一笔借方、一笔贷方，两者金额相等。相比简单的单式记账法，复式记账法在记每一笔账的同时将资金的来龙去脉、科目构成反映得一清二楚（如图1.6所示），而不是只知道账上还有多少钱（如图1.5所示），这对于公司经营而言相当有必要。

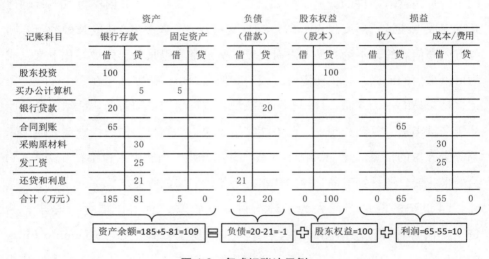

图 1.6　复式记账法示例

例如公司开张购买了一批办公计算机，花了5万元，此时应在资产中的银行存款的贷方记5万元，因为钱减少了，同时资产中的固定资产的借方记5万元，因为固定资产增加了，两者相抵，公司总资产没有变化；又例如公司为了开拓业务的需要，向银行贷款20万元，则应在资产的银行存款的借方记20万元，在负债的贷方记20万元，因为虽然银行存款多了，总资产看上去增加了，但股东的权益并没有增加，多出来的钱是借来的，总有一天要还的；再例如公司签了一个合同，到账65万元，应在资产的银行存款的借方记65万元，同时在收入的贷方记65万元。

复式记账的最大的好处是能够清晰反映资金的来源、流向和状态，能够完整体现资产状况。理论上，从任何一笔钱可以一路追溯其收付的过程与相关方，这对于证明资金合理来源、实现专款专用、评估借贷规模和风险等都有重要作用，在审计、监管等方面也是必要依据。为保障资金和交易的可验证性，比特币系统的账本就是运用复式记账原理来设计的。

1.4　电子支付系统

明末清初出现的票号，作为一种商业化金融机构，目的是实现汇通天下，是买卖遍布全国的晋商的一大创举，可以说是中国原生的初级版银行，可惜没有发展延续下来。全球最早的银行据说是意大利威尼斯商人于1407年成立的银行，现在已细分出中央银行、商业银行、投资银行等诸多种类。以最常见的现代商业银行为例，因为银行普遍具有官方或半官方背景，继承了国家信用，又有雄厚的资金后盾，所以人们都把银行看作是可信的第三方中介机构，在相互交易中由银行参与完成资金划转。

因此，银行就是金融活动各方交易都必须依赖的中心化系统。银行交易系统堵塞，那么交易就无法实施；银行记账出错，则交易或资产就会有差错；银行系统停机维护，用户即便有钱也取不了用不了；银行账户被攻破，用户资产就要遭受损失；银行一旦破产，那么储户的资产都将归零。

即使是第三方支付机构，各种金融行为最终都要落实到对银行账户的操作。因此，不论是手工式，还是数字化，现代金融操作都是基于账户的。账户主要由姓名（法人名）、身份证号码（法人税号）、账号及其他真实身份信息（如手机号）构成，故银行账户具有实名制性质。虽然在网上支付（如扫描二维码）过程中并不会泄露完整的个人身份信息，商家仅掌握交易代号，但是后台实名化的银行账户会了解所有情况。

因此，网上支付只是将法定货币数字化，在电子渠道实现支付操作，用户使用的始终是法定货币。电子化支付使实物货币原有的一些特性消失了，不过也换取了另一些好处。实物货币消失的特性包括以下几种。

（1）匿名性，换取消费支付的便捷性。实物货币是匿名的，从古至今皆如此。购物并不需要暴露买卖双方的身份，一手交钱一手交货即是一次成功的交易。货币是同质化的，即使材质不同、面额各异，一张10元纸币与10个1元硬币完全等值，可以购买到同等数量的同样的商品。实物货币并不记名，当然也不适合记名，因而不可挂失，但货币匿名充分保护了交易者的隐私，符合信息披露最小化原则。电子支付系统引入了必要的第三方（如银行），货币虚拟化后存储在实名化私有账户中，使货币的匿名性受到了部分影响。也许绝大多数人在绝大多数消费场景中并不"在意"第三方掌握这些信息，更青睐由此带来的支付便捷性，但这一影响是客观存在的。电子商务领域曾出现的"大数据杀熟"，就是依据这些信息来作恶的（指商家分析用户消费信息发现熟客的消费能力强、对价格不敏感、品牌忠诚度高、不爱退货与投诉，就反而不给其优惠，以赚取更多利润）。

（2）法偿性，换取支付方式的多样性。严格地说，法偿性同样是部分丧失。依据国家颁布的法律，法定货币不可拒收，比如在中国境内购物一定可用人民币支付。如果某个商家表示不收人民币，那就是违法行为。采用电子支付方式后，商家或许只开通了"W支付"渠道，假如顾客只有"Z支付"，支付服务渠道不匹配，顾客所拥有的法定货币就无法支付。在这种情况下，商家并不违法，不属于拒收法定货币的行为。类似的例子有：在境外刷信用卡消费时，可能有的商家只开通万事达（Master）卡，消费者手中的维萨（Visa）卡就使用不了。商家有选择任何电子支付服务商进行合作的权利，是一种纯粹的商业行为，但事实上法偿性确实受影响了。

（3）容灾性，换取系统成本的合理性。实物货币在灾害、战争等极端条件下的支付能力并不会受到限制，即使满目疮痍，依然可以从容不迫地购买必需品，正是实物货币所具有的很强的容灾能力的体现。电子支付系统严重依赖信息化设施，终端设备、网络通信、后台系统等任何一个环节如果出现故障、损坏、中断、堵塞、崩溃，都将导致一次简单的支付操作失败。例如电网受损将导致一大片区域的商家终端停机，甚至无线通信基站失效而断网。但是，如果每一种支付技术都要保障容灾性，不仅技术难度很高，而且会导致成本巨大，进而会阻碍技术创新。根据"2-8法则",以20%(或更小)代价实现80%情况下可用是最为合理的,何况基础设施正常的概率可能超过99%。对于法定货币来说,作为国家金融体系的基础,在数字化进程中充分考虑小概率的"黑天鹅"事件是十分必要的,因为金融体系正常运转与否直接关系到社会的稳定,必须通过完善技术逐步提升数字法币抵御风险能力。比如在手机无电关机情况下能否进行支付?(参照已实现的手机NFC模拟的交通卡。)又比如在网络覆盖死角能否进行离线支付?

(4)继承性,换取金融资产的多态性。实物货币可以由合法继承人直接获得,而电子账户里的钱要继承就没那么容易了,可能需要办理一系列复杂的法律手续。还存在另一个更棘手的问题,假如一个人突然离世,其继承人可能根本不了解在哪家机构的哪几个账户下有哪些资产(包括存款、理财、股票、债券等)。在资产数字化时代,"鸡蛋不放在同一个篮子里"、资产多渠道运作固然好处多多,同时未雨绸缪,将资产持有信息以某种方式提前留存或知会,无疑是明智之举。在依法合规前提下,开发能自动汇集个人掌握的数字资产,除货币财产外还可包括手机号码、社交信息、论文专利等个人信息,显然是很有必要的。

(5)普适性,换取支付技术的创新性。有一句俗语"可以帮着打酱油了"用来形容孩子长大了或孩子很能干,因为旧时生活中家长确实会给孩子一些零钱,让其提着瓶子到小店去买酱油。孩子有了进步,家长也会奖励一点零花钱,让孩子自己去买零食吃。这样的场景、这样的乐趣在电子支付时代恐怕就难以重现了。如果说实物货币普遍适合所有人使用,包括货币上为失明人士印制盲文,那么电子支付所必备的智能手机就难以做到老少咸宜了。即使我国的智能手机普及率已非常高,但还是存在没有智能手机的人群、操作网银和电子支付有困难的人群、不愿意用智能手机的人群、不适合携带手机的人群等。"数字鸿沟"是数字化进程中现实存在、需要桥接和跨越的障碍,否则就谈不上共同迈进数字化时代,这就要求金融科技不断创新且兼顾所有人的特点和诉求。

分析从实物货币到电子支付后"消失的特性"绝非否定金融业务数字化,

亦非谴责这种转变带来难以接受的"代价",而是梳理其差异、正视其缺陷,然后可以运用新技术、新方法进行针对性改进。区块链技术的出现,在一定程度上可有助于弥补电子货币及支付系统的部分短板,数字人民币就是一个很好的案例。

货币数字化、支付电子化已经是现实,并且还会继续优化发展,无缝连接现实世界与数字空间,在各种应用场景中发挥作用。在便捷性方面,现有的电子支付已经覆盖几乎所有线上、线下交易,未来会向更自然的方式、所有人都可使用、跨越国界限制的方向演化,实现资产"随身"、取用"随时"、操作"随手";在安全性方面,发挥数字货币与生俱来的防伪、防窃的优势,进一步提升个人金融资产的安全防护能力,使资产牢牢绑定真实的人;在监管性方面,在完善法律体系的前提下,既要充分保护个人资产不可侵犯、个人隐私不会泄露、个人权益不受损害,又要具备强有力的金融审计能力,严而有度、疏而不漏,使盗窃、诈骗、敲诈、洗钱等金融恶行无处遁形。

1.5 金融体系问题分析

现代金融体系越来越复杂,且越来越国际化。金融产品的丰富、金融能力的提高固然有利于促进全人类经济发展和社会进步,但是也存在一系列问题,例如,金融系统中的政治经济因素酿成的风险,利用人性弱点实施的金融诈骗犯罪活动,世界经济一体化后更易引发与蔓延的危机,失信与霸权造成的金融系统脆弱性等。全球各国应当直面这些问题,并探索如何运用先进技术进行管控与解决。

1.5.1 跨境支付系统

商品贸易全球化提出了海量的跨境支付结算的需求。设A国的甲公司与C国的乙公司做生意,甲公司的账号开在A国的 α 银行,乙公司的账号开在C国的 β 银行,假定已经做到换汇,如何实现甲公司向乙公司付款?

一种做法是α银行与β银行之间直接转账，这就需要两家银行的系统间相互交换信息，最终实现结算。可是将视角放大到全球贸易，则涉及上万家银行，每家银行都需要与其他银行签订双边结算协议，有转账业务时相互发送信息，这样工作量、成本及关系维护难度都是极其巨大的，可见没有可行性。

另一种做法是成立同业银行联盟，比如于1973年5月成立的环球银行金融电信协会（Society for Worldwide Interbank Financial Telecommunication，SWIFT），目前连接200多个国家数千家加盟的金融机构。我国的银行从1983年开始加入SWIFT。如图1.7所示，当需要进行跨境金融业务时，每家金融机构只需要与SWIFT通信，交换金融电文，如安全信息和支付指令，SWIFT负责关联与联系每笔业务的相关金融机构。这样每家银行只需要面对SWIFT一个实体，关系非常简单，国家或银行数量的增减与其他银行无关。所交换的业务信息是标准化电文，只需开发一次，各家银行及其系统实现对接非常容易。

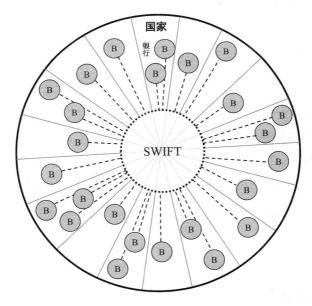

图 1.7　SWIFT 实体关系示意图

对SWIFT的分析要放到20世纪70年代的背景下来看。那时计算机技术已经初步成熟，但是计算机网络主要以局域网为主，缺少覆盖全球的统一的广域网，现在大家已经习以为常的Internet才刚刚萌芽，同时金融机构的信息化程度普遍很低，大部分银行还停留在手工记账的阶段。因此，最早的SWIFT信息是用有线电传网络来传递报文，每秒只能发送几个字符，由各个交换节点汇接到信息处理中心。银行对电文的处理及行内业务操作都依赖人工，因而每笔业务的达成时间以天来计。之后随着网络技术改进，升级为X.25分组交换数据网，再升级为IP网络，银行计算机系统也越来越先进，信息交互的原理没变，而跨境支付的业务操作都已经实现自动化。

虽然SWIFT是私营股份公司性质，股东来自世界各国，以执行股东会为最高权力机构，但是其决策权实际上掌握在个别国家手中。由于各个国家的跨境贸易都十分依赖SWIFT所建立的体系，所以一旦SWIFT突然断供，所造成的负面影响无疑会相当显著，尤其是对资源出口依存度较高的国家，SWIFT就是一种少数国家可操控的用以打击其经济实力的威力巨大的"金融核弹"，且效果立竿见影。这样的案例已有发生。因此，对于这枚"遥控炸弹"，必须清醒识别并采取风险防范的应对策略。而重起炉灶建设另一套跨境结算体系难度极大，并非在于技术和成本，主要是全球结算币种的制约，所以需要早做投入、长期推进。2015年启动的人民币跨境支付系统（Cross-border Interbank Payment System，CIPS）就是我国央行推行的一项落地举措，意义深远。

现在有了实现跨境支付的第三条技术道路，即基于区块链技术的数字货币。不论是以某一种法定货币为结算币，还是以一种中间虚拟币为结算币，都可以实现金融机构之间点对点的支付业务。看上去似乎又回到第一种做法，α银行和β银行之间直接结算，但本质上是不同的。银行等金融机构都是区块链的参与成员，成员间不需要事先签约，也不需要通过第三方机构即可实现业务往来。

1.5.2 通货膨胀

金融学家把货币定义为"一般等价物"，本质上是所有者之间关于交换权的契约。正因为货币与价值挂钩，其发行数量应当与商品生产总量相当，才能保证货币体系的稳定。假设市场上有100头羊，人们持有的货币总量为5000

元,那么每头羊的价格就稳定在50元;如果货币忽然增发了12000元,人们为手里的钱凭空多了不少而兴高采烈、奔走相告,但转眼就会唉声叹气,因为每头羊的价格涨到了170元,不,或许是200元。这就是通货膨胀(Inflation),通货即是货币,当货币发行量超过商品流通中所需要的货币量时就会发生这种现象,货币会贬值、物价会上涨,相当于货币购买力被稀释了。如果货币发行持续增加,通货膨胀将愈演愈烈,最终必然导致市场动荡、经济崩溃。

通货膨胀现象持续恶化,最终不可收拾的结果是国家信用丧失。如果"放水"无度,即使换一种货币暂时在票面上"削掉"一些0,过不了多久,那些0一定还会再加回来的。当币变得不可信时,人们就会信"货",商人会"囤货居奇",愈发推高物价,如此往复进入恶性循环中。可见,货币这种一般等价物必须要与商品总量等价才能达到平衡与稳定。

通货膨胀的"反面"是通货紧缩(Deflation),表现为价格的持续下跌、货币供给量的连续下降。表面上看商品价格变低了似乎是一件好事,消费者会乐得在睡梦中笑出声来,但如果属于通货紧缩在起作用,就非常不妙,因为这说明市场出现了产能过剩而需求不旺的状况,造成供大于求,货币价值高估、流通速度变慢,并可能导致失业率上升。经济仿佛"休克"了。严重的通货紧缩发展到一定程度,从量变到质变,将导致经济全面衰退。

所以,货币发行量、发行节奏是非常讲究分寸的,与国家经济现状及宏观经济发展趋势等因素都密切相关,可谓牵一发而动全身。对于国际化货币,还要考虑更大范围的经济状况与市场承受力。单靠一个"不问窗外事"的计算机系统(例如比特币)自顾自地发币,而不考虑各种影响因子,即便发币量是有节制的,也是把人类社会发展到今天所逐步构建起来的复杂的金融、经济生态想简单了。

1.5.3 庞氏骗局

现代金融体系衍生出让人眼花缭乱的金融产品,一般专业性很强,其设计原理、运行规则、底层逻辑、业务流程、资产操作及法律条文都相当繁复,普通民众通常只能停留在大致了解的程度，于是被一些居心叵测之徒利用，以谋取不义之财。面对财富，大多数人都有逐利心态，其实这很正常，既非人性的贪婪，也非道德的沦丧，追求更多财富以改善生活品质乃人之常情。不法分子就是利用自己掌握金融技能的"代差"优势，利用知识不对等、信息不对称，鼓动起暴利唾手可得的舆论，吸引并欺骗希望一夜暴富而易被海市蜃楼蒙蔽双眼的人群。

1919年，查尔斯·庞兹（Charles Ponzi）"发明"了一种"商业模式"，让人们相信向一个"明星"公司（事实上子虚乌有）投资，将在三个月内得到40%的超额利润回报。背后的运作方式是，庞兹把新投资者的钱作为"盈利"付给前期投资的人。前期投资的人确实拿到了真金白银的红利，就诱使更多的人上船，有些人倾其所有，有些人甚至加杠杆举债进场。这种典型的零和游戏当然无法持久，当后续输入的资金填不满前面挖的窟窿，外加庞兹奢华生活的开销，这个脆弱不堪的本钱"金字塔"崩塌是迟早的事。果然，延续一年多时间的闹剧以庞兹破产入狱告终，泡沫破灭导致数万个怀抱发财梦的投资者倾家荡产。这就是金融史上著名的庞氏骗局（Ponzi Scheme）。

然而，一百年来，庞兹不乏"后继者"，其营生勾当无非是巧立名目"空手套白狼"，手法上无外乎"拆东墙补西墙"，只是"投资内容"花样翻新、"台词说辞"套路变幻。例如借区块链的热潮，以"未来科技"为题材，标榜"先进技术"吸引不明所以的人上钩。以区块链虚拟币设局谋财的方式分两波进行。

第一波，克隆某种区块链系统，号称发链成功，宣布某个挖空心思"创意"名称的虚拟币即将上市，未来价值可期。出于成本控制，这些区块链只是照抄照搬技术，仅象征性部署个别节点，故被称为"空气币"；更有完全纸上谈兵的，连真的区块链都不舍得（或不会）部署，那就是传说中的"真空币"了。这样的虚拟币经一番精心包装隆重登场，要点来了，开启机不可失、失不再来的初次虚拟币发行（Initial Coin Offering，ICO）。ICO借用了股票市场的首次公开发行（Initial Public Offering，IPO）术语，只差一个字母，明显有硬往股票市场上靠的用意，蹭一个"高大上"身份，并用投资者熟悉的IPO发出"像

'打新股'一样"的暗示。用于ICO的虚拟币是发行者事先"挖"出的，以"募集资金做大做强"为幌子，自说自话定个"低于预期""稳赚不赔"的价格，在虚拟币交易平台出售。卖出虚拟币获得的收入，十有八九是法定货币，统统落入发行者的口袋。

第二波，如果有第二波的话，就是反复炒作这种虚拟币的身价，比如得到某位行业专家的赞许、发币量突破多少万个、与某个大公司达成战略合作意向等，烘托欣欣向荣的气氛，以抬升虚拟币的价格。由于币价飙升，历史上相似的一幕发生了——前期买币的投资人确实套现获利了，而后继的投资人成了"接盘侠"。币价越高，盘内的资金量就越大。一旦币价回落（往往是突然的暴跌，既无预兆也无限度），持币者仓内的虚拟币立刻就被打回原形，露出一钱不值的本来面目。此可谓庞氏骗局的新版本。

1.5.4　金融风暴

虽然人类的财富在飞速增加，体量庞大，但是金融体系像个脆弱的饼干塔，时不时就会倾覆、崩溃，给全球经济和民众利益造成周期性的巨大伤害。下面，我们简单考察近代的几个重要的金融领域事件。

（1）1929年10月29日，纽约证券交易所爆发"黑色星期二"事件。随着股票恐慌式抛售，股市断崖式下跌，成千上万的美国人眼睁睁地看着他们一生的积蓄在几天内烟消云散。其后直到1933年间，金融动荡演变为波及整个西方世界的经济危机，史称大萧条（The Great Depression）。

（2）1933年4月5日，经历过大萧条之后诞生的罗斯福新政，宣布私人持有黄金为非法，强制低价回收私人黄金，然后由国会立法将黄金定为高价，美元很快贬值69%。

（3）1944年7月，以西方发达国家为首的44国代表在美国新罕布什尔州布雷顿森林举行了联合国国际货币和金融会议，达成协议建立国际货币基金组织（International Monetary Fund，IMF）和世界银行集团（World Bank Group，WBG），形成了美元与黄金挂钩、其他货币与美元挂钩的国际货币系统，即著名的布雷顿森林体系（Bretton Woods System）。

（4）1971年8月15日，美国尼克松政府宣布美元与黄金脱钩，个人可合法持有黄金；1973年3月，中东战争引发石油危机，主要西方货币实行对美元的浮动汇率。由此，两大支柱坍塌，布雷顿森林体系解体。

（5）1975年，美国总统福特签署了"黄金合法化"法案，美国民众可以再度合法拥有黄金。

（6）2007年夏季，美国爆发次贷危机，引发了自"大萧条"以来最为严重的一次金融危机；2008年9月，次贷危机演变为全球性金融危机。在海啸般席卷而来的经济危机中，无人能独善其身。

如果将这些事件就时间线、事件主角关联性、严重性等进行梳理，如图1.8所示，则可以看到：近现代国际金融秩序动荡不断，负面能量的积累最终形成周期性爆发的经济危机，导致人类社会的严重倒退；金融寡头把持的执政当局可以"朝令夕改"，手握强权"任性"修改规则，单边干预的痕迹明显，恣意掠夺弱势民众的财富；黄金美元也好、石油美元也罢，都是为一小撮金融财团利益最大化服务的，以保持其货币的国际化地位（可用来操纵利益收割），并未兼顾他国利害。

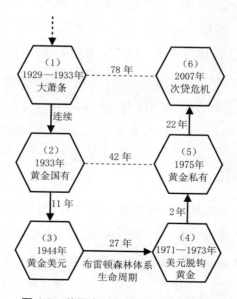

图1.8 美国金融领域事件关系示意图

因此，人们不禁会思考这样的问题：现有的货币体系是否合理？金融体系究竟存在什么弊端？民众如何维护自身财产权益？能不能杜绝寡头把持金融？是否有有效且长效的货币与金融解决之道？——像货币起源时的天然海贝一样，朴素而单纯，构建一种平等协商、符合多数人意愿的、安全可信的理想货币系统。

第 2 章 密码学基础——在数字中隐藏数字

构建理想的货币系统不可能倒退几千年去用海贝。人类的进步是螺旋式上升的，前人的智慧和成就是后人继续攀登的基础，契约精神、合作态度理应在金融领域得到发扬光大。但是时移世易，照搬老法、重走旧路并非解决问题之道，而是需要拓展新思路、吸纳新技术、提出新方法、运用新机制。因此，数字化时代的货币创新离不开先进数字科技的加持。

货币是人类最重要的财产，是一切金融活动的基础，所以数字化货币系统的安全可靠、诚实可信无疑是首先要实现的目标。信息加密技术就是其不可或缺的支撑力。只有切实掌握了信息加密原理，才能真正理解数字货币的技术、领会数字货币的本质。

2.1 密码学概论

密码学就是将数字化信息转换成不同的数据，使没有访问权限者无法直接识别并难以破解，从而保护信息的安全。从这个意义上说，好比是加密后的这些数字中"隐藏"了需要保护的那些数字。密码技术就是用各种巧妙的方法试图让数字隐藏得更好。

2.1.1 密码学模型

密码学（Cryptology）是研究信息加密（Information Encryption）的科学。密码学的基本原理是：把明文（Plaintext）用加密（Encryption）方法结合密钥（Key）生成保密的密文（Cryptograph或Ciphertext）；只有使用正确的解密（Decryption）方法结合解密密钥才能成功还原出明文。换句话说，如果运用的解密方法不相符或解密密钥不正确，即使采用高性能计算机依然难以破解。

只要是用计算机表达的二进制数据（但不限于数据），如数值、数据块、数据库、字符串、文本文档、图片、动画、音乐、指令、软件源代码、可执行程序等，都可以被加密。

根据密码学原理，可以构造如图2.1所示的信息加密和解密模型，包含明文、密文、加密方法、解密方法和密钥五要素。依采用的加密技术不同，加密模型并不是一成不变的，而是可以灵活变化的。例如：加密和解密密钥不一定是同一个，可以是不同数值；有些加密方法可以不使用密钥；加密后未必要解密，即可以不支持解密。需要注意的是，所谓明文并非是"可读"的代名词，明文是相对于密文而言的，只是一次加密过程的输入或一次解密过程的输出。已经加密的密文也可以成为另一次加密的"明文"，即加密可以反复迭代、层层嵌套。多次加密的过程是一种栈式运算，后进行的加密应该先做解密。

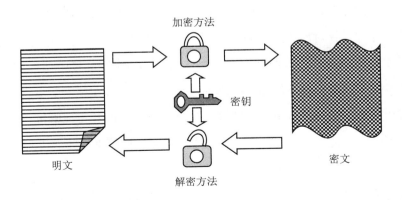

图2.1 信息加密和解密模型示意图

信息加密和解密可以用数学函数表示。设明文空间为 T，密钥空间为 K，密文空间为 C，f_e 为加密方法，f_d 为解密方法。若有明文 $t \in T$，加密密钥 $k_e \in K$，解密密钥 $k_d \in K$，密文 $c \in C$，则加密和解密函数可分别表示为：

$$c = f_e(t, k_e)$$

$$t = f_d(c, k_d)$$

信息加密技术的设计原则是：加密快、解密易、破解难。加密和解密分别对应信息的变换和还原，都是在可控的范围内进行，一般在信息生成和发送方与指定（授权）的信息接收和使用方之间展开，所以不仅加密要快速高效（防止加密过程成为系统运行中耗时耗力的瓶颈而制约业务顺畅性），而且解密同样要简单易行，不应成为信息应用的沉重负担。然而，加密破解（或称为破译）则越困难越好，因为破解是一种非授权行为，往往不掌握解密所需的关键信息（比如密钥），那么就要让破解过程成为在伸手不见五指的暗夜里行路、让找到正确密钥的概率变成仿佛在大海里捞针。可见，一种加密技术的强弱优劣并非单纯取决于加密、解密，在安全性方面更取决于破解的困难性。

实际上密码破解技术也是密码学研究的重要内容之一。不能简单地把破解当成一个贬义词来看。保密与破解是一对矛盾体，也是一枚硬币的正反两面。有保密，就必然存在破解。既然如此，就不应被动等待防线被突破，而是要主动研究并掌握破解之道，才能做到知己知彼，通过破解来全面排查加密方法的薄弱环节并进行针对性改进，同时清晰了解自身的抵抗破解的能力水平，比如破解可能需要多长时间，做到心中有数。在不同的应用场景中选择加密方法，也要参考保密强度指标，以做出合理的选择。密码破解在技术上不是只有一种针对密钥的尝试法，具有更大威胁性的是算法分析，即寻找加密过程及使用的数学原理的"可逆性"。一旦可以通过数学推导或推算来破译，即便只是缩小搜索范围，对保密性的伤害也是极大的。

信息加密技术是一把"双刃剑"，既有防范自身隐私信息受到侵害的作用，又会带来诸如投入成本上升、系统复杂性增大、信息传递延迟等弊端。同时，加密和破解永远是"矛尖还是盾固"的关系，一个在明处，另一个在暗处。即使采用最先进的信息加密技术，也达不到绝对的安全。

信息安全始终具有相对性。

其一，计算相对性。比如，普通计算机难以破译的密码，高性能计算机或许就能轻松攻破，因为难度实际上取决于算力的高低；再比如，针对某种加密算法，可能有人已经悄悄研究出一种数学方法，可以极大地降低破解密码的计算工作量。

其二，时间相对性。目前很安全的密码，随着时间的推移，安全性会衰减。必须假定在密文产生的第一时间就有人开始破译，那么在攻击者持续不断的尝试下，随着时间的推移，被攻破的可能性将越来越高，最后将失去保密性。

其三，价值相对性。信息的价值越高，受到攻击的概率就越大；反之，假如被保护的信息没什么价值，而破解成本很高，则信息可以认为是"高枕无忧"的。

正因为如此，应避免过度运用加密技术，而应该根据信息对象属性、信息价值、应用场景等各种因素来选择合适的加密方法，设计合理的保密方案。

信息加密不单是直观上用于数据保密的技术，还具有三大作用，如图2.2所示。

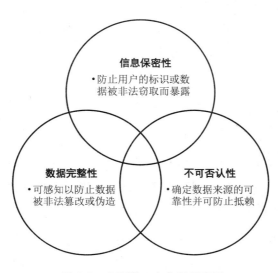

图 2.2　密码学三大作用示意图

- 信息保密性：加密后的信息即使被截获或窃取也不能被直接利用，用于防止信息内容的暴露，以及防止隐私信息泄露。
- 数据完整性：数据被修改后，哪怕只是修改了一个比特，也能被检验出来，起到防篡改作用，同理也能防止任意伪造信息。
- 不可否认性：建立数据与其所有者的绑定关系，他人无法生成该密文，一方面可以此确定数据归属方，另一方面可防止数据所属方抵赖。

当然，密码学三大作用不是由单一算法实现的，而是由不同技术原理的算法来实现的，很多时候还需要相互结合来实现。

密码技术由来已久、类型多样，在国家或民间都有使用。古代多出于军事需要，主要在军队中使用，用于传递密令，现代则扩展到商业及个人用途，用于各种数字化信息的保密和保护。从加密技术的角度来看，可断代为"二战"前后，"二战"前的数千年中采用的技术统称为传统密码（或称为古典密码），"二战"后特别是随着计算机诞生，开启了现代密码的历程。

2.1.2 传统密码技术

信息加密作为保障消息安全传递的一种方式，其历史相当久远，大致可追溯到公元前2000年。虽然那个时代的技术与当代不可同日而语，但已具备加密的含义和雏形。

传统密码的表现形式丰富多彩。敲门暗号、约定手势、藏头诗歌等都可以算作信息传递的加密方法。湖南江永一带流传一种女书，已被列入国家级非物质文化遗产名录，是只在女性间代代相传的汉字书写方式，对于男性而言，满篇的奇特符号无异于让人一头雾水的"天书"了。又如，某个电影中，两国发生战争，其中一国某族用他们独特的方言在本族通信兵之间进行无线电语音通信（同时还把重要术语如飞机用苹果代替），敌国收听到后完全不知所云，技术上要破解根本无从下手。所以，加密并不一定要靠数字变换。

虽然信息加密亦属于信息编码技术，但应注意与其他编码技术相区别。信息加密属于广义的数据编码,狭义的编码只是对信息表达方式进行映射转换,并不是以保密为目的,往往是一对一的、标准公开的、简单可逆的,如文字的计算机编码、图像编码、信道编码、地址编码、加入冗余信息的容错编码、节省存储空间的压缩编码等。

公元前1世纪,古罗马恺撒大帝的军队使用过一种恺撒密码(Caesar Cipher),方法是将明文字母表A到Z向左或向右进行循环移位,位数可以灵活指定(相当于密钥),形成密文字母表。如图2.3所示是循环左移3位的明文和密文对应字母表,加密就是把明文字母一一对应换成相应的密文字母,例如把T替换为W,解密则是反过来。如今可以简单运用数学中的模运算,将明文字母表编码为0~25的数值,设步长为k,循环左移或右移分别取k为正数和负数,则加密运算即为$c=(t+k) \bmod 26$,解密或破解同理,计算相当简单,看上去保密性有限。但是,任何事物的价值都要放到其所处的时代和当时的条件来评估。在那个文盲占大多数的年代,设想从俘虏的信使身上搜出一封"乱码"写的信,信使也不知道如何加密的,要破解真的非常困难。

```
【恺撒密码字母变换表】(以循环左移3位为例)
  明文字母表:ABCDEFGHIJKLMNOPQRSTUVWXYZ
             ↕↕•••                    •••↕
  密文字母表:DEFGHIJKLMNOPQRSTUVWXYZABC

【信息加密和解密示例】
  明文:THE QUICK BROWN FOX JUMPS OVER THE LAZY DOG
  密文:WKH TXLFN EURZQ IRA MXPSV RYHU WKH ODCB GRJ
```

图2.3 恺撒密码加密解密原理示意图

类似的加密方法还有古希腊密码,其技术含量更高,将字母表编为5×5或3×8的二维矩阵(可将形似的i和j放进同一个位置),然后用每个字母的行号和列号组合来表示字母(反之则解密为明文)。

历史上加密与破译的对抗有许多惊心动魄的故事,如二战中盟军巧妙地从纳粹潜艇上猎取恩尼格玛(Enigma,意为谜)密码机。这是一种电子和机械紧密结合的登峰造极的加密方法，外形是一台打字机，而内部设计了快速、中速、慢速三个串联转轮，每个转轮有不同的英文字母转换映射。每键入一个字母（例如E），输出一个密文字母（例如W），并带动快速转轮转一格，导致字母映射关系发生改变，再输入A时输出的可能就变成G了。快速转轮转一圈，驱动中速转轮转一格，中速转轮转一圈，驱动慢速转轮转一格（相当于时钟的秒针、分针和时针），显然通过三个转轮的转换映射，对于输入的同一个明文字母，其输出的密文字母是不断变化的，重复周期为26^3=17576个字母，由此形成的转换规律极为复杂。但解密很方便，同样使用密码机（设为解密模式），在键盘上依次键入密文字母，输出的字母就是明文。每次使用恩尼格玛密码机时，先要调节三个转子的初始位置，相当于加解密双方约定的密钥。因此，为了破译恩尼格玛密码，获得实物密码机（如图2.4所示）是必不可少的。可喜的是，在英国布莱切利庄园，以"人工智能之父"艾伦·图灵（Alan Turing）为代表的一群天才科学家经过不懈努力，最终成功破译了这种有史以来最强密码，并通过其获取的高度机密的情报的助力，取得了诺曼底登陆等战役的胜利，挽救了千百万生命，拯救了世界。

图2.4　恩尼格玛密码机

传统密码技术总体上是利用字母简单替换的原理，存在两个致命的弱点：一是非常依赖方法的保密性，有的还需要依赖密码本等容易泄露或丢失的工具，一旦方法被破译者掌握，例如知道是恺撒密码的字母表移位法，尝试解密就相当容易了；二是字母的替换虽然使表达方式彻底改变，但是改变不了字母出现的频率，如图 2.5 所示，通过统计可以得到英文文章中各个字母的字频，则只需分析密文中字母字频，即可让明文字母露出庐山真面目，例如密文中字频最高的字母即为明文字母 i，次高字频且首字母字频最高的必为 t。解密不需要复杂艰难的分析过程，对于大多数传统密码算法，只需用同字频统计法即可让明文露出庐山真面目。在公元 9 世纪，阿拉伯密码破译专家就已经娴熟地运用这一破译法。如果使用计算机辅助，破译更是无比轻松。当然，统计法的运用有个前提，就是需要密文数量较大，否则字频的规律无法显现出来。

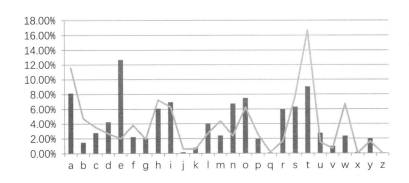

图 2.5　英文字母字频柱状图和首字母字频折线图

因此，在具有强大存储、运算、处理能力的计算机出现后，传统密码技术日薄西山，已无安全性可言，取而代之的是结合数学研究成果与计算机算力的现代密码技术。

2.1.3　现代密码技术

1946 年 2 月 14 日，世界上第一台通用计算机 ENIAC（Electronic Numerical Integrator And Computer，电子数字积分器与计算机）诞生，密码分析技术也随之跨入了新阶段，曾经主宰信息保密世界数千年的古典加密法永远退出了历史舞台。同时伴随着高等数学研究不断取得新成果、数学原理的密码学应用被不断发掘，信息加密领域开启了"数学+计算机"的现代加密技术时代，加密技术也升级成为密码科学。

网络上每年的数据量飞速增长，海量的数据通过网络进行传输，其中存在很大比例的需要保密、保护的数据。如果没有密码技术，所有数据就相当于在网络上"裸奔"，这是不可想象的。事实上，如果没有数据安全性保障，就像人的人身安全都得不到保障就免谈繁荣发展一样，网络和信息就不可能膨胀到如今这个程度。

短短数十年间，现代加密技术发展出了更多种类的密码类型，不仅可用于信息的保密性（防泄露），而且可用以保障信息的完整性（防篡改），实现信息发布者的不可否认性（防抵赖）。同时，计算机网络应用的迅猛发展对传输、存储、处理的信息的安全性提出了更多、更高要求，反过来促进了密码技术的不断扩展、改进。现代密码技术主要演化出三类，即对称密钥加密、非对称密钥加密、单向函数，如图2.6所示。

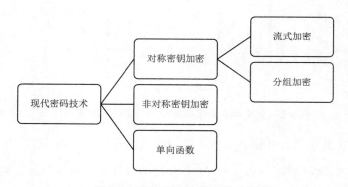

图2.6　现代密码技术分类示意图

1948年信息论创始人（又被誉为现代密码学鼻祖）香农（Claude Elwood Shannon）发表了划时代论文《通信的数学原理》（*A Mathematical Theory of Communication*）。香农开创性地将鲁道夫·克劳修斯（Rudolf Clausius）提出的熵（Entropy）理论引入信息论，用信息熵来量化计算信息量。设消息x发生的概率为$p(x)$，则消息所含信息量I为：

$$I = \log_a \frac{1}{p(x)} = -\log_a p(x)$$

当随机事件x发生前，I表示事件x的不确定性；当事件x发生后，I表示

事件 x 所含的信息量。根据计算式，小概率事件的熵值较大，说明不确定性较强。若对数底 $a=2$，则 I 的单位是比特（binary unit，bit）；若 $a=e$，则 I 的单位是奈特（nature unit，nat）；若 $a=10$，则 I 的单位是哈特（hartley，hart）。通常，用比特（bit）作为信息量的单位。

对于多个消息（或符号）的集合，用平均信息量 $H(x)$ 即信息熵来度量。设离散信息源为符号集 $\{x_i\}$（$i=1,\cdots,n$），独立概率分别为 $p(x_i)$，且 $\sum p(x_i)=1$，则各符号（symbol）的信息量（熵）分别为：

$$-\log_2 p(x_i)$$

计算各符号信息量（熵）后，统计平均值得 $H(x)$ 为：

$$H(x) = -\sum_{i=1}^{n} p(x_i) \log_2 p(x_i)$$

符号信息量（熵）的单位为 bit/symbol。当每个符号（可以为单词、字母等）等概率出现时，即 $p(x_i)=1/n$，显然每个符号的熵与平均值一致，此时熵达到最大值：

$$\log_2 n$$

熵还有联合熵、条件熵、相对熵等。联合熵（Joint Entropy）是指两个随机变量 x 和 y 的同时发生，用 $H(xy)$ 表示；条件熵是指在随机变量 x 发生的前提下，随机变量 y 发生所新生成的未知熵，表示为 $H(y|x)$，且 $H(y|x) = H(xy)-H(x)$ 成立（证明从略）。

设密码体制（模型）为 $\{P,C,K,E,D\}$，分别表示明文、密文、密钥、加密方法、解密方法。现代加密技术的信息保密性取决于密钥的安全性（因为破译者重点是破解密钥），等价于考察密钥的信息量（熵）大小。在已知（截获）密文的情况下，密钥熵（未知信息量）越大则说明密钥的随机性、不确定性越强，也即密钥被破解的概率较小，那么加密信息就更安全。故应成立 $H(K|C)=H(K)+H(P)-H(C)$，表示破译者掌握密文后，密钥的未知信息量等于明文和密钥联合熵减去从已知密文中可以获得的信息量（熵）。证明如下：

根据加密体制原理，成立 H(KPC)=H(C|KP)+H(KP)，表示加密体系 {K、P、C} 联合熵等价于已知明文和密钥下的密文的熵与明文和密钥的联合熵之和。

∵ 按加密原理，通过明文和密钥可唯一确定密文，有 H(C|KP)=0，故 H(KPC)=H(KP)。

又∵ 明文 P 与密钥 K 是统计独立（无相关性）的，∴ 有 H(KP)=H(K)+H(P)。同理（考察解密原理）成立：H(KPC)=H(P|KC)+H(KC)=H(KC)。

∴ H(KC)=H(KP) 成立。

∴ H(K|C)=H(KC)−H(C)=H(KP)−H(C)=H(K)+H(P)−H(C) 成立。证明完毕。

可见，信息熵与密码技术之间存在深刻的内在联系。用信息熵理论可以推导出上述表达式 H(K|C)=H(K)+H(P)−H(C)，清晰地呈现出密码体制安全性的设计要点。

（1）密钥空间（密钥长度）越大越好，密钥随机性越强越好，不确定性较大使密钥更难以被破解。

（2）明文空间大（可能性多）更难被猜测。

（3）密文透露的信息量越少越好，比如在明文相似的情况下，密文不应具有相似性，防止破译者根据密文规律性信息进行推测。

（4）应避免泄露明文密文对，影响 PC 联合熵，有利于实现已知明文攻击。

（5）应用中尽量使明文为等概率分布，即避免个别明文符号的重复（大概率）出现，因为概率均匀分布下才能得到 H(P) 熵值最大值。

（6）长期使用同一个密钥，相当于破坏了密钥的等概率分布，降低了 H(K) 熵值，对安全性不利。

（7）虽然加密解密算法很重要，但与信息熵没有直接关系，所以加密解密算法可以公布（例如发布技术标准），不影响密码安全性。

在实现技术上，香农信息论提出使用信息编码的混淆（Confusion）和扩散（Diffusion）方法，使信息（密文）尽可能混乱，比如消除字符频率特征，以抵抗各种方法（例如基于统计方法）的密码分析（破解）。其中，混淆可以尽可能使密文和密钥间的统计关系复杂化，增强独立性、减少相关性，阻止发现密钥；扩散则使明文的统计特征消散在密文中，使概率分布更趋均匀，让每个明文编码单元尽可能多地影响多个密文编码单元。

熵是对混乱程度的度量。熵的概念不仅被引入热力学，还被运用于概率论、生物学、天文学乃至社会学领域。香农提出的信息量与消息的种类、特定内容、重要程度等无关，仅与随机消息发生的概率密切相关。若消息发生概率小，不确定性强（更混乱）、意外和惊奇程度高，信息量就大，反之信息量就小。若消息发生的概率趋近于零（不可能事件），则消息的信息量趋于无穷大；若消息发生的概率为1（必然事件），则消息包含的信息量为0。

据此推论：若一个信息很稀有（小概率事件）、特别有吸引力，即信息熵必然较大；但是，这类具有"轰动性"的信息意味着会有更多的人感兴趣，纷纷在网上转发，从而被传播得更广泛或者说被引用的数量更多，那么在网上这个消息的出现概率就更高，导致熵较小。看上去结果是相反的，似乎存在矛盾。实际上，熵的计算要立足特定时间和场景，不能一概而论。前一种情况是从信息本身的性质出发（具有新闻性）来计算，是一种面向静态的衡量；后一种情况是从信息的利用、行为（传播性）来计算，是一种面向动态的衡量。因此，不能简单地以信息熵大小来评判信息的价值高低。

在一个系统中，如果不施加外力，其趋势是熵增。比如，恒星逐渐坍缩，一杯水慢慢变凉，桌上的苹果一点点烂掉，房间一天比一天杂乱无章，信息系统越用越"卡"等，都属于混乱程度在逐步加剧，依靠自身是无法实现逆转的，甚至有些是不可逆的。假如毫无作为的话，系统不会自己变得井然有序。故熵的概念对于创新思变有很强的启示意义。

2.2 现代密码技术原理与算法

现代密码充分利用数学原理和计算机算力，设计了完全不同于传统密码的加密算法，主要包括对称密钥加密、非对称密钥加密、单向函数等三种类型，为网络信息系统广泛应用奠定了基础。

2.2.1 对称密钥加密

对称密钥加密（Symmetric Key Cryptography）是现代密码技术的一种类型，又称为私钥加密（Private Key Cryptography）、单钥加密（One-key Cryptography），因同一个密钥既用于加密又用于解密而得名。

密钥实际上就是一串二进制数据。既然对称加密方法的密钥也要用于解密，那么密钥一定要被妥善保护好，绝不示人，保持私密性、私有性，这是其称为私钥（Private Key）的原因。又由于密文的合法接收者（解密方）也需要这个私钥，所以如何在通信双方之间安全地分享密钥就显得非常重要，比如需要用数字信封进行安全传递。

对称密钥加密是实现信息保密的主要手段，比如经常在一次协议会话过程中对报文数据进行加密，故亦称为会话密钥（Session Key）加密。对称密钥加密具有如下技术特点。

- 密钥是关键（The key is the key）。现代加密技术的加密算法可以公布、加密代码也可以公开，但只要保护好密钥，密文就是安全的。
- 密钥长度决定安全性。密钥越长则加密强度越大，因为密钥编码空间变大了。穷举密钥编码几乎是尝试破解的唯一方式，那么密钥每增加区区1位，就可以给破解者的计算工作量增加整整1倍，密钥增加1字节（Byte，B），破解工作量就是原来的$2^8=256$倍，相当于原本1天就可破解，现在变成需要将近1年才能破解。
- 对称加密算法被设计为具有很高的加密、解密计算效率，可面向大量数据的加密，如文件、数据库、流媒体等，然而密钥的安全生成、安全分发、安全存储、安全使用需要较大的管理工作量。

对称密钥加密可分为流式加密和分组加密两大类，前者适用于流媒体应用，例如在线播放音乐或视频，后者应用范围更广，适用于绝大多数需要数据加密的场合。常用的对称密钥加密技术有TEA、BLOWFISH、DES、AES、IDEA、SM4、RC4等，本章选取其中具有代表性的DES和SM4来解析算法细节。

在比特币核心系统中并没有直接采用对称密钥加密技术，这与比特币提倡信息透明化有关，而且比特币区块链上存储的信息也比较单一、简单，只有虚拟币数值。但是在区块链扩展应用中，当需要对重要信息进行保护时，对称密钥加密技术就有用武之地了。需要注意的是，私钥加密数据不宜直接上链保存。从区块链原理可以了解到，区块链所维护的数据"账本"是各个节点共享的，历史数据是永久不变的，一旦数据上链，就可被其他节点获取到，且无法"召回"，即使是密文，根据保密的时间和计算相对性原理，密文始终存在被破解的风险，而且破解可能性持续增大，不知何时信息已经泄露了。因此，通常说的数据上链，不论是否经过加密，并非"将原始数据保存到区块链上"，而是将元数据及数字指纹上链。

分组加密（Block Cipher）是最主要的对称密钥加密类型之一。分组加密是以一定长度的数据块（即分组）为单位，进行整体编码变换，从明文块生成密文块；密文块与明文块等长，一块数据加密完成后继续加密下一块。密文块也是依次执行解密操作。就加密算法本身而言，每一块数据的加密或解密运算都可以独立进行。

显然，对 n bit（位）的分组，有 2^n 个不同的明文分组、2^n 个不同的密文分组，相互间共有 $2^n!$ 个非奇异的映射（变换）关系。

不失一般性，设 $n=4$，4bit 明文分组 $M=(M_3M_2M_1M_0)$ 共有 $2^4=16$ 种编码组合，编码器的 16 个输出分别为 $X_0 \sim X_f$，共有 $2^4!$ 种不同的映射关系。设对于一种特定的映射关系，由连接"跳线"从每个输入脚连通到唯一的输出脚，转换为 $Y_0 \sim Y_f$，可解码为 4bit，输出 $C=(C_3C_2C_1C_0)$，C 即为明文 M 加密后的密文。例如，4bit 明文为 1001（十六进制 9），编码结果应为 X_9，在图 2.7 所示的映射关系下被转换为 Y_7，则可解码并输出密文 0111。在相同的映射关系下，若以 C 为密文输入、M 为明文输出，则为解密操作。映射是从编码器的 16 个输出到解码器的 16 个输入之间的不同关系。对于示例中的映射关系，X_9 映射为 Y_7，X_2 映射为 Y_0，如果换一种映射关系，好比"抽掉"映射关系这块"电路板"然后插入另一块"电路板"，只把 Y_0 和 Y_1 上两根线调换位置，其他不变，那么 X_9 仍然映射为 Y_7，X_2 就映射为 Y_1 了，加密结果就会因此改变。所以编码组合与映射关系是不同的概念，4bit 明文只有 $2^4=16$ 种编码组合，却有

$2^4!=20922789888000$ 种映射关系。加密所需要的就是映射关系的复杂性。在这个示例中,映射关系就是密钥,更换了映射关系"电路板"就是更换了密钥,就会导致加密结果发生改变。解密方也需要掌握一块相同的映射关系"电路板",才能正确解密。

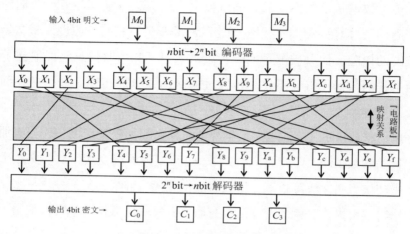

图 2.7　分组加密变换原理示意图

这一加密模型穷尽了所有的编码及其映射关系,在技术上已经无法更好了,因此被称为是"理想分组加密"方法,保密性达到最佳。然而,理想归理想,该模型存在一个不容忽视的问题:密钥过长。如图 2.7 所示的映射关系可表示为如图 2.8 所示的编码对应表,每一种不同映射产生一张表,$n$bit 明文总共可得 $2^n!$ 张表。不失一般性,将明文编码统一为升序排列,密文一行所代表的就是密钥,则密钥长度为 $n \times 2^n$bit。对于常用的 64bit 分组,其密钥长度将达到惊人的 10^{21}bit。过长的密钥对数据加密的计算、管理均会带来不利影响。

明文	0000	0001	0010	0011	0100	0101	0110	0111	1000	1001	1010	1011	1100	1101	1110	1111
密文	1101	0100	0000	1000	1010	0001	1111	1100	0010	0111	0101	1110	0110	1001	1011	0011

图 2.8　分组加密编码映射关系示意图

因此,实际的分组加密算法设计采用的是理想分组加密的近似体制,相当于取不同映射关系的一个子集,以减少映射关系数为代价,换取较短的密钥长度，虽然牺牲了一部分保密性，但使加密方法更具有实用性。

法伊斯特尔（Feistel）模型就是基于香农密码学原理设计的对称密钥加密统一架构。各种对称密钥加密算法都是参照这一模型设计的。在法伊斯特尔模型中，数据运用代换（Substitution）和置换（Swap）操作进行处理，分别就是信息论混淆和扩散的实际应用。代换采用函数运算方法，置换通过数据的交叉换位实现。

设：明文和密文均为 $2w$bit，密钥为 K。如图2.9所示为法伊斯特尔加密的算法结构。该模型由 i 轮加密运算组成，每轮具有相似的运算方法，分别使用由密钥 K 生成的该轮次的子密钥 K_i。每轮 $2w$bit 输入被分为 $w$bit 的左半部分和 $w$bit 的右半部分进行代换运算，在输出前左、右两部分进行置换运算。算法结束前再进行一次左右置换运算，最终合并成 $2w$bit 的密文。

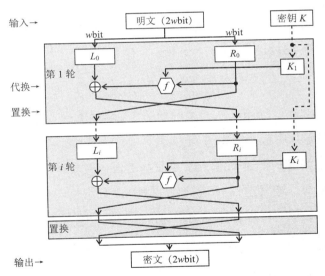

图2.9 法伊斯特尔加密模型模块组成结构与算法原理示意图

解密过程与加密过程完全一致（输入输出不变，并非逆向进行），但解密时逆序使用子密钥，即 K_i 在第1轮使用，K_1 在第 i 轮使用。这一论断的正确性可证明如下。

不失一般性，设加密算法执行16轮，再设：加密时，明文为 $LE_0|RE_0$（符号|表示左右两部分数值拼接，下同），输出的密文为 $RE_{16}|LE_{16}$；解密时，密文

为 $LD_0|RD_0$，输出的密文为 $RD_{16}|LD_{16}$。

显然有：

$$LD_0=RE_{16}, RD_0=LE_{16}$$

对于加密过程有：

$$LE_{16}=RE_{15}, RE_{16}=LE_{15}\oplus f(RE_{15}, K_{16})$$

其中，$\oplus$ 表示按位异或运算（位相同得 0，位相异得 1），其非常好用与常用的优良性质是：一个数被另一个数异或一次相当于加密，异或两次则会还原。

按照解密过程第 1 轮算法有：

$$LD_0=RE_{16}, RD_0=LE_{16}, LD_1=RD_0=LE_{16}=RE_{15}$$
$$RD_1=LD_0\oplus f(RD_0, K_{16})=RE_{16}\oplus f(RE_{15}, K_{16})$$
$$=[LE_{15}\oplus f(RE_{15}, K_{16})]\oplus f(RE_{15}, K_{16})= LE_{15}$$

因此，解密第 1 轮输出 $LE_{15}|RE_{15}$，正是加密第 16 轮输入左右互换的值。依此类推，解密第 16 轮成立：

$$LD_{16}=RE_0, RD_{16}= LE_0$$

最终换位输出为 $LE_0|RE_0$，正是原始明文（证毕）。

法伊斯特尔加密模型采用的 i 轮次运算又称为迭代操作。迭代轮次数越多，密文信息的混淆和扩散越彻底，保密性就增强，但会有加解密速度降低的后遗症，作为妥协，通常选择 16 轮迭代。此外，分组长度和密钥长度越长，安全性能也越好，但同样存在拖慢运算速度的弊端。常见的分组长度为 64bit 或 128bit，密钥长度则会根据算法指标、密级要求来确定。

1. DES

数据加密标准（Data Encryption Standard，DES）是信息加密领域最著名、应用最广泛的对称密钥加密技术之一，于 1977 年作为美国联邦标准发布，被全球各国广泛采用。DES 采用数据加密算法（Data Encryption Algorithm，DEA），但习惯上称之为 DES 算法。DES 符合法伊斯特尔模型，针对 64bit 数据块（分组）进行加密和解密操作。DES 采用的密钥为 64bit 的任意数，每字节的最高位作为奇偶校验位，因此实际密钥长度为 56bit。

DES输入明文被划分成64bit分组单元。由于明文总长度不一定为64倍数，需要时则在尾部填充补足，并附加指示有效长度的数据。DES对每个分组进行16轮迭代运算，每轮使用一个48bit的子密钥，而子密钥由56bit的原始密钥变换而来。

DES算法首先对64bit（设编号为1~64）的输入分组作初始置换（Initial Permutation，IP），置换规则如图2.10所示，第6位置换到第24位、第57位置换到第33位，即把位排列次序"打乱"，最后输出自然地分为32bit的 L_0、R_0 左右两部分。

L_0（32bit）									R_0（32bit）								
58	50	12	34	26	18	10	2	60 52 44 36 28 20 12 4	57	49	41	33	25	17	9	1	59 51 43 35 27 19 11 3
62	54	46	38	30	22	14	6	64 56 48 40 32 24 16 8	61	53	45	37	29	21	13	5	63 55 47 39 31 23 15 7

图2.10　DES初始置换运算示意图

随后，DES进入16轮的迭代运算 f，包括扩展换位运算、选择压缩运算、置换运算等步骤，每轮使用一个子密钥 K_i。每轮运算包含了输出结果的左右换位。DES迭代运算过程如图2.11所示。

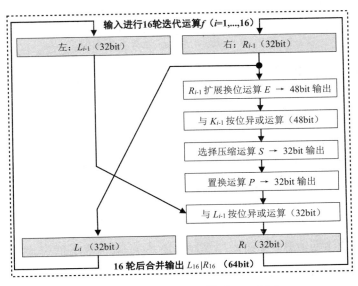

图2.11　DES迭代运算过程示意图

经过16轮迭代运算f后,得到L_{16}和R_{16},以此作为输入,进行如图2.12所示的逆置换(IP^{-1})操作,即可得到输出的64bit密文。考察DES初始置换表和逆置换表可以发现,从比特换位的关系来看,IP^{-1}正好是IP的逆变换。例如,第1位经过初始置换后,在第40位的位置;而通过逆置换后,从第40位换回到第1位的位置。当然,最终"回归"的已不是原始数值,而是加密变换后的数值了。

L_0(32bit)								R_0(32bit)							
40	8	48	16	56	24	64	32	38	6	46	14	54	22	62	30
36	4	44	12	52	20	60	28	34	2	42	10	50	18	58	26
39	7	47	15	55	23	63	31	37	5	45	13	53	21	61	29
35	3	43	11	51	19	59	27	33	1	41	9	49	17	57	25

图2.12 DES逆置换运算示意图

DES扩展换位运算E实现R_i从32bit到48bit变换,如图2.13所示,除了比特排列次序发生变化外,其中1、4、5等部分比特被复制了2份。

R_i(32bit → 48bit)											
32	1	2	3	4	5	4	5	6	7	8	9
8	9	10	11	12	13	12	13	14	15	16	17
16	17	18	19	20	21	20	21	22	23	24	25
24	25	26	27	28	29	28	29	30	31	32	1

图2.13 DES扩展换位运算E示意图

DES置换运算P实现32bit的换位操作,如图2.14所示,进行比特排列次序调整。

32bit换位							
16	7	20	21	29	12	28	17
1	15	23	26	5	18	31	10
2	8	24	14	32	27	3	9
19	13	30	6	22	11	4	25

图2.14 DES置换运算P示意图

DES选择压缩运算S如图2.15所示。输入的48bit数据被均分为8份,各为6bit,分别由S所包含的$S_1 \sim S_8$共8个选择函数(S-box)进行处理。每个选择函数的功能是把6bit数据经变换得到4bit数据,最终把48bit输入值压缩转换为32bit。

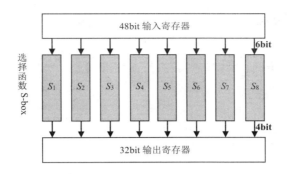

图 2.15　DES 选择压缩运算 S

选择函数 $S_1 \sim S_8$ 采用查表变换方法。如图 2.16 所示，每个 S-box 均占有 4 行（0~3 行）、每行 16 列（0~15 列）的数值矩阵。设输入 6bit 数据为 $D_1D_2D_3D_4D_5D_6$，令列号 $=D_2D_3D_4D_5$（取值 $0,1,\cdots,15$），行号 $=D_1D_6$（取值 $0,1,2,3$），查表得到对应的数以 4bit 表示，即得到 S-box 输出。例如，S_2 输入 110110，则行、列号为（2，11），查表得 6，输出为 0110。

S_1:	S_5:
14,4,13,1,2,15,11,8,3,10,6,12,5,9,0,7,	2,12,4,1,7,10,11,6,8,5,3,15,13,0,14,9,
0,15,7,4,14,2,13,1,10,6,12,11,9,5,3,8,	14,11,2,12,4,7,13,1,5,0,15,10,3,9,8,6,
4,1,14,8,13,6,2,11,15,12,9,7,3,10,5,0,	4,2,1,11,10,13,7,8,15,9,12,5,6,3,0,14,
15,12,8,2,4,9,1,7,5,11,3,14,10,0,6,13	11,8,12,7,1,14,2,13,6,15,0,9,10,4,5,3
S_2:	S_6:
15,1,8,14,6,11,3,4,9,7,2,13,12,0,5,10,	12,1,10,15,9,2,6,8,0,13,3,4,14,7,5,11,
3,13,4,7,15,2,8,14,12,0,1,10,6,9,11,5,	10,15,4,2,7,12,9,5,6,1,13,14,0,11,3,8,
0,14,7,11,10,4,13,1,5,8,12,6,9,3,2,15,	9,14,15,5,2,8,12,3,7,0,4,10,1,13,11,6,
13,8,10,1,3,15,4,2,11,6,7,12,0,5,14,9	4,3,2,12,9,5,15,10,11,14,1,7,6,0,8,13
S_3:	S_7:
10,0,9,14,6,3,15,5,1,13,12,7,11,4,2,8,	4,11,2,14,15,0,8,13,3,12,9,7,5,10,6,1,
13,7,0,9,3,4,6,10,2,8,5,14,12,11,15,1,	13,0,11,7,4,9,1,10,14,3,5,12,2,15,8,6,
13,6,4,9,8,15,3,0,11,1,2,12,5,10,14,7,	1,4,11,13,12,3,7,14,10,15,6,8,0,5,9,2,
1,10,13,0,6,9,8,7,4,15,14,3,11,5,2,12	6,11,13,8,1,4,10,7,9,5,0,15,14,2,3,12
S_4:	S_8:
7,13,14,3,0,6,9,10,1,2,8,5,11,12,4,15,	13,2,8,4,6,15,11,1,10,9,3,14,5,0,12,7,
13,8,11,5,6,15,0,3,4,7,2,12,1,10,14,9,	1,15,13,8,10,3,7,4,12,5,6,11,0,14,9,2,
10,6,9,0,12,11,7,13,15,1,3,14,5,2,8,4,	7,11,4,1,9,12,14,2,0,6,10,13,15,3,5,8,
3,15,0,6,10,1,13,8,9,4,5,11,12,7,2,14	2,1,14,7,4,10,8,13,15,12,9,0,3,5,6,11

图 2.16　DES 选择压缩运算 S-box 示意图

16轮迭代运算 f 中，每轮使用的子密钥 $K_0 \sim K_{15}$ 来自64bit初始会话密钥 K（$bit_0 \sim bit_{63}$）。先实施密钥缩小选择换位运算1（如图2.17所示），比特换位的同时顺便去除了校验位（每字节的最高位，如 bit_7），得到各28bit的两部分 P 和 Q，作为每次计算子密钥的输入。

$$K（64bit）\rightarrow P（28bit）+ Q（28bit）$$

P: 56,48,40,32,24,16,8,0,57,49,41,33,25,17,9,1,58,50,42,34,26,18,10,2,59,51,43,35
Q: 62,54,46,38,30,22,14,6,61,53,45,37,29,21,13,5,60,52,44,36,28,20,12,4,27,19,11,3

图 2.17　DES 密钥变换缩小换位运算 1 示意图

共16次密钥变换（$i=0,1,2,\cdots,15$）的计算方式一致：对 P 和 Q 分别进行 $M[i]$ 位循环左移，其中 $M[i]=\{1,1,2,2,2,2,2,2,1,2,2,2,2,2,2,1\}$，得 P' 和 Q'，合并得到56bit后，再实施缩小选择换位运算2（如图2.18所示），即获得用于第 i 轮迭代运算的48bit子密钥 K_i。

$$56bit（P'+Q'）\rightarrow 48bit（K_i）$$

13	16	10	23	0	4	2	27	14	5	20	9	22	18	11	3	25	7	15	6	26	19	12	1
40	51	30	36	46	54	29	39	50	44	32	47	43	48	38	55	33	52	45	41	49	35	28	31

图 2.18　DES 密钥变换缩小换位运算 2 示意图

DES解密运算方法和加密运算方法完全一致，只是逆向使用子密钥。

DES在诞生之初，曾估计要使用耗资2000万美元的专用计算机连续运行12小时才可能被破解，当时被认为很强大。然而，这一经典的算法如今面临安全性严重不足的问题，一方面是破解方法不断被探索，另一方面主要是56bit密钥长度太短，很难抵抗性能越来越强大的计算机进行的暴力攻击。

改善DES保密性的一种可行方式为三重DES（Triple DES），即对一个明文分组用3个相同或不同的密钥实施3次DES加密（或解密）运算，可获得大约相当于112bit长度密钥的强度。设：加密操作为 E，解密操作为 D，密钥为 K_1、K_2、K_3，则可采用以下四种方式之一实现加密：$E(K_1)E(K_2)E(K_3)$、$E(K_1)D(K_2)E(K_3)$、$E(K_1)E(K_2)E(K_1)$ 和 $E(K_1)D(K_2)E(K_1)$。

DES加密在实际应用时,按照在加密过程中对明文分组不同的处理手段,有四种工作方式(如图2.19所示)可供选择,各有优点和缺点,有的支持并行计算,有的通过建立分组之间的关联防止相同明文分组导致相同密文分组的情况。密文关联可能造成一个密文分组差错影响多个分组解密。

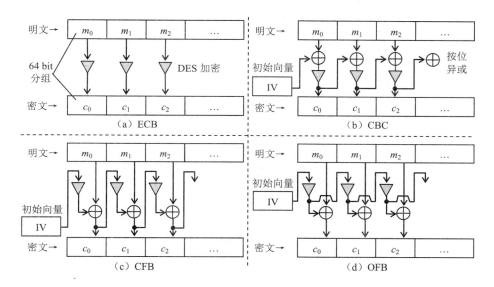

图 2.19 DES 四种工作方式示意图

2. SM4

SM4(原名SMS4)是基于法伊斯特尔模型的对称密钥分组加密算法,在我国作为第一个商用密码国家标准,于2006年1月发布。

SM4采用的数据分组长度和密钥长度均为128bit,数据处理单位为8bit和32bit,进行32轮非线性迭代运算。

如图2.20所示,SM4将128bit的明文分割为4个32bit分组块,采用8次循环,每次使用轮函数 f 进行4轮迭代(故总共为32轮迭代),每轮使用一个子密钥(轮密钥)。子密钥由128bit的密钥经扩展函数 g 生成。最后,反向排列32bit的 $X_{32} \sim X_{35}$,合并为128bit的密文。

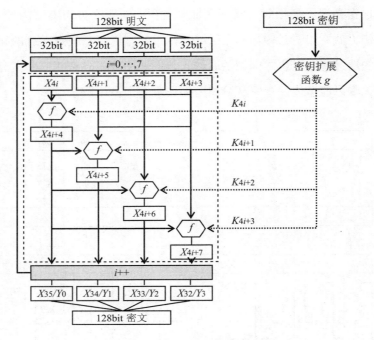

图 2.20 SM4 加密逻辑示意图

SM4 的加密运算过程可用如图 2.21 所示的等价变换图表示。

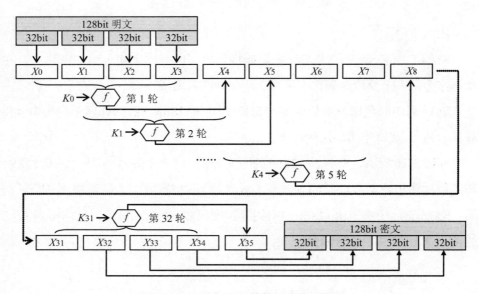

图 2.21 SM4 加密运算等价变换示意图

这一过程相当于将明文分组的四个子分组用变换函数和子密钥一轮轮生成新的子分组，然后迭代延伸，好比是轨道上的铺轨车一边铺设新的一截铁轨一边往前开动。

设X_j为32bit寄存器，k_i为轮密钥。SM4每轮的迭代运算由按位异或（$\oplus$）、循环左移（<<<）和变换函数S所组成，轮函数f定义如下：

$$X_{i+4} = f(X_i, X_{i+1}, X_{i+2}, X_{i+3}, k_i)$$
$$= X_i \oplus T(X_{i+1} \oplus X_{i+2} \oplus X_{i+3} \oplus k_i), i = 0, 1, \cdots, 31$$
$$T(x) = L(S(x))$$
$$L(x) = x \oplus (x <<< 2) \oplus (x <<< 10) \oplus (x <<< 18) \oplus (x <<< 24)$$

如图2.22所示，f函数所需的32bit的S函数由4个并列的8bit单元的S-box变换所构成。

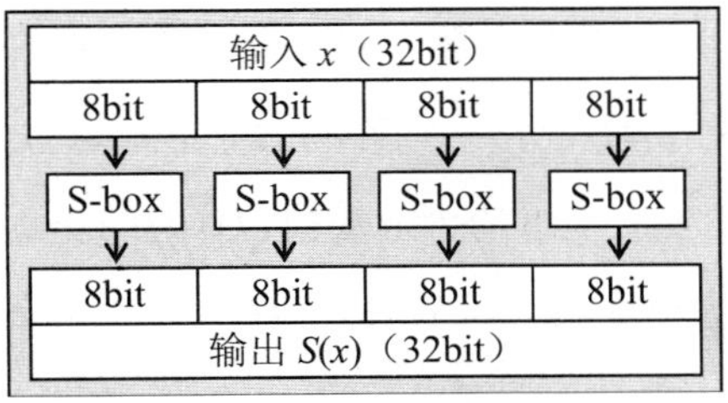

图2.22 SM4算法S函数原理图

S-box采用查表选择法，使用如图2.23所示的置换选择表，属于一种非线性变换方式。表中的256个数值从0x00到0xff，具有唯一性。设S-box的8bit输入为十六进制0xRC，S-box以R为行号、C为列号查表，所得的数据作为S-box的输出结果。例如，输入0x2a应查行号为2、列号为a的数据，经S-box输出为0x0b。

SM4加密算法每轮使用不同的32bit子密钥，每个子密钥都是由128bit原始密钥K经变换生成。设4个32bit常数FK_i（i=0,1,2,3）：

FK_0=0xa3b1bac6，FK_1=0x56aa3350，
FK_2=0x677d9197，FK_3=0xb27022dc

C\R	0	1	2	3	4	5	6	7	8	9	a	b	c	d	e	f
0	d6	90	e9	fe	cc	e1	3d	b7	16	b6	14	c2	28	fb	2c	05
1	2b	67	9a	76	2a	be	04	c3	aa	44	13	26	49	86	06	99
2	9c	42	50	f4	91	ef	98	7a	33	54	0b	43	ed	cf	ac	62
3	e4	b3	1c	a9	c9	08	e8	95	80	df	94	fa	75	8f	3f	a6
4	47	07	a7	fc	f3	73	17	ba	83	59	3c	19	e6	85	4f	a8
5	68	6b	81	b2	71	64	da	8b	f8	eb	0f	4b	70	56	9d	35
6	1e	24	0e	5e	63	58	d1	a2	25	22	7c	3b	01	21	78	87
7	d4	00	46	57	9f	d3	27	52	4c	36	02	e7	a0	c4	c8	9e
8	ea	bf	8a	d2	40	c7	38	b5	a3	f7	f2	ce	f9	61	15	a1
9	e0	ae	5d	a4	9b	34	1a	55	ad	93	32	30	f5	8c	b1	e3
a	1d	f6	e2	2e	82	66	ca	60	c0	29	23	ab	0d	53	4e	6f
b	d5	db	37	45	de	fd	8e	2f	03	ff	6a	72	6d	6c	5b	51
c	8d	1b	af	92	bb	dd	bc	7f	11	d9	5c	41	1f	10	5a	d8
d	0a	c1	31	88	a5	cd	7b	bd	2d	74	d0	12	b8	e5	b4	b0
e	89	69	97	4a	0c	96	77	7e	65	b9	f1	09	c5	6e	c6	84
f	18	f0	7d	ec	3a	dc	4d	20	79	ee	5f	3e	d7	cb	39	48

图 2.23 SM4 算法 S-box 置换选择关系示意图

又设 32bit 参数 CK_i（$i=0,1,2,\cdots,31$），定义：$CK_i=\langle ck[i][0]\,|\,ck[i][1]\,|\,ck[i][2]\,|\,ck[i][3]\rangle$，即 CK_i 是由 4 个一组的 8bit 数值 $ck[i][j]$（$j=0,1,2,3$）拼接而成，而 $ck[i][j]$ 可根据其下标进行取值：$ck[i][j] = (4i+j) \times 7 \pmod{256}$。由此可得 32 个 CK_i 参数如图 2.24 所示。

00070e15	1c232a31	383f464d	545b6269	70777e85	8c939aa1	a8afb6bd	c4cbd2d9
e0e7eef5	fc030a11	181f262d	343b4249	50575e65	6c737a81	888f969d	a4abb2b9
c0c7ced5	dce3eaf1	f8ff060d	141b2229	30373e45	4c535a61	686f767d	848b9299
a0a7aeb5	bcc3cad1	d8dfe6ed	f4fb0209	10171e25	2c333a41	484f565d	646b7279

图 2.24 CK_i 参数

将密钥 K 分割为 4 个 32bit 数值，即 $K=(K_0,K_1,K_2,K_3)$。设每轮使用的子密钥为 k_i（$i=0,1,2,\cdots,31$），Z_j 为中间变量，密钥变换算法如下：

$$Z_j = K_j \oplus FK_j, j=0,1,2,3$$

$$k_i = Z_{i+4} = Z_i \oplus T'(Z_{i+1} \oplus Z_{i+2} \oplus Z_{i+3} \oplus CK_i)$$

$$T'(x) = L'(S(x)), \quad L'(x) = x \oplus (x \ll 13) \oplus (x \ll 23)$$

可见，SM4子密钥的生成同样采用了加密运算中的S函数变换，迭代运算方法也很类似，便于算法的实现。

SM4算法的解密过程与加密完全相同，但逆序使用子密钥。

2.2.2 非对称密钥加密

传统加密方法、对称密钥加密方法都是采用加解密用同一个密钥的原理，如俗语所说的"一把钥匙开一把锁"和"解铃还须系铃人"，似乎自然而然甚至理所当然。这样的状况在1976年被两位密码学家迪菲（Diffie）和赫尔曼（Hellman）打破了，在他们撰写的《密码学的新方向》一文中提出的加密技术颠覆了已有的思维定式，开创了密码学的新领域。

非对称密钥加密（Asymmetric Key Cryptography）也称公开密钥加密（Public Key Cryptography），简称公钥加密、双密钥加密，如图2.25所示，其创新技术是使用一对密钥来加密和解密，其中一个是只有密钥拥有者自己掌握的、保密的私钥，另一个是与私钥数学相关的、在通信过程中由其他方使用的、可以公开的公钥。

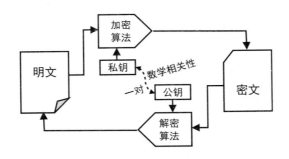

图 2.25　非对称密钥加密原理

公钥加密方法中，公钥的公开性非常出乎意料，却是关键所在。公开不仅是字面上可以被所有人知道的意思，更是应知尽知最好人尽皆知的意思。因为假如公钥公开得不到位，需要公钥时就可能被安全攻击者利用，提供"假公钥",使加密信息被攻击者轻易获取,或身份被仿冒。如果这样的漏洞任其存在,尤其是没有意识到其存在,以为运用了加密措施而放松警惕、解除顾虑,被恶意利用了还茫然不知、深信不疑,那么其危害性比不用加密方法还要大。因此,公钥加密需要配套公钥管理措施,保障公钥获取渠道的安全可信,如数字证书与CA机构、区块链可信环境等。

公钥体制的优越性在于分离出两个相关的密钥,其中的公钥不需要保密,而私钥绝对不在网络上传输,因此就不存在密钥泄露问题。公钥和私钥的使用规则为:

- 用公钥加密的数据用且只能用对应的私钥解密;
- 用私钥加密的数据用且只能用对应的公钥解密。

假设Alice有一对密钥priKeyA和pubKeyA,Bob有对密钥priKeyB和pubKeyB,他们需要在网络上传输信息。利用非对称密钥加密技术,Alice和Bob有三种可选方法,如图2.26所示。

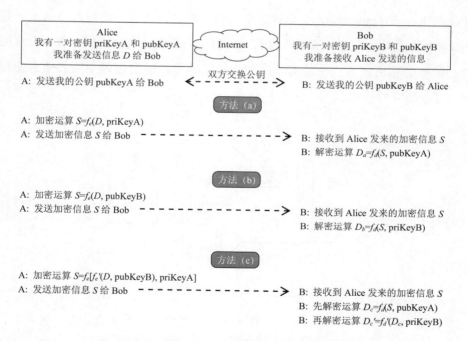

图2.26 公钥算法加密三种方法比较示意图

Alice和Bob用不同的密钥来加密数据,获得的效果完全不同,因而可分别用于满足不同场景下的应用需求：

（1）Alice用自己的私钥priKeyA加密，可以确保信息是由其发出的，其他人没有其私钥就无法假冒，同时Alice也不能否认其发送的信息，具有身份确认的作用；但用于解密的Alice的公钥pubKeyA是公开的，说明除了Bob以外的其他人也能获得公钥和解密方法，因此方法（a）不具有保密性。

（2）Alice用Bob的公钥pubKeyB加密，使得只有握有私钥priKeyB的Bob才能解密，其他人则无法轻易破解，达到了保密性效果；但由于Bob的公钥是公开的，任何人都能进行加密发送，并不能指证该密文是Alice加密发出的，因此方法（b）不具有身份确认性。

（3）方法（a）和（b）从安全效果上基本上是"互补"的关系，方法（c）就是对两种方法的综合，既能确认发送者，又能保护信息的私密性。

与公钥算法采用的数学原理有关，公钥加密的计算效率通常很低，甚至只有对称密钥加密方法的千分之一，因此不适合对大量的数据进行加密，一般只用来加密会话密钥等短小数据。因此，公钥加密更体现其优势的作用是信息真实性及其发送方身份的验证。如图2.27所示，Bob想公开自己的电子邮件地址，但又不希望被人恶意篡改或仿冒，于是将带有邮件地址的名片信息用私钥加密后与名片一并发布，其他打算联络Bob却将信将疑的人就可以用Bob的公钥来验证，以确认这条信息真的是Bob发出的、电子邮件地址真的属于Bob。

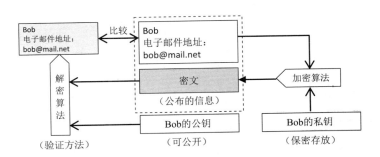

图 2.27 公钥加密应用示例示意图

经典的公钥加密算法有RSA、ElGamal等。目前技术含量最高、安全性最强的是ECC算法，在比特币系统中得到了充分运用，实现了虚拟货币资产的匿名持有、支付验证。ECC算法也是我国商用密码标准SM2的数学基础。

RSA算法于1977年被提出，以三位发明者罗恩·李维斯特（Ron Rivest）、阿迪·萨莫尔（Adi Shamir）和伦纳德·阿德曼（Leonard Adleman）姓氏的首字母来命名，是最早也是最著名的公开密钥加密算法，至今仍在广泛应用。RSA算法的数学基础是数论中的欧拉（Euler）定理，安全性建立在大整数分解质数（素数）因子的困难性之上，可以说是古今科学家的跨时空成功合作。

RSA算法公钥、私钥密钥对的生成步骤如下。

（1）选择不同的大质数p和q，计算$n=p \times q$和$\varphi(n)=(p-1)\times(q-1)$。

（2）选择大整数e，与$\varphi(n)$互质，且$1<e<\varphi(n)$。

（3）计算整数d，使$d \times e=1 \bmod \varphi(n)$。

（4）舍弃p和q，得：公钥pubKey=$\{e, n\}$，私钥priKey=$\{d, n\}$。

考察私钥的安全性：虽然攻击者可以从公开的公钥得到e和n，但以现有的数学理论成果，要分解一个整数为两个质数因子唯有采用穷举尝试法，而整数又非常大，计算机除法运算十分耗时，很难在有限时间内完成。1991年RSA实验室曾发起因子分解挑战赛，公布了54个十进制位数为100～617位的大整数，不论谁无论用何种方法，只要分解出一个即得重奖。结果在20年时间里，只有最小的18个数（二进制768位长度以下）被成功分解，可见其困难程度。虽然近年来陆续有一些数学研究成果，可以在一定程度上摆脱暴力试除法，但二进制1024位乃至2048位以上的大整数仍然保持相当高的安全性。既然攻击者难以分解大数n以获取至关重要的p和q，那就无法获得d，因此私钥是安全的。

设想要分解整数n，试算总是从1到$\sqrt{n}$依次作除数，或逆序进行，既然如此，那就要让破解的试算不那么容易，质数因子既不能太小，也不能接近$\sqrt{n}$。实际应用中应选择十进制100位以上的质数，n的长度至少要达到1024bit。

RSA密钥生成算法中，e与$\varphi(n)$互质的意思是两个数的最大公因数（Greatest Common Divisor，GCD）为1。可以运用辗转相除法，又名欧几里得算法（Euclid Algorithm），在判别e是否与$\varphi(n)$互质时，不需要先把两个数作质因数分解，即可直接求出最大公因数。

求解GCD的算法用代码表示如下（不失一般性，设$p>q$，递归函数返回

值就是 p 和 q 的最大公因数):

```
uint gcd(p, q)
{
    if ( (p mod q) < > 0 ) return gcd( q, (p mod q) );
    else return q;
}
```

此外，私钥中的 d 实际上是求 e 的 mod $\varphi(n)$ 乘法逆元，可使用扩展欧几里得算法。设求解 k^{-1} mod n，算法 extended_euclid(k, n) 的代码如下：

```
uint extended_euclid(k, n)
{
    (x1, x2, x3) = (1, 0, n);    (y1, y2, y3)=(0, 1, k);
    while 1 {
        if (y3 == 0) return failure;    //不存在乘法逆元，
                                        //失败返回
        if (y3 == 1) return(y2);        //成功返回，
                                        //y2即为k的乘法逆元
        else {
            q = x3 / y3;                           //q为除法的商，为整数
            (t1, t2, t3) = (x1-q*y1, x2-q*y2, x3-q*y3);
            (x1, x2, x3) = (y1, y2, y3);
            (y1, y2, y3) = (t1, t2, t3);
        }
    }
}
```

使用公钥 pubKey={e, n} 的加密过程如下。对于明文 M，若 $M < n$，将 M 作为一个大整数来计算；若 $M \geq n$，则进行分段计算：

$$C = M^e \bmod n$$

使用私钥 priKey={d, n} 的解密过程如下：

$$M = C^d \bmod n$$

解密与加密为互逆的运算，可简单证明如下（根据欧拉定理）：

$$M' = (M^e)^d \bmod n = M^{e \times d} \bmod n = M^1 \bmod n = M$$

用私钥加密、公钥解密的计算公式同理可得。从计算方式来看，加密、解密都是指数运算，而且底和幂都是大整数，对计算机而言单次运算量很大，这

正是公钥加密方法不太适用于大量信息的原因。

1985年，尼尔·克布利茨（Neal Koblitz）和维克托·米勒（Victor Miller）首次提出椭圆曲线加密（Elliptic Curve Cryptography，ECC）技术，是基于椭圆曲线理论的公钥加密技术。在数学领域，对椭圆曲线的性质和功能的研究已逾150年，ECC利用了椭圆曲线方程式的数学性质产生密钥，正向计算比较容易，反过来却非常困难。相比RSA方法，ECC的164bit密钥的安全强度相当于RSA的1024bit密钥，而且计算量较小、处理速度更快、存储空间和传输带宽占用较少，具有较大的技术优势。比特币系统中即采用了ECC公钥加密方法。

与一般加密方法采用的对数据进行函数运算的方式大相径庭，椭圆曲线加密是有限离散域的、曲线上坐标点的转换，要掌握加密方法必须从理解其数学原理开始。

1. 射影平面

平面上的两条直线只有相交、平行两种情况。相交线只有一个交点，若有两个交点则为重合；平行线没有交点。

定义平行线相交于无穷远点P_∞，如图2.28所示，这样，平面上任何两条直线都统一为有唯一的交点。其中，P_∞具有以下性质。

（1）一条直线只有一个无穷远点，一对平行线有公共的无穷远点（即交点）。

（2）任何两条不平行的直线有不同的无穷远点（否则会造成两个交点）。

（3）平面上全体无穷远点构成一条无穷远直线。

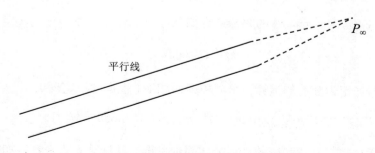

图 2.28　射影平面的平行线示意图

平面上全体无穷远点（无穷远直线）与全体平常点构成射影平面（projective plane）。

对普通平面上点(x,y)，令$x=X/Z$，$y=Y/Z$，$Z \neq 0$，则投影为射影平面上的点$(X:Y:Z)$。例如，点$(1,3)$可投影为$(Z:3Z:Z)$，即可为$(1:3:1)$、$(2.3:6.9:2.3)$等多种赋值。

对普通平面上的直线$ax+by+c=0$，进行同理变换，得到对应于射影平面上的直线为$aX+bY+cZ=0$。

对平行线$aX+bY+c_1Z=0$和$aX+bY+c_2Z=0$，易解得$Z=0$，说明射影平面上平行线交点即无穷远点P_∞的坐标为$(X:Y:0)$。

2．椭圆曲线

一条椭圆曲线是在射影平面上满足魏尔斯特拉斯（Weierstrass）方程的所有点的集合。射影平面上统一的椭圆曲线方程为：

$$Y^2Z + a_1XYZ + a_3YZ^2 = X^3 + a_2X^2Z + a_4XZ^2 + a_6Z^3$$

椭圆曲线方程是一个齐次方程，且要求椭圆曲线上的每个点都必须是非奇异的（光滑的）、可导的，即方程的偏导数$F_X(X,Y,Z)$、$F_Y(X,Y,Z)$和$F_Z(X,Y,Z)$不能同时为0。

令$Z=0$，代入椭圆曲线方程得$X=0$，说明椭圆曲线上有一个无穷远点O_∞，其坐标为$(0:Y:0)$。无穷远点O_∞和普通平面上的平常点（即曲线）一起，共同组成射影平面上的椭圆曲线。

运用射影平面与普通平面的点的转换关系，椭圆曲线方程可转换成普通平面方程为：

$$y^2 + a_1xy + a_3y = x^3 + a_2x^2 + a_4x + a_6$$

对椭圆曲线的平常点(x,y)求导，并计算过该点的切线的斜率k，有：

$$F_x(x,y) = a_1y - 3x^2 - 2a_2x - a_4$$

$$F_y(x,y) = 2y + a_1x + a_3$$

$$k = f'(x) = -\frac{F_x(x,y)}{F_y(x,y)} = \frac{3x^2 + 2a_2 x + a_4 - a_1 y}{2y + a_1 x + a_3}$$

椭圆曲线的形状并非如其名呈椭圆状。例如，方程 $Y^2 Z = X^3 + XZ^2 + Z^3$ 可转换为普通方程 $y^2 = x^3 + x + 1$，椭圆曲线如图 2.29（a）所示；方程 $Y^2 Z = X^3 - XZ^2$ 可转换为普通方程 $y^2 = x^3 - x$，椭圆曲线如图 2.29（b）所示。

并非所有形式类似的方程都是椭圆曲线方程。例如，如图 2.30 所示，方程 $Y^2 Z = X^3 + X^2$ 和 $Y^2 Z = X^3$ 就不属于椭圆曲线，曲线在 0 点处为奇异点（不可导）。

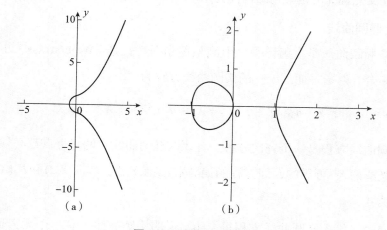

图 2.29 椭圆曲线示例

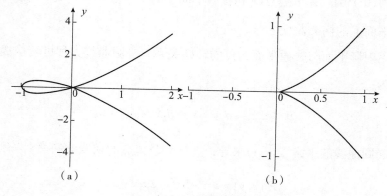

图 2.30 非椭圆曲线示例

3. 椭圆曲线加法

在椭圆曲线中引入阿贝尔（Abel）加法群（又称交换群）的概念，进一步实现对椭圆曲线上的点的运算。

任意取椭圆曲线上两点 P、Q（若 P、Q 两点重合，则作 P 点的切线），作直线交于椭圆曲线的另一点 R'，过 R' 作 y 轴的平行线交于 R，定义 $P+Q=R$。可见，加法的和也在椭圆曲线上，并同样具备加法的交换律、结合律。

例如，如图 2.29（b）所示的椭圆曲线方程为 $Y^2Z = X^3 - XZ^2$，普通方程为 $y^2 = x^3 - x$，加法运算过程如图 2.31 所示，其中图 2.31（a）和图 2.31（b）分别为 P、Q 重合与不重合的情况。

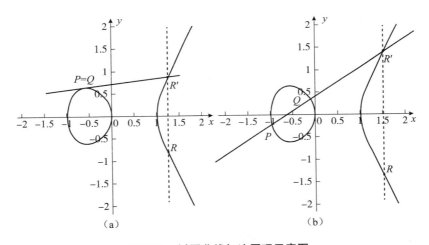

图 2.31 椭圆曲线加法原理示意图

如图 2.32（a）所示，椭圆曲线无穷远点 O_∞ 与椭圆曲线上一点 P 的连线交于另一点 P'，过 P' 作 y 轴的平行线必交于 P（两条线重合），根据加法定义，有 $O_\infty + P = P$。可见，无穷远点 O_∞ 与普通加法中零相当，因此把 O_∞ 称为零元。同时易知 $P + P' = O_\infty$，于是 P' 被称为 P 的负元，记作 $-P$。如图 2.32（b）所示，还可推出：如果椭圆曲线上的 3 个点 A、B、C 处于同一直线上，则其和等于零元，即 $A + B + C = O_\infty$。

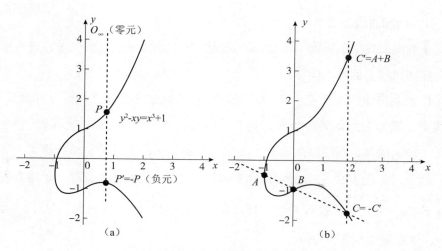

图 2.32 椭圆曲线零元与负元示意图

再进一步,如图 2.33 所示,若有 k 个相同的点 P 相加,记作 kP,有:

$$P+P+P = 2P+P = 3P$$

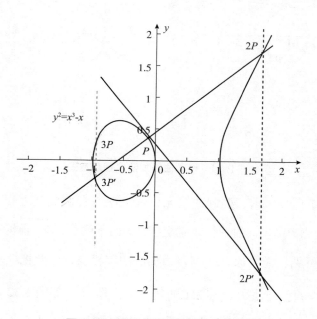

图 2.33 椭圆曲线同点加法示意图

在如图 2.31 所示曲线上,若已知点 P、Q 的坐标分别为 (x_1, y_1)、(x_2, y_2),令 $R=P+Q$,设:$-R$(即 R')的坐标为 (x_3, y_3),R 的坐标为 (x_4, y_4),显然有

$x_3=x_4$。

因为 P、Q、$-R$ 三点共线，所以设共线方程为 $y=kx+b$，分以下两种情况。

（1）若 $P \neq Q$（P、Q 两点不重合），则直线斜率为：

$$k = \frac{y_1 - y_2}{x_1 - x_2}$$

（2）若 $P=Q$（P、Q 两点重合），则直线为椭圆曲线的切线，代入斜率公式可得：

$$k = \frac{3x_1^2 + 2a_2 x_1 + a_4 - a_1 y_1}{2y_1 + a_1 x_1 + a_3}$$

因此，P、Q、$-R$ 三点的坐标值 (x_1, y_1)、(x_2, y_2)、(x_3, y_3) 就是椭圆曲线统一方程与共线方程组成的方程组的解（即三个交点）。将共线方程代入后得：

$$(kx+b)^2 + a_1 x(kx+b) + a_3(kx+b) = x^3 + a_2 x^2 + a_4 x + a_6$$

将其整理（按次数归并）化为一般方程为：

$$x^3 + (a_2 - ka_1 - k^2)x^2 + (a_4 - a_1 b - 2kb - ka_3)x + a_6 - a_3 b - b^2 = 0$$

根据三次方程根与系数关系的性质：当三次项系数为1时，$-x_1 x_2 x_3$ 等于常数项，$x_1 x_2 + x_2 x_3 + x_3 x_1$ 等于一次项系数，$-(x_1 + x_2 + x_3)$ 等于二次项系数，列方程组可解出 x_1、x_2、x_3，再根据共线方程可求出 y_1、y_2、y_3。

由于 $-(x_1 + x_2 + x_3) = a_2 - ka_1 - k^2$，即 $x_4 = x_3 = k^2 + ka_1 - a_2 - x_1 - x_2$，又由于 $k = \frac{y_1 - y_3}{x_1 - x_3}$，即可求出：$y_3 = y_1 - k(x_1 - x_3)$。

由于 R 就是 R' 作 y 轴平行线与曲线的交点，因此将 $x = x_4$ 代入椭圆曲线统一方程，并化为一般方程，得：

$$y^2 + (a_1 x_4 + a_3)y - (x_4^3 + a_2 x_4^2 + a_4 x_4 + a_6) = 0$$

根据二次方程根与系数的关系（$x_1+x_2=-\frac{b}{a}$；$x_1x_2=\frac{c}{a}$），有$-(a_1x_4+a_3)=y_3+y_4$，则可求出：$y_4=-y_3-(a_1x_4+a_3)$。所得$R(x_4,y_4)$即为P、Q的和。

4. 有限域椭圆曲线

由于信息的明文、密文都是整数型数值，因此信息加密（即整数间的变换）应当是在有限域上进行的，域的最大值、最小值由信息长度决定（并非无穷大），而且信息是离散型的整数，所以必须对实数域上的椭圆曲线进行改进，适合有限数量的整数运算的需要。另外，椭圆曲线的选择很重要，并不是所有椭圆曲线都适合加密。

定义有限域F_p如下：

（1）F_p中有p（p为质数）个元素$0,1,2,\cdots,p-2,p-1$；

（2）F_p的加法是$a+b\equiv c(\bmod\ p)$；

（3）F_p的乘法是$a\times b\equiv c(\bmod\ p)$；

（4）F_p的除法是$a\div b\equiv c(\bmod\ p)$；

（5）F_p的单位元是1，零元是0；

（6）F_p域内运算满足交换律、结合律、分配律。

以椭圆曲线$y^2=x^3+ax+b$为例，将其定义在F_p上，即满足$y^2=x^3+ax+b(\bmod\ p)$上的所有点(x,y)再加上无穷远点O_∞。无穷远点O_∞是零元，成立$O_\infty+O_\infty=O_\infty$，$O_\infty+P=P$。$P(x,y)$的负元是$-P=P'(x,-y)$，有$P+(-P)=O_\infty$。

选择质数p，应有$x,y\in[0,p-1]$。将这条椭圆曲线记为$E_p(a,b)$。选择两个小于p的非负整数a、b，满足约束条件：$4a^3+27b^2\neq 0(\bmod\ p)$。

以一条简单的椭圆曲线为例。设$p=23$，$a=b=1$，椭圆曲线可记为$E_{23}(1,1)$，曲线如图2.34所示。可见离散域上的椭圆曲线已经变成一些不连续的点，其坐标均为整数。

如果已知曲线上两点$P(3,10)$、$Q(9,7)$，则P的负元$-P=(3,-10)$，即（3,13），斜率$k=(7-10)/(9-3)=-1/2$，因为$2\times 12=1$（$\bmod\ 23$），所以2的乘法逆

元为12，即1/2，就是12，同时−12（mod 23）=11（mod 23），所以有 k=11。

根据 P 和 Q 的和 $R(x, y)$ 的计算公式，有：

$$\begin{cases} x = k^2 - x_1 - x_2 = 11^2 - 3 - 9 = 109 = 17 (\mathrm{mod}\ 23) \\ y = k(x_1 - x) - y_1 = 11 \times (3 - (-6)) - 10 = 89 = 20 (\mathrm{mod}\ 23) \end{cases}$$

因此，$P+Q$ 的坐标为(17, 20)。另外，过 P(3,10)的切线斜率 k' 根据公式可计算为：

$$k' = \frac{3 \times 3^2 + 1}{2 \times 10} = \frac{1}{4} = 6(\mathrm{mod}\ 23)$$

则可同理计算 $R(x, y)$ 的坐标为：

$$\begin{cases} x = 6^2 - 3 - 3 = 30 = 7(\mathrm{mod}\ 23) \\ y = 6 \times (3 - 7) - 10 = -34 = 12(\mathrm{mod}\ 23) \end{cases}$$

因此，$2P$ 的坐标为(7,12)，依此类推可得 $3P$、$4P$ 及任意 nP。

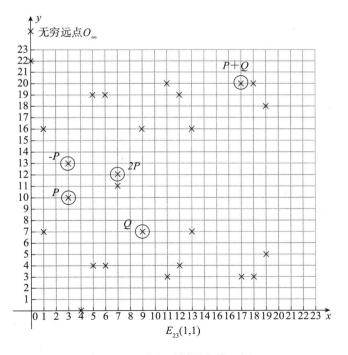

图 2.34　有限域椭圆曲线示例

如果椭圆曲线上一点P，存在最小的正整数n，使得数乘$nP=O_\infty$（显然$(n-1)P=-P$），则将n称为P的阶，若n不存在，则P是无限阶的。事实上，在有限域上定义的椭圆曲线上所有点的阶n都是存在的。

5．椭圆曲线加密

在椭圆曲线$E_p(a, b)$上选择一个点G为基点（Base Point），n为点G的阶（$nG=O_\infty$），并选择一个整数k（$k<n$）。计算$K=kG$，K也是椭圆曲线上的点。则点k为私钥，K为公钥（椭圆曲线$E_p(a, b)$和点G也是公钥的组成部分）。

不难发现，给定k和G，根据加法法则，计算K很容易；但反过来，即使已知K和G，求k是非常困难的（k是大数），唯一途径是暴力破解，但耗时漫长。这就是椭圆曲线加密算法安全性的数学依据。

椭圆曲线加密的基本原理是对曲线上的点实施变换，所以首先需要将待加密的明文数据进行编码，转化为椭圆曲线上的一个点（坐标形式），才能符合加密运算的条件。解密后的数据同样是曲线上的点，需要反过来进行译码，恢复为明文数据的表达方式。

根据数论定义，令n为正整数，若整数a满足与n互质（即有GCD$(a, n)=1$），且使得$x^2=a \pmod n$有解，则称a为模n的平方剩余，记为QR_n，否则a称为模n的平方非剩余，记为QNR_n。

设：明文$m\in(0, M)$，M为与m相同二进制长度的最大整数。又设函数$f(x):y^2=x^3+ax+b$（标准椭圆曲线方程），有限域$E_p(a, b)$元素个数为p（p为质数）。

选择整数k，满足$Mk<p$，令$x_i=mk+i$（$i=1, 2, \cdots, k-1$），依次计算$f(x_i)=x_i^3+ax_i+b \pmod p$。若找到$f(x_i)$是模$p$的平方剩余（$QR_p$），则用$x_m$表示此时的$x_i$，$y_m$表示$f(x_i)$的平方根，这样明文$m$即编码成为椭圆曲线上的点$(x_m, y_m)$。

译码计算非常简单，由于$i\in(0, k)$，只需取解密后的x'_m坐标值进行除法运算并取整：$[x'_m/k]$，即恢复明文m。

因为模p的平方剩余和平方非剩余各占一半，所以k次内找到y_i^2的概率不小于$1-(1/2)^k$，编码成功率很高。另外，也可设计其他不同的编码、译码方法。

需要进行公钥加密、私钥解密来传输保密数据时，密钥生成方法和加密、解密的操作过程如下。

（1）接收方选定一条椭圆曲线$E_p(a, b)$，并取椭圆曲线上一点作为基点G；选择一个随机数为私钥k，并生成公钥$K=kG$。接收方将椭圆曲线$E_p(a, b)$和点K、G（即公钥）传给发送方。

（2）发送方收到公钥后，先将待传输的明文编码到$E_p(a, b)$上的一点M，并产生一个随机数r（$r<n$）。计算$C_1=M+rK$和$C_2=rG$。发送密文C_1和C_2。

（3）接收方收到密文后，进行解密计算$M'=C_1-kC_2$，M'经过译码即为明文。解密运算的原理证明如下：

$$C_1 - kC_2 = M + rK - k(rG) = M + r(K - kG) = M$$

如果需要用私钥加密对原消息作签名，然后用公钥来验证签名，则密钥对由发送方生成，密钥生成方法相同，并把公钥传给接收方，之后进行的加密、验证过程如下。

（1）发送方生成随机数r，计算$S_1=rG$。对原消息M作单向函数运算$h=\text{Hash}(M)$，计算$S_2=(h+kM)/r$。

（2）接收方收到原消息M和密文S_1、S_2后，计算验证是否成立：$hG/S_2+MK/S_2=S_1$。原理证明如下：

$$\frac{hG+MK}{S_2} = \frac{(hG+MK)\times r}{h+kM} = \frac{(hG+MkG)\times r}{h+kM} = \frac{(h+kM)\times rG}{h+kM} = rG = S_1$$

椭圆曲线方程的选择对于加密算法而言至关重要，是加密强度的基础。选择不当可能造成加密强度不足，甚至可能存在安全漏洞（假如是故意为之，则为安全后门）。

通常将F_p上的一条椭圆曲线描述为$T=(p,a,b,G,n,h)$。其中，p、a、b用来确定一条椭圆曲线，G为基点，n为点G的阶，h是椭圆曲线上所有点的个数m与n相除的商的整数部分。这6个参量取值的选择，直接影响了加密的安全性。参量值一般要求满足以下几个条件：

- p越大安全性越好，但会导致计算速度变慢，200bit左右可满足一般安全要求；
- n 应为质数；
- $h \leqslant 4$；
- $p \neq n \times h$；
- $pt \neq 1(\bmod n)$，$1 \leqslant t < 20$；
- $4a^3+27b^2 \neq 0(\bmod p)$。

比特币系统中运用椭圆曲线加密法为签名算法，选用了secp256k1曲线，参照高效密码学标准（Standards for Efficient Cryptography，SEC）。F_p 上的椭圆曲线参量 $T=(p,a,b,G,n,h)$ 定义如下（方程式为 $y^2=x^3+7$，曲线如图2.35所示）。

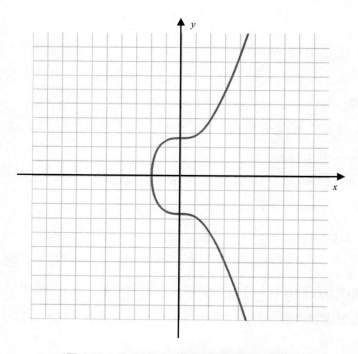

图2.35 比特币系统采用的椭圆曲线示意图

（1）有限域采用256bit的质数 p：

p = FFFFFFFF FFFFFFFF FFFFFFFF FFFFFFFF FFFFFFFF FFFFFFFF FFFFFFFE FFFFFC2F = $2^{256}-2^{32}-2^9-2^8-2^7-2^6-2^4-1$

（2）椭圆曲线 E 为 $y^2=x^3+ax+b$，其中：$a=0$，$b=7$。

（3）基点 G 的选择分为两种情况：

- 压缩格式下 G = 02 79BE667E F9DCBBAC 55A06295 CE870B07 029BFCDB 2DCE28D9 59F2815B 16F81798。
- 非压缩格式下 G = 04 79BE667E F9DCBBAC 55A06295 CE870B07 029BFCDB 2DCE28D9 59F2815B 16F81798 483ADA77 26A3C465 5DA4FBFC 0E1108A8 FD17B448 A6855419 9C47D08F FB10D4B8。

（4）基点 G 的阶 n 为：

n = FFFFFFFF FFFFFFFF FFFFFFFF FFFFFFFE BAAEDCE6 AF48A03B BFD25E8C D0364141。

（5）h = 1。

椭圆曲线加密算法具有很强的安全性，而且其作为一种公钥加密技术，用私钥加密信息绑定了加密者的身份，用公钥可以解密验证，使数字空间实现数字签名成为可能，也成为比特币等区块链技术的基石之一。

与 RSA 采用的数论原理类似的迪菲-赫尔曼算法是一种构思非常巧妙的密钥安全分发方法，同样充分运用了大质数、指数与模运算的特性，既实现了对称加密技术的私钥的生成，又同时达到了通信双方安全持有私钥的目的。

迪菲-赫尔曼算法流程如下。

（1）通信双方 Alice 和 Bob 协商大质数 p 和 q，$1<q<p$，p 和 q 可公开。

（2）Alice 秘密选取大随机数 s，计算 $X=q^s(\mod p)$。

（3）Bob 秘密选取大随机数 t，计算 $Y=q^t(\mod p)$。

（4）Alice 和 Bob 交换 X 和 Y，并分别计算。

（5）Alice：$K_A=Y^s(\mod p)$。Bob：$K_B=X^t(\mod p)$。

显然成立：$K_A=K_B=q^{st}(\mod p)$，则 K_A 和 K_B 即分别成为 Alice 和 Bob 共享的私钥。

迪菲-赫尔曼算法中，虽然 p、q 和 X、Y 是公开的，但由于大随机数 s 和 t 是保密的，攻击者难以据此推算 K_A 和 K_B，而合法通信双方则安全获得了私钥。

运用非对称密钥 ECC 加密技术，可实现与 DH 方法具有异曲同工之妙的密钥安全分发算法流程。

（1）Alice和Bob协商有限域$GF(2^k)$椭圆曲线E，基点$P \in E(GF(2^k))$，n为P的阶。

（2）Alice随机选取x，$0 \leq x \leq n$；Alice发送$k_A = xP$。

（3）Bob随机选取y，$0 \leq y \leq n$；Bob发送$k_B = yP$。

（4）Alice计算：$k_{AB} = yK_A$。Bob计算：$k_{BA} = xK_B$。

由于$k_{AB} = k_{BA} = xyP$，则Alice和Bob成功拥有了相同的私钥。

2.2.3　单向函数

现代加密技术中有一种特殊类型的加密方法，称其为加密实在有点勉为其难，因为它既不支持解密，也通常没有密钥。

考察数学中的背包问题（Knapsack Problem）。设有一个圆筒形背包，再设有一些圆柱体，直径与背包相同，已知高度h_i各有若干个。假定这些圆柱体每种高度各取x_i个正好装满背包，显然很容易求得背包高度h：

$$h = \sum_{i=1}^{k} h_i \times x_i$$

但是，假定知道了背包高度为h，问每种高度圆柱体需要各取几个正好能装满，则上式成为不可解的多项式。

与之相似的还有离散对数问题：令质数p满足$p-1$含有另一大质因子q及一整数g（$1 < g < p-1$）。给定整数x，求$y = g^x \bmod p$，只需要有限次的乘法运算；但如果给定y、g和p，要求解x，则除了暴力尝试别无他法，计算量十分庞大。

这类问题有一个共性，就是计算上的单向性。正向计算很容易，而反向计算非常困难，甚至不可能。

单向函数（One-Way Function）即运用了背包问题的原理，如图2.36所示，将原消息作为函数f的输入，函数的输出为消息摘要（Message Digest）。单向函数是将原消息进行处理后生成固定长度（一般比原消息短得多）的数据，无法还原，这是其名为单向的原因所在。单向函数又称为哈希函数（Hash Function）、杂凑函数、压缩函数，消息摘要就称为原消息的哈希（Hash）。

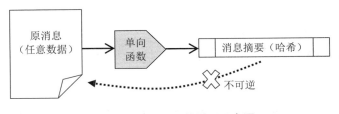

图 2.36 单向函数原理示意图

网络通信领域常用的字节奇偶校验位、报文循环冗余码等亦属单向函数之列。单向函数生成的哈希值能够在统计上唯一地表征输入值，相当于对消息做数学意义上的内容摘要，但从摘要中无法得到比摘要本身更多的关于原有消息的信息，具有安全性。为达到这一目标，哈希算法需要满足以下关键特性。

（1）单向性。从输入值能够简单、迅速地得到哈希值，而反过来在计算上不可行。

（2）抗冲突性（Collision Resistant）。给定 M，计算上难以找到 M'，满足 $H(M)=H(M')$，此谓弱抗冲突性；如果计算上也难以寻找一对任意的 M 和 M'，满足 $H(M)=H(M')$，此谓强抗冲突性。如果抗冲突性很强，在某种程度上可以认为哈希具有唯一性。

（3）分布均匀性。存在映射分布均匀性和差分分布均匀性。哈希值中，0 和 1 的数量应该大致相等；输入中每比特的变化，哈希值中应有一半以上的比特改变，这被称为雪崩效应（Avalanche Effect）；反之，要使哈希值中出现 1bit 的变化，输入中至少有一半的比特必须发生变化。分布均匀性本质上是让输入的每一位信息尽量均匀地反映到输出的每一位上去，同时输出中的每一位都是输入中尽可能多的位一起作用的结果。

单纯从理论上看，原消息的编码空间巨大，例如照片、电影，动辄几兆、几百兆字节，而哈希仅有数十个字节长度，编码空间相对很小，哈希冲突的概率应当很高才对。然而，考察实际的数据对象，以英文文章为例，每个字节的 256 个不同编码中可读的 ASCII 字符只占一小半，而文章的大部分字符都是小写字母，有效编码空间大幅缩小，再考虑到文章不是字母的胡乱组合，而是构成数量有限的单词、需要组成有意义的语句，进一步压缩了编码空间。因此，有意修改一篇文章，表达的意思上要达到篡改的目的，文章至少要保持通顺，最终输出相同的哈希，这无疑是天方夜谭。

因为单向函数具备这些独特性质，可在信息安全领域发挥巨大作用。哈希携带了原消息的内容特征，不同的消息有不同的哈希，因此也被称为数字指纹（Digital Finger-print），就好比人类的指纹可以用来"画押"，与亲笔签名有同等效力，可以用来代表一个人。犯罪现场的指纹鉴定也是同理。

例如，有一份带上哈希的电子合同，如图2.37所示，倘若合同被篡改，哪怕只是改了一个小数点，用同样的单向函数得到的哈希将发生巨大的变化，而且几乎不可能伪造一份具有相同哈希的合同，所以数字指纹可以用来验证合同真伪。然而，如果合同篡改者同时用虚假合同生成的新的哈希替换掉原有的数字指纹，则反而会带来"虚假的真实"的弊端。因此，数字指纹在实际运用时还需要结合其他密码学技术，例如配合公钥加密，才能切实保障其安全性。

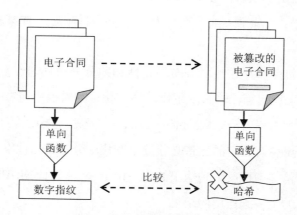

图2.37　数字指纹应用示例

再例如，网络用户在客户端输入用户名、密码（口令）登录几乎是每天要做的事。如果直接把用户输入的密码传送到服务端进行验证，就存在两方面的安全隐患：一是传输过程中可能被窃听，明文密码就暴露了；二是服务端数据库存储的明文密码也有暴露风险（例如被"脱库"或被"内鬼"窃取账号）。为防范登录密码安全风险，网络系统通常采用对密码做哈希的方法，客户端向服务器传输的是密码的哈希值,而服务端存储的也是哈希值,不影响登录验证,也不会暴露用户密码,成为单向函数加密技术的成功应用范例。

可是,网络登录密码单纯采用哈希加密手段仍然存在安全风险,例如攻击者截取到哈希值后,至少有两种手法可实现攻击:一种是"重放攻击",即直接向服务端传送密码哈希值要求登录,服务端会照样放行;另一种是"字典攻击",即利用事先做好的密码串-哈希值对应表(因为大部分人会用便于记忆的单词和词组来做密码),来查表"复原"密码明文。抵抗这一风险的做法是采用"哈希加盐"的一次性登录(Single-time Sign-On,SSO)方案,如图2.38所示,每次登录使用随机数作为"盐",与密码哈希拼接后再做哈希,从而实现每次登录都传输不同的密文(随机数可事先传输或随密文传输,不影响安全性)。

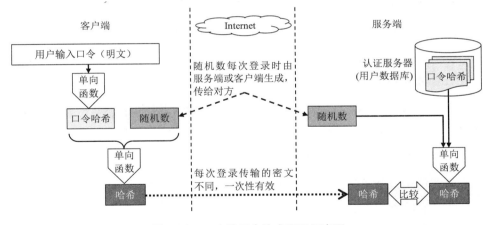

图2.38 一次性口令技术原理示意图

单向函数的另一项重要用途是信息标识。如果需要识别大数据量的信息对象,例如检索一部电影,"全量比较"明显事倍功半、费力不讨好。此时可采用单向函数生成信息对象的数字指纹,例如32B的定长哈希值,作为类似身份证号码的ID,检索时只需提供ID,存储、传输、比对、查找都很便捷。例如,网上P2P下载应用就是采用DHT(Distributed Hash Table,分布式哈希表)方法,从各个用户终端上寻找大文件的不同片段,实现并发式下载。

比特币系统设计中大量运用了成熟的单向函数技术,并将单向函数各种技术特点和功能发挥得淋漓尽致。

- 数据缠结：利用哈希对原消息的变化极其敏感的特性，构造数据之间的缠结关系，防范信息篡改和伪造，包括形成区块之间的链、生成交易的默克尔树。
- 工作计量：利用哈希值不可预测性、0和1分布均匀性，制定生成新区块的规则，必须进行大量的反复计算（付出实实在在的工作量）才有可能获得成功，而且还可以根据需要调节难度值。
- 信息标识：利用哈希短小（压缩性）、等长、抗冲突等特性，以之作为区块和交易的标识，非常便于存储和检索。
- 地址编码：利用哈希单向转换的特性，生成比特币用户地址，既提高了安全性、规范性、隐蔽性，又实现了可验证。
- 交易签名：利用哈希作为原消息数字指纹的特性，对资金归属和使用规则进行签名锁定，并可验证、解锁，实现智能化交易。

常用的单向函数算法有MD（包括MD4、MD5，安全性较弱）、RIPEMD（RACE Integrity Primitives Evaluation Message Digest，RACE原始完整性校验信息摘要）、SHA等，比特币系统中运用了其中的RIPEMD-160和SHA-256。SM3是我国商用密码标准的单向函数算法。

在进行哈希运算前需要对信息尾部进行填充，使总长度为运算分组单元长度的整数倍。以运算分组单元长度为512bit（64B）为例，一般填充方法是在信息的尾部填充一个1和连续的0，直到满足位长度对512求余的结果等于448（即$n \times 512+448$），其后附加64bit原信息的长度值（以B为单位）。

RIPEMD是由COSIC研究小组在MD4的基础上于1996年提出的一种单向函数算法，与MD5一样都着眼于改善MD4存在的安全缺陷。RIPEMD算法共有4个标准，即RIPEMD-128、RIPEMD-160、RIPEMD-256和RIPEMD-320，其对应输出长度分别为16B、20B、32B和40B。让人难以置信的是RIPEMD-256和RIPEMD-320这两种标准只是在RIPEMD-128和RIPEMD-160的基础上修改了初始参数和S-box来达到输出为256bit和320bit的目的，所以，RIPEMD-256的强度和RIPEMD-128相当，而RIPEMD-320

的强度和RIPEMD-160相当。其中，RIPEMD-160在比特币系统的地址生成算法中得到运用，在此之前RIPEMD基本上处于默默无闻的状态。

RIPEMD-160算法以32bit字为计算单元，输入16个32bit字$X(i)$组成的分组，输出5个32bit字（即20B）的级联。输入消息的填充方式与MD5相同。

每个分组的运算进行5轮，每轮分别对16个32bit字进行操作，共80步。每一步分为左、右两部分操作，执行逻辑均为：$A=(A+f(B,C,D)+X+K)\lll s+E$；$C=C\lll 10$（$\lll s$为循环左移$s$位，$+$为模$2^{32}$加法）。

定义算法所用的160个32bit常量，其中，$K(j)$用于左侧操作，$K'(j)$用于右侧操作，j为0~79步的操作步骤（每行为1轮）如图2.39所示。

$K(j)$=0x00000000	0	$K'(j)$=0x50A28BE6	$2^{30}\cdot\sqrt[3]{2}$	$0\leqslant j\leqslant 15$
$K(j)$=0x5A827999	$2^{30}\cdot\sqrt{2}$	$K'(j)$=0x5C4DD124	$2^{30}\cdot\sqrt[3]{3}$	$16\leqslant j\leqslant 31$
$K(j)$=0x6ED9EBA1	$2^{30}\cdot\sqrt{3}$	$K'(j)$=0x6D703EF3	$2^{30}\cdot\sqrt[3]{5}$	$32\leqslant j\leqslant 47$
$K(j)$=0x8F1BBCDC	$2^{30}\cdot\sqrt{5}$	$K'(j)$=0x7A6D76E9	$2^{30}\cdot\sqrt[3]{7}$	$48\leqslant j\leqslant 63$
$K(j)$=0xA953FD4E	$2^{30}\cdot\sqrt{7}$	$K'(j)$=0x00000000	0	$64\leqslant j\leqslant 79$

图2.39 j为0~79步的操作步骤

定义$r(j)$、$r'(j)$为输入分组的32bit字$X(i)$的选择下标。在不同的轮次及左右侧操作中，16个字的计算次序各有不同。

在一种改进的RIPEMD算法中，设$\rho(i)=\{7,4,13,1,10,6,15,3,12,0,9,5,2,14,11,8\}$（$i=0,1,2,\cdots,15$），又设$\pi(i)=9i+5(\text{mod}16)$，则5轮运算中采用的$r(j)$、$r'(j)$如表2.1所示（均为mod 16运算）。

表2.1 改进的RIPEMD算法的5轮运算

	第1轮	第2轮	第3轮	第4轮	第5轮
左侧 $r(j)$	j	$\rho(i)$	$[\rho(i)]^2$	$[\rho(i)]^3$	$[\rho(i)]^4$
右侧 $r'(j)$	$\pi(i)$	$\rho(i)\times\pi(i)$	$[\rho(i)]^2\times\pi(i)$	$[\rho(i)]^3\times\pi(i)$	$[\rho(i)]^4\times\pi(i)$

在标准的RIPEMD算法中，5轮运算中采用的$r(j)$、$r'(j)$固定定义如图2.40所示。

r(j)=j	r'(j)=5,14,7,0,9,2,11,4,13,6,15,8,1,10,3,12	$0 \leq j \leq 15$
r(j)=7,4,13,1,10,6,15,3,12,0,9,5,2,14,11,8	r'(j)=6,11,3,7,0,13,5,10,14,15,8,12,4,9,1,2	$16 \leq j \leq 31$
r(j)=3,10,14,4,9,15,8,1,2,7,0,6,13,11,5,12	r'(j)=15,5,1,3,7,14,6,9,11,8,12,2,10,0,4,13	$32 \leq j \leq 47$
r(j)=1,9,11,10,0,8,12,4,13,3,7,15,14,5,6,2	r'(j)=8,6,4,1,3,11,15,0,5,12,2,13,9,7,10,14	$48 \leq j \leq 63$
r(j)=4,0,5,9,7,12,2,10,14,1,3,8,11,6,15,13	r'(j)=12,15,10,4,1,5,8,7,6,2,13,14,0,3,9,11	$64 \leq j \leq 79$

图 2.40 5轮运算中采用的 r(j)、r'(j) 固定定义

各个步骤使用的循环左移位数 s(j) 和 s'(j)（在一种改进的 RIPEMD 算法中移位次数的定义有所不同，且两侧相同）的标准定义如图 2.41 所示。

s(j)=11,14,15,12,5,8,7,9,11,13,14,15,6,7,9,8	s'(j)=8,9,9,11,13,15,15,5,7,7,8,11,14,14,12,6	$0 \leq j \leq 15$
s(j)=7,6,8,13,11,9,7,15,7,12,15,9,11,7,13,12	s'(j)=9,13,15,7,12,8,9,11,7,7,12,7,6,15,13,11	$16 \leq j \leq 31$
s(j)=11,13,6,7,14,9,13,15,14,8,13,6,5,12,7,5	s'(j)=9,7,15,11,8,6,6,14,12,13,5,14,13,13,7,5	$32 \leq j \leq 47$
s(j)=11,12,14,15,14,15,9,8,9,14,5,6,8,6,5,12	s'(j)=15,5,8,11,14,14,6,14,6,9,12,9,12,5,15,8	$48 \leq j \leq 63$
s(j)=9,15,5,11,6,8,13,12,5,12,13,14,11,8,5,6	s'(j)=8,5,12,9,12,5,14,6,8,13,6,5,15,13,11,11	$64 \leq j \leq 79$

图 2.41 s(j)、s'(j) 的标准定义

每轮每个步骤的运算所用的5个非线性按位操作函数（布尔型：⊕为异或，∧为与，∨为或，~为非）分别为：

$f(j,x,y,z)=x \oplus y \oplus z$ $(0 \leq j \leq 15)$

$f(j,x,y,z)=(x \wedge y) \vee (\sim x \wedge z)$ $(16 \leq j \leq 31)$

$f(j,x,y,z)=(x \vee \sim y) \oplus z$ $(32 \leq j \leq 47)$

$f(j,x,y,z)=(x \wedge z) \vee (y \wedge \sim z)$ $(48 \leq j \leq 63)$

$f(j,x,y,z)=x \oplus (y \vee \sim z)$ $(64 \leq j \leq 79)$

RIPEMD-160算法开始时，首先初始化级联变量：h_0=0x67452301；h_1=0xEFCDAB89；h_2=0x98BADCFE；h_3=0x10325476；h_4=0xC3D2E1F0。算法流程如下。

（1）初始化临时变量：$A=A'=h_0$；$B=B'=h_1$；$C=C'=h_2$；$D=D'=h_3$；$E=E'=h_4$。

（2）对16个32bit字 X(i) 进行5轮共80步左、右两侧的运算：

```
for j = 0 to 79 {
    //左侧部分运算
```

```
        T = (A + f(j, B, C, D) + X[r(j)] + K(j))≪s(j) + E;
        A = E; E = D; D = C≪10; C = B; B = T;
        //右侧部分运算
        T = (A' + f(79-j, B', C', D') + X[r'(j)] + K'(j))≪s'(j)
            + E';
        A'=E'; E'=D'; D'=C'≪10; C'=B'; B'=T;
   }
   T = h₁ + C + D'; h₁ = h₂ + D + E'; h₂ = h₃ + E + A';
   h₃ = h₄ + A + B'; h₄ = h₀ + B + C'; h₀ = T;
```

（3）若存在更多分组，则返回（1）继续运行；否则算法结束。

最后级联 h_0, h_1, h_2, h_3, h_4，即为 20B 的 RIPEMD-160 哈希。采用 RIPEMD-160 单向函数对字符串进行哈希的样例如下：

```
RIPEMD160("")=9C1185A5C5E9FC54612808977EE8F548B2258D31
RIPEMD160("a")=0BDC9D2D256B3EE9DAAE347BE6F4DC835A467FFE
RIPEMD160("abc")=8EB208F7E05D987A9B044A8E98C6B087F15A0BFC
RIPEMD160("abc…z")=F71C27109C692C1B56BBDCEB5B9D2865B3708
               DBC
```

考察样例的输入输出可以看到，哈希值很像是一些随机数，0和1的分布比较均匀，即使原字符串很相近，哈希值却差别很大，从哈希值完全无法推测输入信息的特征，包括信息内容、编码格式、输入信息数量等，甚至长度为零的空串也可以"无中生有"地进行哈希。

安全哈希算法（Secure Hash Algorithm，SHA）是应用较多的单向函数，包括SHA-1和SHA-2，其中SHA-2具体分为SHA-224、SHA-256、SHA-384和SHA-512，1995年发布为美国联邦标准。SHA-1在SSL、SSH、S/MIME等许多安全协议中广为使用，被视为MD5的继任者，但也存在对其安全性的质疑。相比之下，SHA-2更为安全，其算法框架与SHA-1基本一致。SHA-256在比特币系统中得到了大量运用。

SHA-1以512bit（32B）分组为处理单位，输出160bit值；SHA-2中SHA-xyz表示输出xyzbit值，其中，SHA-224、SHA-256的分组大小与SHA-1相同，为512bit（32B），SHA-384、SHA-512的分组大小为1024bit（64B）。

SHA-1算法如下（所有变量为32bit字长，计算均为mod 2^{32}）。

设置级联变量初始值为：$h_0:=0x67452301$；$h_1:=0xEFCDAB89$；

h_2:=0x98BADCFE；h_3:=0x10325476；h_4:=0xC3D2E1F0。将原消息分为512bit长度的分组；依次处理每个分组，直到处理完全部分组。

（1）将分组分为16个32bit字$w[i]$（i=0,1,2,…,15）。

（2）将$w[i]$（i=0,1,2,…,15）扩展成80个32bit字（<<为循环左移，⊕为异或）：

```
for i from 16 to 79
        w[i] := (w[i-3]⊕w[i-8]⊕w[i-14]⊕w[i-16])<<1
```

（3）临时变量赋值：$\{a, b, c, d, e\} = \{h_0, h_1, h_2, h_3, h_4\}$。

（4）主处理程序（循环80轮次；&为与，|为或，~为非）如下：

```
for i from 0 to 79
    if 0≤i≤19 then
        f:= (b & c)|((~b) & d); k: = 0 x5A827999
    else if 20≤i≤39 then
        f: = b ⊕ c ⊕ d; k: = 0x6ED9EBA1
    else if 40≤i≤59 then
        f: =(b & c)|(b & d)|(c & d); k: = 0x8F1BBCDC
    else if 60≤i≤79 then
        f: =b ⊕ c ⊕ d; k: = 0xCA62C1D6
    temp: =(a<<5)+ f + e + k + w[i]
    e: =d; d: = c; c: =b<<30; b: =a; a: = temp
```

（5）级联变量赋值：$\{h_0, h_1, h_2, h_3, h_4\} = \{h_0+a, h_1+b, h_2+c, h_3+d, h_4+e\}$。

（6）若已为最后分组，则前往第（7）步；否则返回第（1）步处理下一分组。

（7）Hash值为h_0、h_1、h_2、h_3、h_4顺序级联而成（160bit）。

SHA-2算法加强了各个字的位元混合程度，以提升安全强度。以SHA-256为例，算法如下（所有变量为32B字长，计算均为mod 2^{32}）。

初始化变量：h_0:=0x6A09E667；h_1:=0xBB67AE85；h_2:=0x3C6EF372；h_3:=0xA54FF53A；h_4:=0x510E527F；h_5:=0x9B05688C；h_6:=0x1F83D9AB；h_7:=0x5BE0CD19。

对64个常量（$k[0,1,2,…,63]$）的赋值如图2.42所示。

0x428a2f98	0x71374491	0xb5c0fbcf	0xe9b5dba5	0x3956c25b	0x59f111f1	0x923f82a4	0xab1c5ed5
0xd807aa98	0x12835b01	0x243185be	0x550c7dc3	0x72be5d74	0x80deb1fe	0x9bdc06a7	0xc19bf174
0xe49b69c1	0xefbe4786	0x0fc19dc6	0x240ca1cc	0x2de92c6f	0x4a7484aa	0x5cb0a9dc	0x76f988da
0x983e5152	0xa831c66d	0xb00327c8	0xbf597fc7	0xc6e00bf3	0xd5a79147	0x06ca6351	0x14292967
0x27b70a85	0x2e1b2138	0x4d2c6dfc	0x53380d13	0x650a7354	0x766a0abb	0x81c2c92e	0x92722c85
0xa2bfe8a1	0xa81a664b	0xc24b8b70	0xc76c51a3	0xd192e819	0xd6990624	0xf40e3585	0x106aa070
0x19a4c116	0x1e376c08	0x2748774c	0x34b0bcb5	0x391c0cb3	0x4ed8aa4a	0x5b9cca4f	0x682e6ff3
0x748f82ee	0x78a5636f	0x84c87814	0x8cc70208	0x90befffa	0xa4506ceb	0xbef9a3f7	0xc67178f2

图 2.42 对 64 个常量的赋值

（1）将分组分为 16 个 32bit 字 $w[i]$（$i=0,1,2,\cdots,15$）。

（2）将 $w[i]$（$i=0,1,2,\cdots,15$）扩展成 64 个 32bit 字（>> 为循环右移，>>> 为逻辑右移，$\oplus$ 为异或，+ 为加）：

```
for i from 16 to 63
    s₀ := (w[i-15] >> 7)⊕(w[i-15] >> 18)⊕(w[i-15] >>> 3)
    s₁ := (w[i-2] >> 17)⊕(w[i-2] >> 19)⊕(w[i-2] >>> 10)
    w[i] := w[i-16] + s₀ + w[i-7] + s₁
```

（3）临时变量赋值：$\{a,b,c,d,e,f,g,h\} = \{h_0,h_1,h_2,h_3,h_4,h_5,h_6,h_7\}$。

（4）主处理程序（循环 64 轮次；& 为与，| 为或，~ 为非）如下：

```
for i from 0 to 63
    s₀ := (a >> 2)⊕(a >> 13)⊕(a >> 22)
    maj := (a & b)⊕(a & c)⊕(b & c)
    t₂ := s₀ + maj;  s₁ := (e >> 6)⊕(e >> 11)⊕(e >> 25)
    r := (e & f)⊕((~e) & g);  t₁ := h + s₁ + r + k[i] + w[i]
    h := g; g := f; f := e; e := d + t₁
    d := c; c := b; b := a; a := t₁ + t₂
```

（5）中间变量赋值：$\{h_0, h_1, h_2, h_3, h_4, h_5, h_6, h_7\}=\{h_0+a, h_1+b, h_2+c, h_3+d, h_4+e, h_5+f, h_6+g, h_7+h\}$。

（6）若已为最后分组，则前往第（7）步；否则返回第（1）步处理下一分组。

（7）哈希值为 h_0、h_1、h_2、h_3、h_4、h_5、h_6、h_7 顺序连接而成全（256bit）。

SHA-224与SHA-256的算法基本相同,除了$h_0 \sim h_7$的初始值不同且SHA-224输出时截掉h_7的值(因此为224bit)。SHA-512和SHA-256的结构相同,但是,SHA-512处理64B字,执行80次循环,循环移位量不同。SHA-384和SHA-512的不同点为:$h_0 \sim h_7$的初始值不同,SHA-384输出时截掉h_6和h_7的值。

SM3为国家保密标准的单向函数,对任意长度小于2^{64}bit的消息m,可生成256bit哈希值。SM3算法如下(运算数值为32bit整数;加法为mod 2^{32}算术加)。

设IV=7380166f 4914b2b9 172442d7 da8a0600 a96f30bc 163138aa e38dee4d b0fb0e4e为初始向量。

常量为:

$$T_j = \begin{cases} 79cc4519, & 0 \leqslant j \leqslant 15 \\ 7a879d8a, & 16 \leqslant j \leqslant 63 \end{cases}$$

布尔函数为(∧为与,∨为或,¬为非,⊕为异或):

$$FF_j(X,Y,Z) = \begin{cases} X \oplus Y \oplus Z, & 0 \leqslant j \leqslant 15 \\ (X \wedge Y) \vee (X \wedge Z) \vee (Y \wedge Z), & 16 \leqslant j \leqslant 63 \end{cases}$$

$$GG_j(X,Y,Z) = \begin{cases} X \oplus Y \oplus Z, & 0 \leqslant j \leqslant 15 \\ (X \wedge Y) \vee (\neg X \wedge Z), & 16 \leqslant j \leqslant 63 \end{cases}$$

置换函数为($\ll k$:循环左移k bit):

$$P_0(X) = X \oplus (X \ll 9) \oplus (X \ll 17)$$

$$P_1(X) = X \oplus (X \ll 15) \oplus (X \ll 23)$$

经填充后的消息m'分为512bit分组$B^{(0)}B^{(1)}\cdots B^{(n-1)}$,$V^{(0)}=IV$,依次进行迭代压缩运算$CF$,最后输出$V^{(n)}$即为哈希值。

首先进行消息分组,将$B^{(i)}$扩展生成132个字$W_0, W_1, \cdots, W_{67}, W'_0, W'_1, \cdots, W'_{63}$:

(1)将消息分组,将$B^{(i)}$分成16个字$W_0, W_1, \cdots, W_{15}$。

(2)扩展W_j:

```
FOR j=16 TO 67
    W_j = P_1(W_{j-16}⊕W_{j-9}⊕(W_{j-3}≪15))⊕(W_{j-13}≪7)⊕W_{j-6}
ENDFOR
```

（3）扩展 W'_j：

```
FOR j=0 TO 63
    W'_j = W_j⊕W_{j+4}
ENDFOR
```

令 A、B、C、D、E、F、G、H 为 32bit 字寄存器，SS_1、SS_2、TT_1、TT_2 为中间变量，运用压缩函数进行迭代 $V^{i+1}=CF(V^{(i)}, B^{(i)})$，$0 \leqslant i \leqslant n-1$。其中字的存储为大端格式，即高有效位在左、低有效位在右，数的高阶字节放在存储器的低地址、低阶字节放在存储器的高地址。对每个 $B^{(i)}$ 的 CF 计算过程用伪代码表示为：

```
ABCDEFGH←V^(i)
FOR j=0 TO 63
    SS_1←((A≪12)+E+(T_j≪j))≪7
SS_2←SS_1⊕(A≪12)
TT_1←FF_j(A,B,C)+D+SS_2+Wj'
TT_2←GG_j(E,F,G)+H+SS_1+Wj
D←C; C←B≪9; B←A; A←TT_1
H←G; G←F≪19; F←E; E←P0(TT_2)
ENDFOR
V^(i+1)←ABCDEFGH⊕V^(i)
```

最终输出的 $V^{(n)}=ABCDEFGH$ 即为 256bit 哈希值。

2.3 前沿密码技术

2.3.1 同态加密

同态加密（Homomorphic Encryption）概念由李维斯特等在 20 世纪 70 年代提出，是指对经过加密的数据进行处理得到一个输出，将这一输出进行解密，其结果与用同一方法处理未加密的原始数据得到的输出结果是相同的。定义较为费解，如图2.43所示，可以简单理解为实现密文间的多种计算功能，即"先计算，后解密"等价于"先解密，后计算"。

举个例子：某总经理遇上一件左右为难之事，想布置下属计算企业平均工资，又不想把所有人工资数告诉下属。此时，同态加密就能派上用场了。企业各员工工资数用同态加密算法加密，总经理掌握密钥，下属只需将密文当数值进行计算，最后将结果（也是密文）报告给总经理，总经理进行解密即得到平均数或其他要求的计算结果。可见，同态加密是一种实现隐私计算的密码技术。

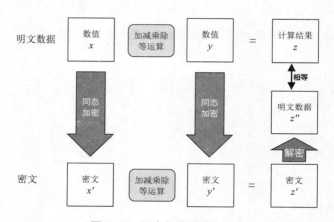

图2.43 同态加密概念示意图

同态加密分为加（减）法同态、乘（除）法同态、全同态（或称算术同态，支持加减乘除）等种类，比如RSA公钥算法就属于乘法同态加密。2009年，IBM的研究人员金特里（Gentry）首次设计出一个全同态加密体制。

以RSA公钥算法为例。为计算简便起见，质数p和q分别选5和7，那么$n=p \times q=35$，$\varphi(n)=(p-1)\times(q-1)=24$，选择与$\varphi(n)$互质的整数$e=5$，满足$d \times e = 1 \mod \varphi(n)$的整数$d=5$，得：公钥pubKey=$\{e, n\}=\{5,35\}$，私钥priKey=$\{d, n\}=\{5,35\}$。若要秘密地计算$2 \times 3$，运用公钥加密，两个数的密文$c_2$和$c_3$分别为：

$$c_2 = M^e \mod n = 2^5 \mod 35 = 32$$

$$c_3 = M^e \bmod n = 3^5 \bmod 35 = 33$$

进行密文乘法 $c_2 \times c_3 = 32 \times 33 = 1056$。这里的1056就是密文的积。只有掌握私钥的人才有权限了解乘法的结果究竟是多少，方法是用私钥对1056进行解密运算：

$$m_{2\times 3} = C^d \bmod n = 1056^5 \bmod 35 = 1313165883211776 \bmod 35 = 6$$

解密的结果正是正确的 2×3 乘法运算的积。

Paillier算法于1999年由Pascal Paillier提出，是一种基于 n 阶剩余类数学难题的概率公钥加密算法，满足加法同态特性。在该算法中，明文相加对应加密后的密文相乘，具有构造简单、加法同态性好的特点。Paillier算法的加密、解密方法如下。

首先生成密钥。随机生成两个大质数 p 和 q，满足：

$$\gcd(pq, (p-1)(q-1)) = 1$$

式中gcd为最大公约数函数，是对两个质数的约束条件，需确保两个质数的长度相同，并求：$n = pq$，$\lambda = \mathrm{LCM}(p-1, q-1)$，式中LCM为最小公倍数函数。令 $L(u) = \dfrac{u-1}{n}$，再生成一个随机数 $g \in \mathbf{Z}^*_{N^2}$，得：

$$\mu = (L(g^\lambda \bmod n^2))^{-1} \bmod n$$

至此可获得公钥为 (n, g)，私钥为 (λ, μ)。

设待加密明文为 m，加密后的密文为 c，选取一个大随机数 $r \in \mathbf{Z}_n$，采用公钥 (n, g)，则加密过程为：

$$E(m) = c = g^m \cdot r^n \bmod n^2$$

解密时采用私钥 (λ, μ)，解密过程为：

$$D(c) = m = L(c^\lambda \bmod n^2 \cdot \mu \bmod n)$$

不失一般性，设明文为m_1和m_2，经Paillier加密后变成密文c_1和c_2，加密选取的随机数为r_1和r_2，加密函数为$E(m)$，解密函数为$D(c)$，加密运算如下：

$$E(m_1) = c_1 = g^{m_1} \cdot r_1^n \bmod n^2$$

$$E(m_2) = c_2 = g^{m_2} \cdot r_2^n \bmod n^2$$

对m_1与m_2分别加密后求积：$E(m_1) \cdot E(m_2) = c_1 \cdot c_2 = g^{m_1+m_2} \cdot r_1^n r_2^n \bmod n^2$

对$m_1 + m_2$进行加密得：$E(m_1 + m_2) = g^{m_1+m_2} \cdot r_3^n \bmod n^2$

考察$E(m_1) \cdot E(m_2)$与$E(m_1 + m_2)$两式，除了$r_1^n r_2^n$与r_3^n不同，其余因式全部相同，由于解密过程与随机数r无关，因此$D(E(m_1) \cdot E(m_2)) = D(E(m_1 + m_2)) = m_1 + m_2$，即证明了Paillier加密的加法同态性质，其同态加法为密文乘法。

2.3.2 属性加密

2005年，Amit Sahai和Brent Waters提出了模糊的基于身份的加密（Fuzzy Identity-Based Encryption，FIBE）方法。FIBE用一组属性（如用户的身高、年龄、性别、职业等）集合w来描述身份，用户的私钥与w相对应。加密时，选取一个属性集合w'与明文作为输入，这样输出的密文也是和一个属性集合相对应的。当且仅当属性集合w与w'相交的个数大于系统预先设定的门限值时，就可以将密文成功解密，这也使解密具有一定的模糊性。在FIBE系统中，密文可以由多个私钥解密，一个私钥也可以解密多个具有不同访问策略的密文，技术上可拓展基于生物特征的加密和基于属性的加密。

密文策略的基于属性加密（Ciphertext-Policy Attribute-Based Encryption，CPABE）方法提出，密文用一个访问策略来标识，用户私钥用一组属性集来标识，这样，加密者通过访问结构可以自由选择对属性的控制，解密者只经过一次密钥分发即可对被授权的信息进行解密。同时算法采用了访问控制树（Access Control Tree）机制，用与（and）、或（or）及门限（threshold）对属性关系与权重进行操作，提高了访问结构的表达能力，提升了访问控制的灵活性。

为适应信息加密者"不懂"、"不会"和"不想"管理密钥的情况，在一种改进的CPABE方法中，信息加密者信任密钥分发者来决定哪些用户能对数据进行访问，相当于将技术和权力委托给运营和服务商，比较适合用户与平台的关系。

动态属性加密（Dynamic ABE）方法面向属性的更新和添加，比如用户在性别、身高等几乎固定不变的静态属性外，还有一些职业、位置等可能发生变化的动态属性，引入衰退函数，允许按需改变其中某个属性。

支持密钥撤销的ABE方案将数据对象的访问周期分为m个时期，每个时期进一步分成n个阶段，一个阶段对应于一个加密密钥，以阶段为最小单位对数据进行加密，一个时期内的多个密钥构成一个密钥链，其中第一个密钥为主密钥。可以发送用户撤销消息，通过调整访问控制树来达到撤销访问权限的目的。

在数据的共享应用中，实现数据依授权访问是相对容易的，数据访问者通过申请并获得授权，可以是访问令牌，也可以是解密密钥，但大多数系统就到此为止了，授权的访问权限没有考虑如何撤销回收，或者采用一些简单的删除IP地址白名单、关闭访问账号等办法，不利于运营管理的完善与安全。在此类应用场景中，属性加密就能发挥相应作用，通过灵活配置、动态调整、密钥撤销，实现数据访问的精准、精细授权。

2.3.3 量子密码

量子密码（Quantum Cryptography）并非一种特定的加密技术，而是基于量子力学的研究成果实现信息安全传输，具备防窃听、防破译的优势，所以对量子密码的准确理解应当是，利用量子远距离传输信息的能力为保密通信提供密钥安全分发服务。

量子是指微观粒子，与人们所熟悉的宏观物理现象和规律截然不同。维尔纳·海森堡（Werner Heisenberg）于1927年提出测不准原理（Uncertainty Principle）：不可能同时知道一个微观粒子的位置和动量，粒子位置的不确定性必然大于或等于普朗克常数h除以4π（即$\Delta x \Delta p \geq h/4\pi$）。粒子的位置确定越精确，其动量就越不精确，反之亦然。根据这一原理，微观粒子总是以不同的概率存在于不同的方位，对未知状态系统的每一次测量必然改变系统原来的状态，就是说宏观层面的任何观察和干扰，都会立刻改变量子态，引起其坍缩。

这种量子现象被称为"观察者效应"，比如"薛定谔的猫"（一个著名的量子力学思维实验）。思维实验需要自行"脑补"。假设把猫关进一个封闭的盒子，里面有一个毒气释放装置，释放概率是50%，那么过了一段时间后，猫是死是活？——这个实验让人"不知所措"之处是：如果不打开盒子，猫死活的可能性参半，无法判断猫是死是活，或者说既是死的又是活的；而一旦打开盒子，这个状态就瞬间终止，情况就变得确定了，要么看到一只活猫，要么看到一只死猫，观察者在满足好奇心的同时也破坏了系统原有状态。因此，在"黑盒子"中这只可怜的猫相当于处于一种死和活的叠加态，是宏观世界中非死即活状态之外的另一种不确定态，而且这种不确定态是排斥观察的，任何观察都会造成对系统原有状态的破坏。

不妨将猫的生死状态表示为数据1和0，那么在封闭盒子这个量子世界里，数据就是1和0的叠加态，打开盒子偷窥就好比是窃取数据的行为，这将使量子世界坍缩而回到现实世界并无法返回。基于这一原理，就可以设计防窃听的量子传密。

20世纪80年代起逐步演化出量子通信（Quantum Teleportation）技术。其中包括经典信息传输、量子信息传输两种不同的类型。

1. 量子通信的经典信息传输技术

1984年，IBM公司的本内特（Bennett）和加拿大的布拉萨德（Brassard）首次提出了量子信息传输技术及其BB84协议，利用单光子的偏振性来传输信息。

如图2.44所示，一个光子有四种偏振方向，可用横竖、斜向两种测量基（方法）来判别，并分别将水平、右下偏振的光子编码为0，将垂直、右上偏振的光子编码为1。如果用正确的测量基测量接收到的光子，则可解码正确的0或1；如果用了错误的测量基，则解码正确率为50%。显然，假如接收方随机选择测量基,则误码率为:50%(选错测量基概率)×50%(解码差错率)=25%。

运用这一原理和测量工具,设计量子通信的经典信息传输技术BB84协议,工作流程如下(示例如图2.45所示,空心三角符号△指出选择错误的测量基,

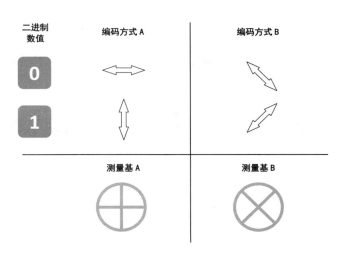

图 2.44　量子通信的光子偏振测量和编码方法示意图

实心三角符号▲指出错误的解码比特,-表示需要扔掉的错误比特)。

(1)Alice用单光子序列发送一串二进制信息(例如随机数密钥)。

(2)Bob对接收到的每个光子随机选择一种测量基,得到解码结果。

(3)Bob通过公开信道(可能被窃听)告知Alice自己选择的测量基序列。

(4)Alice对比自己的编码,通过公开信道告诉Bob需要扔掉哪些错误的比特。

(5)最终双方留下相同的筛选结果(可以作为双方共同拥有的密钥)。

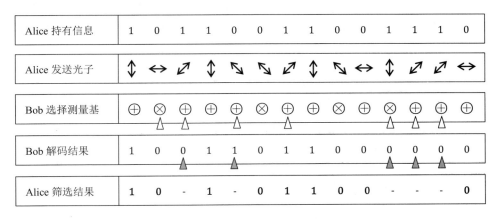

图 2.45　量子通信经典信息传输示例

信息发送者清楚知道最后结果的误码率。在示例中，如果测量者选错了测量基（50%的概率），会改变光子偏振方向（观察者及其测量方法引起状态塌缩）导致接收出错；如果存在窃听者先做了一次测量，改变了光子原来的偏振方向，Bob再次测量时将使误码率进一步增大。当最终的误码率超过阈值，Alice和Bob通过BB84协议交换信息后，Alice就能感知到有窃听者，从而废弃本次传输。由于每比特上有25%的概率能发现窃听者，则如果发送100bit，窃听者不被发现的概率仅为$(1-25\%)^{100} \approx 3.2 \times 10^{-13}$。因此，采用BB84协议可安全分发一次性使用的密钥，用于下一步在任意信道上的加密通信（例如采用对称密钥算法），比如在光纤、双绞线或无线通信等线路上的经典信息传输。

2. 量子通信的量子信息传输技术

量子纠缠（Quantum Entanglement）是量子世界的又一种神奇现象，即具有纠缠态的两个粒子无论相距多远，只要一个发生变化，另外一个也会瞬间发生变化。听上去与心灵感应差不多，却已得到实实在在的验证。1993年提出的一种量子信息传输就是基于量子纠缠，主要是指量子隐形传态，即先提取发送物的所有信息，然后将这些信息通过相互纠缠的量子的状态变化传送到接收地点，接收者依据这些信息，选取与构成原物完全相同的基本单元还原出复制品。这一方法完全不同于经典信息传输，不需要发送被编码了信息比特的光子。

但在现有技术条件下，这种方法过于理想化了，难以付诸实施，于是科学家提出了经典与量子相结合的隐形传态方案：将原物的信息分成经典信息和量子信息两部分，分别经由经典通道和量子通道传送给接收者；经典信息是发送者对原物进行某种测量而获得的，量子信息是发送者在测量中未提取的其余信息；接收者获得两种信息后，就可以制备出原物量子态的复制品。

运用量子信息传输技术完全隔绝了窃听者，因此具有完美的保密性。

2.3.4 后量子密码

另一个与量子相关的技术是量子计算（Quantum Computation），最早由保罗·贝尼奥夫（Paul Benioff）于20世纪80年代初期提出。在量子计算机中，信息单元称为量子位（Qubit），除了处于 0 或 1 态，还可处于叠加态，像薛定谔的猫，0 和 1 态线性叠加，各以一定的概率同时存在。普通计算机的 2bit 寄存器同一时间仅能存储4个二进制数（00、01、10、11）中的一个，而量子计算机中的2个量子位寄存器可同时存储这四种状态的叠加状态。对于n个量子位而言，可以处于2^n种状态的叠加，意味着量子计算的每一步会对2^n种可能性同时做出操作，具有强大的并行处理能力。

量子计算极大地提升了算力，谁掌握了量子计算能力，谁就可对算力弱小者实施降维打击，故称为量子霸权（Quantum Supremacy）。量子计算的超强性能对于以算力和时间为屏障的现代密码学技术来说绝对是梦魇。例如，RSA公钥体制的安全性是建立在大数的质数因子分解困难性之上，而量子计算机可以将原本极其困难的暴力攻击变得轻而易举，比如用专门设计的Shor算法快速分解因子，就会使现有加密算法的安全性变得脆弱不堪。

如果说现代密码技术受量子计算的影响只限于算法及该算法加密的密文，即使是数字签名体系也只需涉及算法调整，影响的是局部的点，那么构筑在现代密码技术之上的区块链系统所面临的危机更为巨大，影响深度与程度是结构性、全局性的，无异于遭受灭顶之灾。区块链最底层的链式结构、区块生成、账本保全、资产锁定、交易验证等无不依赖密码技术，最为麻烦的是链上所有数据均不可修改（否则区块链的可信度就会受到质疑），那么存量资产都会受到波及。假如发现公钥算法不安全，除非通知所有资产持有者亲自用新的密码体制连夜迁移名下资产（实际上在大规模网络上难以实施），否则链上资产就相当于处于不受保护的状态而随时可能被盗。对区块链而言，一条运行多年存证大量数据的链，好比是一幢住满人、堆满货的摩天大厦，突然收到地基不牢固的告警，就必须搬离所有人和物，然后拆了大楼重建，这个代价是令人难以承受的。

虽然目前量子计算还没有具备类似普通计算机的通用计算能力，但是量子通用计算机的时代必然会到来，而且从技术演进的速度来看，这个未来并不会十分遥远。

后量子密码（Post-Quantum Cryptography）由此被提出。密码学需要研发新型的加密技术，通过改变现有计算机解决数学问题的方式，实现抗量子（Quantum-Resistant）算法，以抵御量子计算所带来的风险。

格密码（Lattice-based Cryptography）是一种抗量子计算攻击的公钥密码候选设计思路，例如 1997 年提出的 Ajtai-Dwork 密码体制。格理论源于 1611 年开普勒提出的一个猜想，在 1840 年前后由高斯引进了格的概念并得到证明：在三维空间（容器）堆放同样大小的小球，如果所有的球心构成一个格，那么堆积密度所能达到的最大值是 $\pi/\sqrt{18}$。格理论的核心问题是确定一个给定几何体的最大格堆积密度和最小格覆盖密度。

格是 n 维线性空间中离散点的集合。格中的每个元素都是一个向量（矢量），m（$m \leq n$）个线性无关的向量 $\{b_1, b_2, \cdots, b_m\}$ 所构成的向量集合称为格。向量组 $\{b_1, b_2, \cdots, b_m\}$ 称为格的一组基，格的基中的向量个数称为格的维数，同一个格可以有多组不同的基，但是基的维数相同。

格密码的主要数学基础是格中的两个困难问题。

（1）格的最短向量问题（SVP）：对于给定的一组基，找出其所生成的格中欧氏距离（两点之间的距离）最小的非零向量。即在格上找到一个非零向量 v，满足对格上的任意非零向量 u，均有 $\|v\| \leq \|u\|$。

（2）格的最近向量问题（CVP）：对于给定的格及任一向量 y，找出格中与该向量距离最近的向量。即在格中找到一个非零向量 v，满足对格上的任意非零向量 u，均成立 $\|v-y\| \leq \|u-y\|$。

格上的困难问题在代数上比较容易解决，但在几何上是比较麻烦的。基于格的密码的基本运算为向量的加法和乘法。由于格是一种线性结构，格上的运算大多是线性运算，因此利用格困难问题所构建的新型公钥密码算法比现有方案运算速度更快。根据目前的研究，还不存在解决格困难问题的多项式量子算法，因此基于格困难问题所设计的新型公钥密码体制可以抵御量子攻击。在受到密码技术保护的数据资产越来越重要的大背景下，未雨绸缪研发并掌握后量子密码技术以抵御风险无疑是十分必要的。

2.4 数据保全技术原理

数据保全（Data Intergrity-ensured）是网络与信息系统传输、存储、处理时对数据的基本要求，确保数据与原始、权威的完全一致，防止数据被篡改、伪造及删除。数据保全有两个层面的含义：一是数据在信息系统内部和系统之间交互时的完整性；二是数据在司法意义上成为可采信的证据。

数据存储和传输过程是发生差错的高风险时段，例如被信道噪声干扰产生误码、网络拥堵而丢失报文、传输路径差异导致失序、设备故障引起报文重复、中间人攻击伪造信息等，所以网络协议数据单元及信道传输中需采用校验码等机制，用于检查数据传输差错，确保接收到正确的数据。这是弱可靠性保障机制。如果采用纠错编码、网络协议重发机制来恢复差错数据，则可以实现数据（报文）的强可靠性保障。

然而，数据要成为可以被采纳的可信的证据，基本的可靠性保障是不够的，而需要以结构化方式和专用系统来支撑，实现数据清晰表达"何人–何时–何物"属性，并可证明不存在事后篡改、造假的可能性。传统信息系统通常是中心化的架构，数据集中存储在数据库等系统中，一方面存在"内部作案"或"外部攻击"修改数据并抹去痕迹的技术可行性，另一方面作为当事者提供的"自证"数据在可信度上存在瑕疵。

因此，数据保全应采用区块链等多方参与、全体共识的可信账本系统，仲裁机构、公证机构、审计机构、监管机构等全程介入（如部署节点），使得需要的数据在取证前已保全并留存，其可信程度最高。此外，数据自生成后应第一时间上链，使得数据存证前的时间窗口达到最小，排除人为干预的技术途径（代码化、自动化操作），杜绝造假漏洞。

单向函数是实现数据保全的重要手段。单向函数具有单向性（不可逆）、抗冲突性等性质，作为数字指纹可以检验数据的完整性。

如果哈希值与数据组合进行存储或传输，那么就像IP报文一样，应对信道误码等情况是有效的，但无法应对有意为之的篡改。同时修改数据、更新哈希，就可轻易逃避被验证发现。哈希链（Hash Chain）就是一种改进方式，如

图2.46所示，将数据块D_i顺序排列，将前一块数据的哈希值h_i作为数据块一部分（如果是数据块自身的哈希值是不可能实现的），即$h_i=H(D_{i-1})$，其中D_0包含的哈希值为0。

显然，哈希链把数据与哈希融合在一起，不论改动数据、还是改动哈希，都会影响后续的哈希输出，而且修改任意一块数据，必须同时修改之后的所有数据块，否则就不可能成功（无法规避检验）。如果增加数据块哈希值生成难度，经一定数量的块数叠加后，修改后续所有数据块的总耗时可能相当大、计算成本也线性增加，假如超过容忍极限（同理加密算法的安全性），就被认为数据块是不可修改的。这一基于哈希的链式区块（Chained-block）方法就是区块链的实现原理之一。

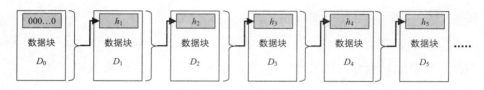

图2.46　哈希链构造原理示意图

运用单向函数进行数据保全的另一种技术方法是认证树。由于单个数据及其哈希相对来说容易被碰撞突破，数据组的多哈希"合成"则可以极大地提升抗冲突性。默克尔树（Merkle Tree）又称为默克尔认证树（Merkle Authentication Tree）、可信树，1989年由密码学家拉尔夫·默克尔（Ralph Merkle）提出。

如图2.47所示，设需要认证一组数据$\{D_i\}$（$0 \leq i \leq n-1$），若$n=2^k$，则可构造一棵k层的二叉树（若某一层有非偶数个节点，可将最右侧节点复制一个），每个叶子节点的值计算自对应的数据D_i，每个中间层节点的值均计算自下层两个节点的值的合并（例如两个值前后拼接），直到汇集到树根（Root）。于是这一组数据可用单一的树根值来认证。任何一个数据的变化，最终都会影响到树根值，因此，只要树根值保持不变，整组数据都是可信的。

例如，有一组16个交易记录$tx_{00}, tx_{01}, \cdots, tx_{15}$，设单向函数采用SH256，每

次进行双重哈希运算，则所有交易记录的哈希为：$H_i = SH256(SH256(tx_i))$。运用默克尔二叉树构建方式，自底向上逐层计算哈希并逐步聚合（其中符号|表示两个哈希值相接）：

$$H_{upper} = SH256(SH256(H_{lower}^{left} | H_{lower}^{right}))$$

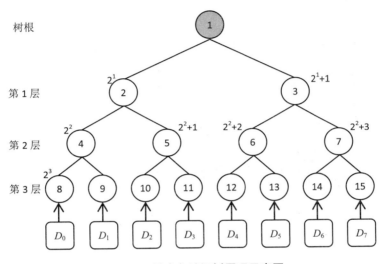

图 2.47　默克尔认证树原理示意图

只需保存默克尔认证树的树根值，16个交易记录就能获得保全，要篡改一个记录数据，必须同时修改成对的另一个记录使哈希合并的哈希值与认证树原节点值相同，可以发现这样的工作量是不可能实现的。故这一方法被比特币系统采用，首先用默克尔认证树保护账本中的交易记录，其次用哈希链保护默克尔树根值不能被篡改，实现了可信账本。

默克尔认证树方法还可以用于保护某些链下存储数据，防范其被篡改。例如图像文件，虽然图像的哈希指纹被保存在区块链上，但是不像单纯的语言文字类文本信息等，借鉴数字水印（Digital Watermark）实现原理，图像中有一些非敏感编码比特、视觉不可感知的局部变化，可以利用来插入或修改数据，其效果是图像看上去跟原来完全一样，而编码数据其实发生了很多改变。图像篡改者就可能利用这一原理，在篡改了图像后，通过调整这些比特来碰撞哈希值,理论上是可能成功的。为杜绝这一隐患,切实保全链下存储图像,可叠加默克尔树根哈希认证机制,如图2.48所示,将图像分割为一系列相同大小的图像分片(也可直接分割图像文件为文件分片),分别做哈希,生成默克尔树根哈希。将两个用不同维度数据计算的哈希值h_{root}和h_{pic}结合,若单个哈希的碰撞成功率为极小的1×10^{-30},则异构的双哈希保护机制将使篡改者成功率降到希望更为渺茫的1×10^{-60}。

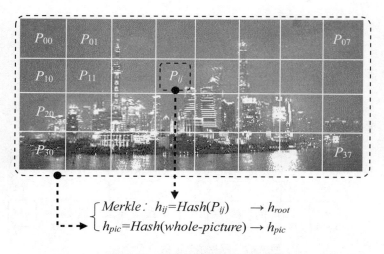

图 2.48　图片分割与哈希示意图

第3章 数字签名原理——匿名者的签名

数据保全技术仅对完整性进行保障，而不具有数据持有者的专属性。好比现实生活中，有一页打印的文章，只能确认没有被篡改过，但不知道是谁写了这页文章。因此，基于哈希的数据保全技术在某些情况下是不够的，尤其是在没有数据保全系统的支撑下，需要更完善的技术方法，才能独立实现对数据对象的完整性、专属性保障。

3.1 网络实名与匿名

在传统的及现在的大部分信息系统中，都是以用户账号（亦称账户）的形式来实现虚拟化身份，例如计算机登录、智能手机登录、网站登录、办公自动化系统登录等。用户账号通常是用户名、口令（或称密码）的组合。在同一个系统中，用户名必须是唯一的，可以采用用户自己设置的字符串、手机号、电子邮件地址、卡号等作为用户名；密码由用户自己设置与修改，需用户自己牢牢记住，错误的密码无法登录系统。

创建用户账号的目的是赋予用户访问系统的权限。如图3.1所示，通过将用户账号归集到不同的用户组,而不同的用户组关联不同系统、不同模块、不同操作的权限,使用户登录后只能在系统配置限定的范围内操作,而不能越权访问或操作。这种基于用户账号的管控机制就是认证(Authentication)、授权(Authorization)、记账(Accounting)的AAA方法(其中记账不一定为计费需要,而是记录可审计的操作日志)。细粒度更高的访问授权可以到数据字段级别,甚至可以配置数据脱敏蒙版。

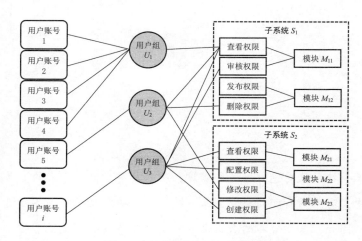

图 3.1 用户组授权机制示意图

早期互联网的用户账号基本上都是匿名的,用户可以随意免费注册,根本不知道账号是谁持有的。在互联网发展的"蛮荒时代",或许无门槛的匿名机制在一定程度上加速了产业扩展和繁荣,但是匿名账号带来许多负面效应,轻则造谣、诽谤、作假、侵权,重则欺诈、勒索、蒙骗、攻击。随着互联网应用走向成熟,与工作、教育、生活密切相关的网络应用成为主流,诸如银行、证券、消费、办事等,匿名机制无法保障用户隐私安全和用户财产安全,用户账号实名化成为必要的基础。

要注意区分实名账号与实名信息两个不同概念。比如在一个匿名账号下,要求用户输入自己的姓名和身份证号码,而且经比对姓名与身份证号码是匹配的,虽然账号中确实已经包含了实名信息,但这样的账号并不是实名账号。例如,故意输入别人的姓名和身份证号码。如果把这样的账号当实名账号对待,就会发生信息盗用等不良后果。

实名账号的本质是用户账号与真实的人建立映射关系。用户账号中包含什么实名信息是次要的，一个用户账号是谁在用才是主要的。因此，用户账号的实名化需要通过一套特定的认证过程来完成。对于银行、运营商等安全等级要求较高的系统，用户需持本人证件去线下服务网点亲自办理开通账号；而普通的信息服务、网上购物、小额支付等，可以通过刷脸核验的方法确认实名信息与真实身份；其他如社交应用、咨询投诉等，可以使用已实名认证的手机号码进行核验绑定。

每个网络应用平台都要注册用户账号，势必造成用户账号碎片化问题，用户的负担越来越重，还会造成安全隐患，比如用户难以记住不同网站的不同口令，结果所有账号都用同一个口令，一旦一个被破解，很容易被"撞库"手段窃取所有账号。当大多数平台都要进行实名认证时，用户的负担更重，而且可能造成实名信息的流失。为此，支持一个账号登录多个平台的统一认证（Uniform Authentication）技术应运而生，参照相关技术标准，如Oauth规范，就可实现"一号通行"。在同一平台或集成环境下，还可进一步采用单点登录（Single Sign On，SSO）技术，即用户账号一次登录认证后，可以直接访问所有子系统，免去反复重新输入用户名、口令的麻烦。

用户账号是由用户在原始的网络应用平台上注册的，可能还经过了实名认证，只有原始平台保存了用户身份信息，因此，原始平台是用户账号的运营方和管理方。通过统一认证或单点登录方式，用户账号在其他应用系统成功登录后，应用系统只有用户的唯一登录标识或令牌，而没有其他用户信息（相当于是匿名账号）。如果应用系统有充分理由需要用户的身份信息（一项或多项），则需要继续进行用户信息授权过程。如图3.2所示，应用系统将用户信息需求告知用户账号管理平台，由管理平台向用户询问意见，在用户点击同意的情况下，这些用户信息才会传送（授权）给应用系统。这种显性的用户询问虽然增加了操作步骤和系统复杂性，但是是必要的，用户以此掌握自己的信息的流向，并有机会表达是否同意的意愿，而不是在毫无感知的情况下"被授权"了个人信息。应用系统和用户都应该以"最小化"为原则授权个人信息，非必要不授权。

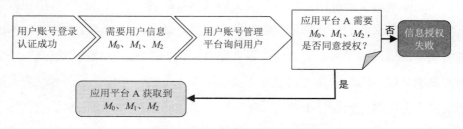

图 3.2　用户信息授权机制示意图

传统信息系统都是采用用户账号管理方式，而区块链技术的兴起创建出一种新的非账号访问方式，用户不需要事先在某个平台进行注册，不需要经过实名认证操作流程，不需要提供个人身份和联系方式等信息，不需要担心口令被忘记或被破译，只要持有私钥即可访问和操作自己的数据和财产。当然，为法律监管需要，可以由司法或行政机构掌握公钥与用户真实身份的关联性，但正常情况下不参与也不干预用户操作。正如现实世界里每个公民不用每到一处就要告诉其他人"我是谁"，可以自由自在地生活，畅行无阻，那么在虚拟世界里也理应如此，代表真实的人的数字身份（化身）可以自然地在数字空间活动，而不会动不动就弹出一个密码输入框。

3.2　零知识证明

尽管许多信息系统是实名化的，但部分操作仍然需要脱敏甚至匿名化。无论是在现实生活还是在网络应用中，都存在很多"无必要"披露身份、隐私的场景。因此，匿名不是贬义词，也非脱离监管的同义词。

在不用向验证者提供任何有用信息的情况下，要使验证者相信某个论断是正确的或相信其掌握的相关信息，就要运用一种被称为零知识证明（Zero-Knowledge Proof）的方法。例如，在"阿里巴巴与四十大盗"某一版本的故事中，阿里巴巴被强盗捉住，不论阿里巴巴是否交代山洞宝库如何打开，都会被杀掉，陷入两难境地，于是阿里巴巴急中生智，说世上唯有他知道宝库的秘密，自己可以证明给他们看，他提请大盗们走远一些，用箭瞄准自己，大盗举手，阿里巴巴对着山洞念出那句全球好多代人都知道的著名口令"芝麻，芝麻，请开门"，宝库应声而开，大盗放手，阿里巴巴念口令，大门又应声而关，大盗们听不到口令是什么（不提供信息本身），又确实亲眼看到阿里巴巴能够打开宝库大门（证明了掌握信息），机智的阿里巴巴由此解决了两难问题、脱离了险境。

在移动通信领域，手机连接基站同样使用了零知识证明的办法。手机用户并不需要提供口令或传输个人信息，而是由基站向手机发送一个随机数，手机用 SIM 卡里存储的密钥加密这个随机数并回复给基站，基站将密文交给验证中心，因为验证中心保存着向用户发放 SIM 卡时生成的密钥，如果解密出来的明文与随机数一致，就说明这个手机（SIM 卡）是有效的，允许接入基站，用户就可以打电话或上网了。

执行零知识证明时既不需透露信息内容，又不需暴露用户身份信息。比如，A 要向 B 证明自己可以进入某个房间，则 B 可以请房间里的人在一张纸上写几个字，如果 A 能说出是什么字，说明 A 可以进入房间，但 A 不用出示房间钥匙，也不必表明身份。又如，谁也不知道发明比特币系统的中本聪是谁，只知道最初的一批比特币都是属于中本聪的，假如某个人要证明自己是中本聪，最简单也是最让人信服的办法是成功用那些比特币做一次指定金额和收款人的转账交易，却完全不用露面、不暴露真实姓名。比特币所采用的交易验证机制就是典型的零知识证明方法。

所以，零知识证明有时可以用来验证身份，有时可以用来声明资产的拥有权或使用权（以便实现资产流转），可在数字空间的数字身份、数字资产应用中发挥很大作用。

3.3 数字签名

在现实世界里，为了保证文件、证明、合同或借条的有效性、专属性、完整性，会采用签字、盖章、画押（按指纹印模）等方法作签名，防止篡改或伪造，通过检验、比对，可以发现假冒的签名。但在网络上和计算机里，传统的签名无法实施。

有些信息化应用中会采用在文档上叠加手写签字、公章图片的方式,但这更多的是视觉效果上的意义,图片很容易移植到其他文档上,单靠这一做法完全达不到防伪防改的目的。数字水印技术则只适用于图片或视频,主要用于防范知识产权盗用和滥用,也不具有数据完整性保护的作用。对网络与计算机的数据进行签名需要采用专门的技术。

3.3.1 数字签名与验签原理

在数字空间里,与现实世界签名等效的方法就是数字签名(Digital Signature)。

单向函数为各类信息提供了数字指纹,可以用于检验原始信息是否发生改变或是否虚假信息。然而,若数字指纹被替换,就无法达到检测真伪的目的;单靠数字指纹也无法体现信息的归属。此外,虽然公钥加密技术的私钥加密具有签名的作用,但是当原始信息数据量很大时,公钥加密算法计算效率低的弱点就会被放大,而且用于签名的密文太长,好比平时签字时需要写一大段,字数与原文差不多,这显然是不合理的。

数字签名现代密码技术的运用,是单向函数与公钥加密技术的巧妙结合。如图3.3所示,设原始信息为m,签名方采用的公钥加密算法为E、解密算法为D,生成的私钥、公钥密钥对为$\{priKey, pubKey\}$,哈希算法为H,数字签名执行流程如下。

(1)签名方(即信息拥有方或发送方)对信息m做哈希:$h=H(m)$,h即为信息m的数字指纹。

(2)签名方用自己的私钥$priKey$对数字指纹h进行公钥加密:$s = E(h, priKey)$。

(3)所得s即为信息m的数字签名。

形成的数字签名s与哈希值长度为同一数量级,只有私钥的拥有者才能创建签名。同一签名者的不同的信息,或不同签名者的同一信息,都会产生不同的签名。信息 m 与签名 s 一起传输，其他方用签名私钥对应的公钥就能验证数字签名，验签执行流程如下。

（1）验签方对信息 m 做哈希：$h=H(m)$。

（2）验签方用公钥 $pubKey$ 解密数字签名 s：$h' = D(s, pubKey)$。

（3）验签方判别，若 $h=h'$，则验签通过，否则就不通过。

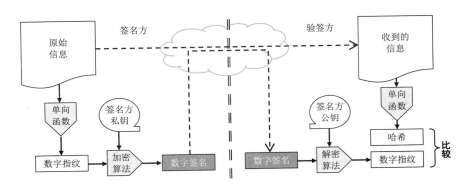

图 3.3　数字签名与验签技术原理示意图

由于攻击者不掌握私钥，在篡改或伪造信息后无法重新签名，因此可以保障信息的完整性，同时签名者也无法否认自己的签名。数字签名既与原始信息紧密关联，又与签名者紧密关联。可见，数字签名与现实世界的签字具有同等效果，因此得到全球性法律的认可。

数字签名是区块链所采用的关键技术之一。例如在常规的银行系统里，一名用户如果要将自己账户里的钱转账给另一个用户，必须先向银行提出转账申请，银行对账号和余额认定无误后，再由银行把钱划转给收款用户账号。在比特币系统中，只要用户提供正确的数字签名，即可直接花自己的钱，不需要经过第三方认定，也不需要中介方来操作，使得交易和资金具备了可鉴权且可自助操作、自动执行的能力。

数字签名的验签有以下三种应用场景。

- 自我验签：自己掌握密钥对，按需验证签名。一般用于本地存储的信息保护，不适用于网络系统。
- 对等验签：只需让信息接收方获得解密公钥，没必要告知其他无关的

95

第三方，使密钥传播的范围最小化，可设计专门的安全协议来实现。
- 公开验签：任何人都可以进行验签，则解密公钥需要予以发布。公开验签方式应用范围最广泛，实际上也是数字签名的价值所在，网络应用中大部分应用的安全性保障措施均基于此。

数字签名算法本身具有严密性，但在互联网应用中存在其"阿喀琉斯之踵"，成为易受攻击而致命的弱点。因为验签依赖签名者的公钥，所以假如获取的公钥不可靠，那么验签结果就无法保证正确性。攻击者可以作为"中间人"拦截公钥传播渠道，用自己生成的密钥对替换公钥，就能够肆意篡改信息、伪造签名，并逃避被发现。

因此，以国际标准IEEE X.509数字证书（Digital Certificate）为核心，实现密钥生成、存放、分发、撤销等管理与服务的证书授权（Certificate Authority，CA）体系是一种解决之道，被称为公钥基础设施（Public Key Infrastructure，PKI）。验签方只需申请获取签名方的数字证书，经验证通过后，即可可信地掌握包含在数字证书里的用户身份信息（姓名或电子邮件地址等）、用户公钥，以及签名方采用的签名算法、有效期等必要信息。

区块链技术的出现为公钥可信传递提供了另一种方法。区块链系统是一种可信计算环境，同时为公钥可靠保存、安全分发提供有效手段。验签方可以直接从链上获取所需的可信的公钥，而不需要通过CA等第三方中心化机构。

1978年，迈克尔·O.拉宾（Michael O. Rabin）发表了一次性数字签名（One-Time Digital Signature）算法Rabin；1979年，拉尔夫·默克尔发表了基于哈希的默克尔数字签名算法，这类算法在后量子计算时代可能依然安全；1984年，塔希尔·盖莫尔（Taher Elgamal）发表了基于离散对数问题的Elgamal数字签名算法；1989年出现了采用RSA算法的数字签名，是第一次大规模商业应用，至今仍被大量使用。欧美从2000年起逐步开始推行数字签名的应用及立法。我国于2004年8月28日通过，并自2005年4月1日起正式施行《电子签名法》（2019年4月23日修订），用于"规范电子签名行为，确立电子签名的法律效力，维护有关各方的合法权益"，从此电子签名与传统手写签名和盖章在法律上等效。数字签名已在互联网领域的诸多方面发挥重要作用，如网站安全访问、虚拟专用网

（VPN）、签名或加密电子邮件、软件防病毒、数字版权保护、股票交易认证、电子合同签章、无线通信用户身份鉴别等。

3.3.2 数字签名标准

1. DSA

DSA（Digital Signature Algorithm，数字签名算法）是1994年发布的数字签名标准DSS之一。DSA基于整数有限域离散对数难题，其安全性与RSA类似，但比RSA更有优势的特点是两个质数公开。DSA的流程如下。

1）算法准备

选择一个质数q，使得$2^{159}<q<2^{160}$（即为160bit长度）。

选择一个1024bit的质数p，要求q为$p-1$的因子。实际上标准要求$2^{511+64t}<p<2^{512+64t}$，$0 \leq t \leq 8$，当$t=8$时$p$为1024bit。

2）密钥生成

选择一个整数h，$h \in [1, p-1]$，且须满足$g=h^{(p-1)/q} \pmod p > 1$。

选择一个大随机整数k，$k \in [1, q-1]$，并计算$K=g^k \pmod p$。

获得用于签名的密钥对：私钥为k，公钥为(p, q, g, K)，其中p、q、g可由一组用户共享。

3）签名创建

设m为待签名的消息。

选择哈希函数H。DSS（FIPS186-4）中建议选用SHA-1或者SHA-2。

选择一个随机整数x，$x \in [1, q-1]$。

计算$r=(g^x \bmod p) \bmod q$；$h=H(m)$。

计算$s = x^{-1}(h+rK) \bmod q$。如果$s=0$，则返回重新选择x，直到$s \neq 0$。

最后形成的消息m的签名数据就是(r, s)。

4）签名验证

接收方接收到消息m及其签名数据(r, s)后，确认$r, s \in [1, q-1]$。

计算$w=s^{-1} \bmod q$；$h=H(m)$。

计算 $u_1=hw \bmod q$；$u_2=rw \bmod q$。

计算 $v=(g^{u_1}K^{u_2} \bmod p) \bmod q$。

当且仅当 $v=r$，签名验证正确，否则签名无效。

2. ECDSA

ECDSA是使用椭圆曲线加密算法（ECC）实现的DSA，具有较高的安全性。ECDSA自1998年起分别成为ISO、ANSI、IEEE和NIST标准。椭圆曲线离散对数问题的难度远高于其他离散对数问题，因此椭圆曲线密码系统的单位比特强度要高于传统的离散对数系统，好处是计算参数更小、密钥更短、速度更快、签名更加短小，特别适用于处理能力、存储空间、带宽及功耗受限的场合。ECDSA的流程如下。

1）算法准备

选择一个定义在 F_p 有限域上的椭圆曲线 $E_p(a,b)$，要求 $E_p(a,b)$ 上的点的总数 p 可以被一个大质数所整除。选择基点 $G \in E_p(a,b)$，阶为 n。

2）密钥生成

选择大随机整数 k，$k \in [1, n-1]$，并计算 $K=kG$。

公钥为（$E_p(a,b), G, n, K$），私钥为 k。

3）签名创建

选择大随机整数 r，$r \in [1, n-1]$，并计算椭圆曲线 $E_p(a,b)$ 上的点 $R=rG$，设点 R 的坐标取值为 (x,y)，$t=x \bmod n$，若 $t=0$，则重新选择 r。

选择单向函数 H，设待签名消息为 m，计算 $h=H(m)$。

计算 $s=r^{-1}(h+tk) \bmod n$。若 s 为 0，则返回重新选择 r。

得到消息 m 的签名数据就是（r, s）。

4）签名验证

接收方接收到消息 m 及其签名数据（r, s）。

计算 $w=s^{-1} \bmod n$；$h=H(m)$。

计算 $u_1=hw \bmod n$；$u_2=rw \bmod n$。

计算 $Q(x_1, y_1)=u_1G+u_2K$。如果 Q 为零元 O_∞，则签名无效。

计算$v=x_1 \bmod n$。

当且仅当$v=r$，签名验证正确，否则签名无效。

比特币系统中即采用了ECDSA算法实现交易签名，选用了Secp256k1椭圆曲线，相关参数如下。

- 方程式为$y^2 = x^3+7$。
- 有限域F_p采用256B的质数：

p=FFFFFFFF FFFFFFFF FFFFFFFF FFFFFFFF FFFFFFFF FFFFFFFF FFFFFFFE FFFFFC2F

- 非压缩格式下的基点为：

G=04 79BE667E F9DCBBAC 55A06295 CE870B07 029BFCDB 2DCE28D9 59F2815B 16F81798 483ADA77 26A3C465 5DA4FBFC 0E1108A8 FD17B448 A6855419 9C47D08F FB10D4B8

- 基点G的阶为：

n= FFFFFFFF FFFFFFFF FFFFFFFF FFFFFFFE BAAEDCE6 AF48A03B BFD25E8C D0364141

比特币用户可自行生成一个小于n的32B大随机数k为私钥，由用户自己负责安全保管；然后在椭圆曲线上计算$K=kG$即得到对应的公钥；公钥可进一步编码生成比特币地址，公钥和地址都可以公开。

需要对比特币交易签名时，系统就运用ECDSA签名创建算法，调用用户私钥k生成交易信息m的签名(r, s)。在验证交易过程中，系统可运用ECDSA签名验证算法，调用用户提供的公钥K来检验签名的有效性。比特币用户的密钥对生成、交易签名及后续验证过程可异步进行，并且不需要中间方（中介方或中心服务器等）参与，用户节点或其他任何节点都可独立完成。

比特币使用的签名格式基于DER（Distinguished Encoding Rules，可辨别编码规则）编码，是ASN.1对象编码BER的一个子集，由四个域组成，即对象标识域、数据长度域、数据域及结束标志（可选，在长度不可知的情况下需要）。

对象标识域有两种形式：低Tag数字（Tag值为0～30）和高Tag数字（Tag值大于30）。低Tag数字形式只有1字节，从低位为1开始编号，则第8位和第

7位是Tag类型〔共有四种：universal(0 0)、application(0 1)、context-specific(1 0)和private(1 1)〕，第6位是0〔表明编码类型是基本类型（有限长度）〕，第5位至第1位是Tag值。高Tag数字形式可以有两字节或多字节，第1个字节跟低Tag数字形式一样，但低5位值全为1，后续的字节为Tag值，后续字节都只使用低7位为数据位，最高位都设为0，但最后1字节的最高位设为1。

数据长度域也有两种形式：短形式和长形式。短形式的数据长度域只有1字节，第8位为0，低7位为数据长度。长形式的数据长度域有2~127字节。第1字节的第8位为1，低7位给出后面该域使用的字节的数量，从该域第2字节开始为数据的长度。

数据域给出了具体的数据值。该域的编码依不同的数据类型而变化。例如，ASN.1定义的BIT STRING类型的对象，以位串'01000100111011'为例，编码步骤如下：

（1）对位串使用"0"进行填补，使其长度为8的整数倍（如果已经是整数倍，则不需要进行填补）。对上述位串补2个0，得01000100 11101100（即0x44 0xec）。

（2）填补位数成为数据内容的第1字节：0x02。

（3）在这些数据前面加上一个头字节（对象标识域）：00 0 00011（即0x03）。

（4）再加上长度域：

- 数据内容小于127字节：0ccccccc（其中ccccccc为字节数）。本例为0x03。
- 数据内容大于127字节：1ddddddd（其中ddddddd指出后面有几字节是长度值字段）后加长度字段，每字节为高位优先。

最后得到位串的DER编码为03 03 02 44 ec。

3.3.3　标识密码与SM9签名算法

基于标识的密码（Identity-Based Cryptograph，IBC）是公钥加密分支，设

计思想最早在1984年由以色列密码学家、RSA算法的发明人之一阿迪·萨莫尔提出，其初衷是为了简化传统PKI/CA数字证书体系中复杂的通信过程和烦琐的密钥管理。

1999年，K.Ohgishi、R.Sakai和M.Kasahara在日本提出了用椭圆曲线对（Pairing）构造基于标识的密钥共享方案；2001年，D.Boneh和M.Franklin，以及R.Sakai、K.Ohgishi和 M.Kasahara等独立提出了用椭圆曲线对（Weil对）构造标识公钥加密算法，实现了实用化，推动了标识密码的进一步发展，出现了一批用椭圆曲线对实现的标识密码算法，包括数字签名算法、密钥交换协议、密钥封装机制和公钥加密算法等，采用的椭圆曲线对有Weil对、Tate对、Ate对、R-Ate对等。

椭圆曲线对具有双线性（Bilinear Pairing）的性质，在椭圆曲线的循环子群与扩域的乘法循环子群之间建立联系，构成了双线性DH、双线性逆DH、判定性双线性逆DH、τ-双线性逆DH和τ-Gap-双线性逆DH等难题，当椭圆曲线离散对数问题和扩域离散对数问题的求解难度相当时，可用椭圆曲线对构造出安全性和实现效率兼顾的标识密码。

2006年起程朝辉博士等经过持续研究论证，于2008年发布了我国商密算法SM9，2016年3月正式公布为GM/T 0044-2016国家标准，后成为国际标准。SM9密码算法选用了安全性能好、运算速率高的椭圆曲线R-Ate对。

一个双线性映射是由两个向量空间上的元素，生成第三个向量空间上一个元素之函数，并且该函数对每个参数都是线性的（例如矩阵乘法），记为B:$V \times W \rightarrow X$。在椭圆曲线有限域，设q是一个大质数，G_1和G_2是阶为q的两个椭圆曲线循环加法群，又设G_T是阶为q的椭圆曲线循环乘法群，则称映射$e:G_1 \times G_2 \rightarrow G_T$为双线性映射（双线性对），如果它满足以下条件。

- 双线性：$\forall g_1 \in G_1, g_2 \in G_2$和整数$a$、$b \in Z_q$，成立$e(g_1^a, g_2^b)=e(g_1, g_2)^{ab}$。
- 非退化性：$\exists g_1 \in G_1, g_2 \in G_2$，使得$e(g_1, g_2) \neq 1$。
- 可计算性：对于任意给定的$g_1 \in G_1$及$g_2 \in G_2$，计算$e(g_1, g_2)$是容易的。

如果$G_1=G_2$，则称e为对称双线性对，否则称e为非对称双线性对。

在基于标识的加密中，每个人的公钥就是其个人标识，比如电子邮件地址、手机号码、身份证号码等，因而公钥管理变得非常简单。公钥所对应的私钥由可信的密钥生成中心（Key Generation Center，KGC）帮助用户生成。

SM9算法中采用的单向函数为SM3，设为$H_v(\ )$，输出$v$bit哈希值，如v=256。定义密码函数$H_1(Z,n)$和$H_2(Z,n)$均为输入比特串Z和整数n，通过$H_v(\ )$计算，输出为整数，分别为h_1和h_2，$h_1,h_2\in[1,n-1]$，计算步骤［差别仅为第（3）步j=0x01和0x02］如下。

（1）初始化32bit计数器ct=0x00000001。

（2）计算：$hlen=8\times\lceil(5\times(\log_2 n))/32\rceil$（其中$\lceil x\rceil$表示对$x$向上取整）。

（3）对i=1～$\lceil hlen/v\rceil$，循环执行：$H_{ai}=H_v(j\|Z\|ct)$，ct++（其中$\|$表示拼接）。

（4）若$hlen/v$是整数，令$H_{a\lceil hlen/v\rceil}=H_{a\lceil hlen/v\rceil}$，否则令$H_{a\lceil hlen/v\rceil}$为$H_{a\lceil hlen/v\rceil}$最左边的$(hlen-(v\times\lfloor hlen/v\rfloor))$比特（其中$\lfloor x\rfloor$表示对$x$向下取整）。

（5）令整数$H_a=H_{a1}\|H_{a2}\|\cdots\|H_{a\lceil hlen/v\rceil-1}\|H_{a\lceil hlen/v\rceil}$。

（6）计算$h_1=h_2=(H_a\bmod(n-1))+1$。

SM9算法选用的椭圆曲线方程为：$y^2=x^3+5$，q=B6400000 02A3A6F1 D603AB4F F58EC745 21F2934B 1A7AEEDB E56F9B27 E351457D，群G_1和G_2的阶N=B6400000 02A3A6F1 D603AB4F F58EC744 49F2934B 18EA8BEE E56EE19C D69ECF25（要求N为大于2^{191}的质数），生成元（基点）分别为P_1和P_2，双线性对识别符e_{ID}=0x04，其他参数定义略。

SM9密钥的生成方法如下。

KGC先用随机数生成主私钥$k_s\in[1,N-1]$，并严格保密保存；然后用k_s生成并公开主公钥$k_p=[k_s]P_2=(pub\_x,pub\_y)$；再设签名私钥生成函数识别符为$h_{\text{ID}}$=0x01，分两步计算由用户个人标识ID（即用户公钥）与k_s作用后生成用户私钥k_u：

第一步：计算$t_1=H_1(ID\|h_{\text{ID}},N)+k_s$，要求$t_1\neq 0$，否则需重新产生主私钥。

第二步：计算$t_2=k_s\cdot t_1^{-1}$，用户签名私钥即为$k_u=[t_2]P_1=(pri\_x,pri\_y)$。

用户可向KGC提交希望采用的可公开且具有唯一性的个人标识为用户公钥，通过安全协议就可获得用于数字签名的用户私钥，可用于数字签名或加密。其中，对消息 m 进行数字签名的算法为：

（1）计算群 G_T 中的元素 $g=e(P_1, k_p)$；

（2）产生随机数 $r \in [1, N-1]$；

（3）计算群 G_T 中的元素 $w=g^r$，将 w 转换为比特串；

（4）计算整数 $h=H_2(m||w, N)$；

（5）计算整数 $l=(r-h) \bmod N$，若 $l=0$，则返回第（2）步；

（6）计算群 G_1 中的元素 $s=[l]k_s$；

（7）将 h 和 s 分别转换为字节串，消息 m 的数字签名为 (h, s)。

验证方以该标识 ID 为用户公钥（转换为坐标），结合公开的 KGC 主公钥 k_p，即可检验该用户的消息 m 及其数字签名 (h, s)。SM9 验签算法为：

（1）将 h 转换为整数，检验 $h \in [1, N-1]$，否则验证不通过；

（2）将 s 转换为椭圆曲线上的点，检验 $s \in G_1$，否则验证不通过；

（3）计算群 G_T 中的元素 $g=e(P_1, k_p)$；

（4）计算群 G_T 中的元素 $t=g^h$；

（5）计算整数 $h_1=H_1(ID||h_{ID}, N)$；

（6）计算群 G_2 中的元素 $p=[h_1]P_2+k_p$；

（7）计算群 G_T 中的元素 $u=e(s, p)$；

（8）计算群 G_T 中的元素 $w=u \cdot t$，将 w 转换为比特串；

（9）计算整数 $h_2=H_2(m||w, N)$，检验 $h_2=h$，若成立，则验证通过。

SM9 算法具有很强的实用化优势：一是用户可以选择个性化、可理解、易记忆的标识作为公钥，且不容易被恶意替换和仿冒；二是不需要依赖数字证书及第三方证书管理机构（如CA），密钥管理环节可以得到适当简化。SM9 与区块链技术结合是新一代数字身份及其应用的实现途径之一。

3.3.4 环签名和盲签名

1991年，大卫·乔姆（David Chaum）和尤金·范·海斯特（Eugene van Heyst）提出了一种群签名（Group Signature Scheme）的概念，允许一名成员代表群组匿名地对消息进行签名。签名可以验证是由这个群组的某位成员创建的，但不知道（也无须知道）究竟是哪位所签。2001年，李维斯特等首次提出了环签名（Ring Signature）技术，是一种简化的群签名，环签名中只有环成员、没有管理者，不需要环成员间的合作。

环签名与群签名一样，也是一种签名者模糊的签名方案。与中心化的CA数字签名管理体系不同，环签名非常适合于对等网络系统，可以让参与者自主地完成签名操作，其他成员起到共同为签名的有效性"背书"的作用，比仅依赖自身单一私钥的签名方式（如ECDSA）更具有可信度和安全性，可满足特定应用场景的需求。虽然环签名并没有用于比特币系统，但可以在扩展的区块链技术中得到运用。

环签名的基本原理是：签名者首先选定一个临时的签名者集合，成员数不限，集合中包括签名者本身；然后签名者利用自己的私钥和签名者集合中其他人的公钥，独立地产生签名，而无须他人协助；签名者集合中的成员可能并不知道自己被包含在签名中。由于不掌握签名者的私钥，环签名无法被其他人伪造。

环签名算法和操作流程如下。

1）签名准备

签名者拥有公钥、私钥密钥对（$pubKey_s, priKey_s$），选择$n-1$个成员，组成有n个成员的集合，其他成员的公钥为$pubKey_i$（其他成员的公钥是公开的）。假定公钥算法为RSA。

设需要签名的消息为m，运用单向函数（例如SHA-2）计算：$k = H(m)$。

2）签名创建

签名者为除自己以外的其他成员各选择一个随机数x_i，设非对称密钥加密函数为g_i，计算y_i为：

$$y_i = g_i(x_i) = RSA(pubKey_i, x_i)$$

采用对称密钥加密算法，以k为密钥，加密函数记为E_k。选择随机数v，将签名者的y_s插入$y_1 \cdots y_n$序列的任意位置（只有签名者自己知道，例如$i-1$位置），构造如下环方程（Ring Equation）（其中⊕为异或运算）：

$$E_k(y_n \oplus E_k(y_{n-1} \oplus E_k(y_{n-2} \ldots E_k(y_i \oplus E_k(y_s \oplus E_k(y_{i-2} \ldots E_k(y_1 \oplus v)))))) = v$$

对称密钥加密算法的解密密钥同为 k，解密函数记为 D_k，可解出环方程：

$$y_s = [D_k(D_k(\ldots D_k(D_k(D_k(v) \oplus y_n) \oplus y_{n-1})\ldots) \oplus y_i)] \oplus [E_k(y_{i-2} \ldots E_k(y_1 \oplus v))]$$

签名者用自己的私钥 $priKey_s$，可执行非对称加密算法 g_s 的解密运算 g_s^{-1} 来计算 x_s：

$$x_s = g_s^{-1}(y_s) = RSA(priKey_s, y_s)$$

消息 m 的环签名为 $\{pubKey_1, pubKey_2, \ldots, pubKey_n, v, x_1, x_2, \ldots, x_n\}$，由 $2n+1$ 个元素构成。签名者无须指出其中哪个是自己"隐藏"的公钥 $pubKey_s$ 及 x_s，其他人（包括验证者）无法获知哪个是签名者。

3）签名验证

验证者对消息 m，运用单向函数计算 $k = H(m)$。

再用公布的环签名中的 n 个成员的公钥及 x_i 计算 $y_i = g_i(x_i) = RSA(pubKey_i, x_i)$。

将 v 和 y_i 代入环方程，如果计算结果为 v，则验签成功。

从环签名创建的过程中可以发现，y_s 原本就是环方程的解，那么只要环签名未被篡改，环方程一定成立。从环方程来看，从 v 回到 v 形成如图 3.4 所示的"环"，这就是环签名名称的由来。在安全性上，如果不掌握签名者的私钥，就没有办法将环方程的解 y_s 解密，则得不到插入环

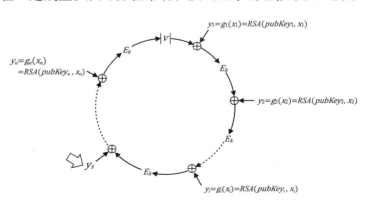

图 3.4　环签名技术原理示意图

签名中的 x_s，所以只有合法签名者可以签名。

盲签名（Blind Signature）是一种特殊的数字签名技术，1982年由大卫·乔姆提出，意图是当消息被签名时，签名者无法获知消息的内容。好比将待签名的文件垫上复写纸，然后塞进信封，再由签名者在信封上签字，签好的名透过信封和复写纸已经落在文件上，而签名者自始至终看不到文件的内容。

盲签名具有盲性的特点，其基本原理是：送签者首先将消息的哈希盲化（Blinding），交给签名者做数字签名，得到盲签名；送签者将盲签名去除盲因子（脱盲），得到消息的数字签名；消息和签名一起进行发布，验签者可以使用签名者的公钥对数字签名进行验证，得到签名是否有效的结果。

一个盲签名应具备以下性质。

- 不可泄露性：签名者虽然对消息进行了数字签名，但消息的内容不会因此泄露给签名者。
- 不可伪造性：除了签名者本人之外，其他任何人都不能以签名者的名义生成有效的盲签名。
- 不可抵赖性：签名者一旦签署了消息，就无法否认自己的签名。
- 不可跟踪性：当消息和签名披露以后，签名者不能确定何时签署了这条消息，并且无法将签名与盲消息联系起来。

盲签名可以保障被签署信息的机密性，因此在金融、商务、法律、政务等许多领域的应用场景中具有特殊用途，如合同或遗嘱的公证、保付支票、电子投票、电子现金等。因此，盲签名绝不是"瞎签"的代名词，更不是毫无意义的，而是起到认可和担保作用。以电子投票为例，当投票人填写好选票后，由监票人进行盲签名，既不会将选票信息透露出来，又保证了选票的有效性（可验证签名），并且监票人事后也无法通过当时记录下来的信息来获知某个投票人的选票内容。例如，一种基于RSA算法的大卫·乔姆盲签名方法如下。

（1）初始化阶段。签名者Bob按RSA算法生成的公钥为 $pubKey=\{e, n\}$，私钥为 $priKey=\{d, n\}$；Bob同时选取单向函数 H，与公钥一起发送给Alice。

（2）消息盲化阶段。送签者Alice的消息为 m，选取随机数 r，计算：$m' = r^e H(m)$。然后Alice将盲化的消息 m' 发送给Bob。

（3）盲签名阶段。签名者Bob计算：$s' = (m')^d \mod n$。将盲签名s'发送给Alice。

（4）盲签名脱盲阶段。送签者Alice计算：$s = s' \cdot r^{-1} \mod n$。因为根据RSA算法的公钥和私钥生成过程，有$ed \equiv 1 \mod \varphi(n)$，则：

$$s = s' \cdot r^{-1} \mod n = (m')^d \cdot r^{-1} \mod n = (r^e H(m))^d \cdot r^{-1} \mod n$$
$$= r^{ed} \cdot (H(m))^d \cdot r^{-1} \mod n = (H(m))^d \mod n$$

所以s就是原消息哈希的私钥加密，即原消息m的数字签名。

（5）签名验证阶段。使用Bob的公钥e可验证消息m的签名：$s^e \equiv H(m) \mod n$。若等式成立，则说明签名有效，否则签名无效。

盲签名在一定程度上保护了信息持有者的隐私，但也可能被违法犯罪分子滥用，损坏签名者的信誉。为此，可引入可信的签名中心，由其保存相关信息，需要时可通过其进行授权，签名者就能追踪到自己的签名及相关信息。

3.4 生物特征核验

生物特征是每个人与生俱来拥有的，具有唯一性、独特性。例如，人脸、指纹、虹膜、掌纹、基因等，如图3.5所示。运用物联网传感技术采样数据，并运用人工智能进行特征分析和比对，就可通过更自然的方式（免手工输入、免携带工具）来实现身份的确定。

对于生物特征核验技术的开发和应用，要考虑所需硬件设备与应用的融合型、总体投入成本、用户使用的便捷性、环境（如光线）适应性、可防范仿真攻击等各种

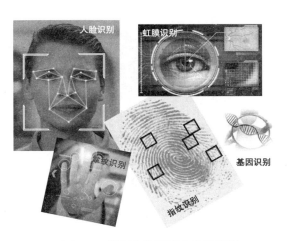

图3.5 常用生物识别方法示意图

因素。

运用生物特征来识别用户身份,事先要进行生物特征的采集和记录,比如录入指纹、拍摄人像等,用算法提取特征数据并与用户身份绑定。在实际应用中,生物特征可用于鉴别,即判定是否为所声明的人,例如,用指纹判断手机机主而决定解锁,高铁闸机放上身份证后刷脸判断持证人,使用公司门禁刷脸比对员工,利用监控摄像头捕捉人脸比对通缉犯等。

在信息系统中,利用生物特征进行身份鉴别非常基本也十分常用,主要用于实现系统的认证登录与访问授权,包括用户在操作过程中需要用到的在线支付、文件保密柜等功能所要求的身份核验。但生物特征尚未直接用于数字签名,未来应是一个很有前途的发展方向,因为在输入、说话、付款等操作时,将数据与身份随时绑定并可支持核验,无疑比显性地要求用户做数字签名这种方式更加自然和安全。

由于生物特征具有不可再生性,因此在实际应用中不应保存原始图片,不应将特征数据与真实身份信息一起保存,而应确保采集的特征数据的存储和使用安全性,并且不能向其他方泄露这些数据。

第 4 章 区块链原理——探索理想的货币

区块链（Blockchain）技术从比特币一路走来，面向数字经济、价值互联网的可信计算支撑能力越来越得到认可，其背后的逻辑是：首先，区块链技术为数据做存证，为保障其真实性奠定了基础；其次，区块链系统为数据上升为数据资产提供必需的确权和流通手段，并进一步成为网络空间数字资产存在与运作的容器。

4.1 比特币动机

2008年10月31日，一个署名中本聪（Satoshi Nakamoto）的人在metzdowd.com的邮件列表组中发表了一篇技术报告《比特币：一种对等式电子现金系统》（*Bitcoin: A Peer-to-Peer Electronic Cash System*），揭开了比特币的序幕。在这之前，2008年8月18日，bitcoin.org域名被匿名者注册；在这之后，2008年11月9日，中本聪在sourceforge.org注册了Bitcoin开发项目。回头来看，这些都像是风暴来临前的小雨点、小涟漪，是中本聪为比特币上线所做的前期准备工作。中本聪究竟是何许人也，至今无人知晓，但我们也许应该尊重其不想出头露面的愿望，把关注度集中到技术和系统本身就够了。

中本聪在技术报告中开宗明义地指出，"我们非常需要这样一种电子支付系统，它基于密码学原理而不基于信用，使任何达成一致的双方能够直接进行支付，而不需要第三方中介的参与"。这明确了比特币是一种数字化的货币，基于网络运行，其基本作用是实现网上支付，但不再需要第三方中介参与，而是在伙伴（成员、节点）间直接进行对等式操作。这里所说的对等式（Peer-to-Peer, P2P）无疑是比特币有别于传统金融系统的最显著特征，中本聪的报告题目中也包含这个关键词，因为中本聪认为金融史上周期性的通货膨胀、经济危机等均源于少数人的垄断和犯错，却使大多数人的利益被侵害。原来电子支付等金融系统都需要依靠信用，例如，法定货币的国家信用，信用卡消费中持卡人的信用，网上购物及支付中平台的信用等。但是信用容易被滥用，而且信用的利用需要通过中心化系统，故比特币希望借助密码学等技术来弥补信用的缺位所造成的影响。

因此，创建比特币系统的动机是试图改变原有以金融机构为中心的货币运行模式。一是实现所有参与者具有平等权，不论是货币生成还是流通，都是共同协商做出决定；二是不需要第三方来赋予信用及中介，而是运用密码学技术来实现任何不存在信任关系的双方直接就可以达成可信、可靠的交易。对于这一目标，实际上已经有不少前人进行了各种积极的、富有创造性的研究和尝试，奠定了雄厚技术基础。

- 比特币系统大量使用的密码学算法均为从1976年起逐步发展起来的公开标准，而且在不同操作系统上都有系统功能或开源代码。
- 1982年大卫·乔姆提出不可追踪的加密网络支付系统概念，1990年进一步推出了Ecash电子现金系统。Ecash是一种中心化系统，也没有在推广应用上取得成功，但对比特币的技术起到启迪作用。
- 1991年，斯图尔特·哈伯（Stuart Haber）和司各特·斯托奈塔（Scott Stornetta）发表了题为 *How to Time-Stamp a Digital Document* 的论文，提出用时间戳保护数据文档安全的方法，实现数据的可追溯和不可篡改，形成比特币链式结构的雏形。

- 1997年，亚当·拜克（Adam Back）发明了哈希现金算法。
- 1998年，戴伟（Wei Dai）首次提出了一种匿名的、分布式的电子加密货币系统B-money，已经非常接近比特币采用的技术，但受限于设计缺陷等各种因素并未发展起来。
- 2004年，中本聪的唯一合作伙伴、PGP加密方法发明人之一哈尔·芬尼（Hal Finney）在哈希现金的基础上改进提出了"可重复使用的工作量证明"算法（Reusable Proofs of Work，RPOW），对比特币有重要影响。
- 2005年，尼克·萨博（Nick Szabo）提出了"比特金"（BitGold）设想，用户通过解决数学难题并用加密算法验证后公布结果来构建一个产权认证系统，已经非常接近比特币的思想；还发表了一些"合同法"网络系统实现的论文，为智能合约奠定了基础。但这些成果都停留在理论研究上。

这些做出重要贡献的人物大多是由蒂姆·梅（Tim May）于1992年发起成立的密码朋克（Cypherpunk）组织的成员，通过密码朋克邮件列表来交流、探讨技术，其中就包括中本聪的那篇著名的比特币技术报告。

但这些探索均没有取得最终成功，究其原因，有些只是局部性的理论研究，有些系统不够完备或不够严密，有些系统无法应对大规模应用。在比特币系统之前，并非是技术不够成熟或难度巨大，恰恰相反，所有需要的技术都已具备，仅仅缺乏将各种技术有机整合的集成式创新，同时，缺乏对于金融系统的深刻理解。计算机技术人员的视角通常会下意识地聚焦在货币本身，从而千方百计去实现安全存放、安全使用的电子现金，殊不知金融系统的核心其实是簿记或记账，有了可信的账本，货币本身是否加密、如何防伪就不再成为问题了。

终于出现了中本聪这位既对计算机软件和网络技术了如指掌，又对金融系统和业务逻辑十分精通的高手。2009年1月3日比特币系统正式发布上线，产生了第一个"区块"（被称为"创世区块"），标志着比特币这种虚拟货币的正式面世。同年1月9日，中本聪又发布了开源的0.1版比特币系统客户端软件

（即比特币钱包）。

比特币同时也是计量单位，简称BTC，例如可表示为2.3比特币（2.3 BTC）。最小的比特币计量单位是聪（Satoshi），1比特币=100000000聪，即一亿分之一比特币为1聪。在比特币系统中，比特币是以整数型数值的聪来存储和表示的，最小为1聪。

比特币系统中有些参数的设置实际上并没有基于什么金融学原理，差不多是中本聪"拍脑袋"定出来的。比如每个区块最长为1MB，以当时的情况存放交易记录应该足够了，但从处理和传输区块的效率考虑，过大的区块会增加负担；再比如10分钟左右产生一个区块，现在来看存在确认时间较长、系统吞吐量较低的缺陷，但中本聪考虑更多的是公平性，参考区块生成算法原理，过长的周期（难度值很高）会使低算力设备几乎难以获胜，而过短的周期（难度值很低）则会让运气的成分太大、工作量不足，不利于保障记账可信度和抵抗算力攻击。

比特币是首个经过互联网全网规模考验和长期运行验证的对等网络电子货币系统，无疑是区块链技术的奠基者。后续的区块链系统都采用了与比特币相同的技术原理，所以比特币系统是最好的学习入手点，掌握了比特币技术，才能准确把握区块链技术的要素，并可进行有的放矢的改变和扩展。

如图4.1所示，区块链技术是构建在现代密码学基础之上，可以归纳为两种结构（链式区块结构、对等网络结构）、两种机制（全网共识机制、交易验证机制）和一个引擎（智能合约引擎），这些技术要素相互支撑，实现区块链系统的内核。

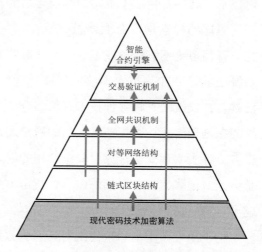

图4.1　区块链技术构成要素金字塔示意图

4.2 链式区块结构

比特币系统采用了一种独特的数据结构,用哈希值将数据块关联起来,形成不断延长的链式区块,使原本孤立而易受攻击的数据融合成为一个整体,变得牢固。这种可辨识性极强的结构也成为区块链这个名称的由来。

4.2.1 比特币区块

区块是比特币系统最基本的数据单元,既是各区块链节点存储、交换的数据对象,也是比特币系统实现运行控制、数据保存的载体。

如图4.2所示,比特币区块由区块头、区块体两部分构成。区块头从版本号(version)开始,总长度固定为80字节,由6个字段构成,用以记录必要的控制信息,并形成与区块体的关联关系。区块头下接不定长的区块体(但会限制最大容量),用于存放最近发生的交易记录。

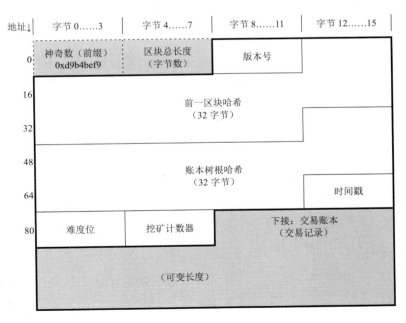

图4.2 比特币区块数据结构示意图

版本号若取值为1(0x00000001),就表示该区块为1.0版本。与许多网络协议报文中的版本号作用类似，目的是保持兼容性。未来当区块链版本升级后，可能发生区块数据结构（尤其是交易数据的结构）变化的情形，当软件需要读取"古老"的区块时，就可根据区块链版本号来自动判别应该用哪个版本的数据结构及其规则来解析。

时间戳（Timestamp）是初始化区块头并开始挖矿的时间，可看作是区块生成的时间。时间戳采用UNIX时间表示法，是从格林尼治时间1970年1月1日0时0分0秒（北京时间1970年1月1日8时0分0秒）起至当前的总秒数。

前一区块（Prev-block）哈希是对前一个区块的区块头进行双重单向函数SHA256运算后，得到32字节的哈希值。由于编号为0的创世区块没有"前一区块"，其prev-block=0。设前一区块头数据为prev-block-header，则：

$$prev\text{-}block = SHA256(SHA256(prev\text{-}block\text{-}header))$$

前一区块哈希就是链。如图4.3所示，由于哈希值具有验证作用，每个区块校验前一区块，构成链式缠结关系，区块的数据难以被篡改。利用该哈希值还能快速检索区块，只需根据区块头哈希值遍历各区块头，即可定位到相应区块编号（亦称为区块高度）。

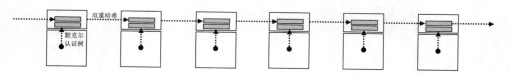

图4.3 链式区块示意图

难度位（bits）由比特币系统自动生成，全网统一，可推出生成新区块所需计算的目标值（target）。比特币系统希望始终维持10分钟左右生成一个新区块的节奏，而计算机运算能力总体上是加快的，所以必须同步提高计算难度，迫使计算机花费更多计算时间。挖矿难度每经过2016个区块（即2周）调整一次，称为一个难度调整周期，难度系数是由最新的2016个区块生成所花费的时长决定的。由此可见，比特币系统是算力"不友好"的，全网总算力的增加并不会提升生成新区块的效率，反而白白消耗了更多资源。

临时数计数器（nonce）名称看上去像无关紧要的"配角"，实际上是用于新区块生成的关键,是名副其实的"主角"。

以图4.4所示的编号为0的比特币系统创世区块为例,可以分析区块中数据实际赋值的情况。

- 主网络的区块以4B神奇数(Magic Number){F9|BE|B4|D9}为起始标识(测试网络Testnet的标识为{FA|BF|B5|DA}),为固定前缀,其后为双字整数表示的区块总长度(字节数),创世区块的长度为0x0000011D,即285B。这两个字段不属于区块的组成部分,只是为数据存储及其管理的需要而设置。之后的80B为区块头。
- 版本号(4B)显示为1。
- 由于创世区块没有前一区块,因此32B前一区块哈希的值为全0。
- 区块头第三个字段为32B账本默克尔树树根哈希值。
- 时间戳(4B)值为0x495FAB29,换算为格林尼治时间是2009年1月3日18:15:5,北京时间为2009年1月4日2:15:5。
- 难度位(4B)值为0x1D00FFFF,之后随着计算机性能攀升,难度值一路高涨。
- 临时计数器(即挖矿计数器:4B)显示为0x7C2BAC1D=2083236893,如果中本聪从计数器0开始计算,那么说明尝试了近21亿次才生成了创世区块。
- 区块头之后是区块体,以交易记录数起始,为可变长字段,在[0,0xFD]内为1B,在创世区块中可见为1,说明只有一条交易记录。这是必然的,因为每个区块都有唯一一条发币交易(奖励发放),而创世区块之前系统中没有比特币,就不会有任何转账交易行为。
- 后续数据(204B)为发币交易记录。其中的8B数据00-f2-05-2a-01-00-00-00,即0x012A05F200就是这个区块生成所获得的50BTC奖励,交易输出字段中记录为50亿(聪),是系统发出的第一笔比特币。

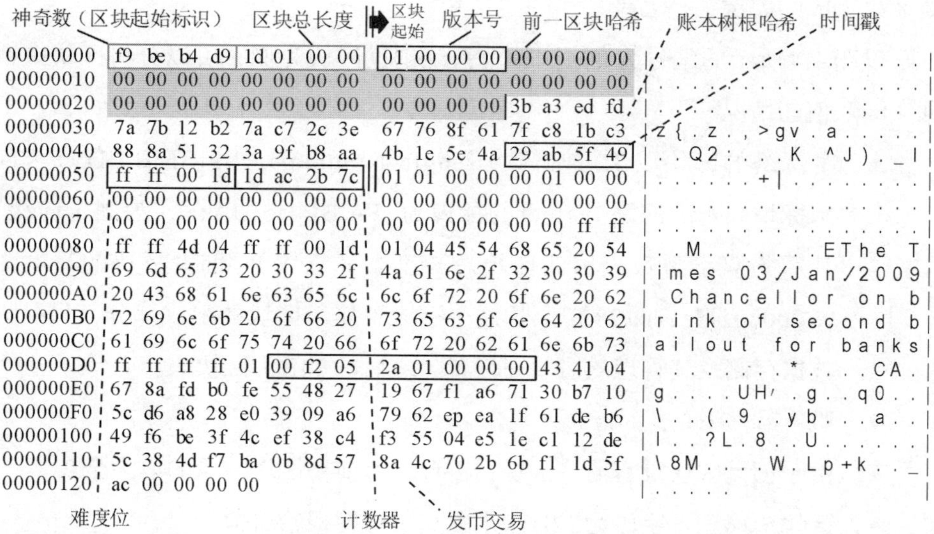

```
                神奇数（区块起始标识）   区块总长度  区块  版本号   前一区块哈希    账本树根哈希   时间戳
                                                起始
00000000  f9 be b4 d9  1d 01 00 00  01 00 00 00  00 00 00 00  |................|
00000010  00 00 00 00 00 00 00 00  00 00 00 00 00 00 00 00  |................|
00000020  00 00 00 00 00 00 00 00  00 00 00 00 3b a3 ed fd  |............;...|
00000030  7a 7b 12 b2 7a c7 2c 3e  67 76 8f 61 7f c8 1b c3  |z{..z.,>gv.a....|
00000040  88 8a 51 32 3a 9f b8 aa  4b 1e 5e 4a 29 ab 5f 49  |..Q2:...K.^J)._I|
00000050  ff ff 00 1d  1d ac 2b 7c  01 01 00 00 00 01 00 00  |......+|........|
00000060  00 00 00 00 00 00 00 00  00 00 00 00 00 00 00 00  |................|
00000070  00 00 00 00 00 00 00 00  00 00 00 00 00 00 ff ff  |................|
00000080  ff ff 4d 04 ff ff 00 1d  01 04 45 54 68 65 20 54  |..M.......EThe T|
00000090  69 6d 65 73 20 30 33 2f  4a 61 6e 2f 32 30 30 39  |imes 03/Jan/2009|
000000A0  20 43 68 61 6e 63 65 6c  6c 6f 72 20 6f 6e 20 62  | Chancellor on b|
000000B0  72 69 6e 6b 20 6f 66 20  73 65 63 6f 6e 64 20 62  |rink of second b|
000000C0  61 69 6c 6f 75 74 20 66  6f 72 20 62 61 6e 6b 73  |ailout for banks|
000000D0  ff ff ff ff 01 00 f2 05  2a 01 00 00 00 43 41 04  |........*....CA.|
000000E0  67 8a fd b0 fe 55 48 27  19 67 f1 a6 71 30 b7 10  |g....UH'.g..q0..|
000000F0  5c d6 a8 28 e0 39 09 a6  79 62 ep ea 1f 61 de b6  |\..(.9..yb...a..|
00000100  49 f6 be 3f 4c ef 38 c4  f3 55 04 e5 1e c1 12 de  |I..?L.8..U......|
00000110  5c 38 4d f7 ba 0b 8d 57  8a 4c 70 2b 6b f1 1d 5f  |\8M....W.Lp+k.._|
00000120  ac 00 00 00 00                                    |.....           |
               难度位                   计数器   发币交易
```

注：在 x86 计算机架构中，整数的存储为小端（Little Endian）方式，低有效字节（或字）在前（即地址较小），高有效字节（或字）在后（即地址较大）。但字节（8 比特）为最小存储单元，比特顺序保持最高有效比特（比特 7）在最左侧，最低有效比特（比特 0）在最右侧。例如，0x34567890 这个双字长整数（Dword），在计算机存储器中的字节按地址从小到大的顺序为 0x90-0x78-0x56-0x34。

图 4.4 比特币创世区块数据示意图

在创世区块交易记录中可以看到中本聪留下的这样一句话"The Times 03/Jan/2009 Chancellor on brink of second bailout for banks"，意为"2009 年 1 月 3 日（英国）泰晤士报（报道）财政大臣在再次紧急挽救银行的边缘"。首先，这条消息说明比特币系统开始运行时，2009 年 1 月 3 日报纸已经送达，如图 4.5 所示，当天的《泰晤士报》确实刊登了这篇文章；其次，之所以选用这篇文章的标题，与比特币诞生的金融背

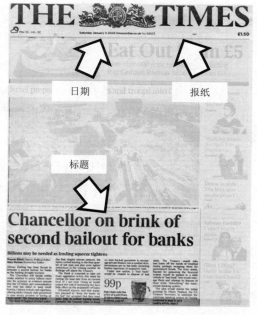

图 4.5 《泰晤士报》2009 年 1 月 3 日版面

景和动机息息相关，针对的正是当时正在发生的全球金融危机，大量金融机构或破产倒闭，或摇摇欲坠，广大民众的财产遭受损失。因此，在比特币首个区块中"镌刻"上这句话，再结合中本聪技术报告中的阐述，确实有针砭时弊、引人深思的意味。

虽然比特币并没有如愿真正成为"理想的货币"，甚至连"货币"都没能做到，反而被货币买来买去，但是并不降低其攀登金融科技高地的勇于创新的价值，不影响其技术得以发扬光大，脱离虚拟币的樊笼，成为网络信息应用领域的新生代科技，支撑可信网络、价值网络的构建。

4.2.2 区块生成算法

比特币新区块的生成即为俗称的"挖矿"（Mining）。在对等网络中，所有节点是平等的，所以无法"指定"由哪个节点负责当前区块的生成。谁都想获取生成新区块的奖励，而且从安全性上说，如果可以预测某个节点是新区块生成者，则对其实施攻击就会严重影响系统正常运行。因此，唯有设计一种"公平游戏"，让参与各方进行竞争，获胜者生成的区块即被认定为系统的新区块。

比特币系统的新区块生成方法被称为工作量证明（Proof of Work，PoW）。类似铸造货币就要付出大量劳动，需要开矿洞、挖矿石，还要运输、冶炼，最后进行铸造、加工，贵金属金银因其稀有性，需要付出的工作量更大，因而价值更大。再比如淘金者，要挖沙、取水、冲洗、筛选，辛苦一天下来不一定能收获几粒金沙。比特币工作量证明是用计算机来模仿挖矿或淘金付出的劳动，只是计算机用的是CPU或GPU算力，工作量及计算成果可以被衡量，通过比拼进而产生获胜者。

准备挖矿时，区块头的版本号、时间戳、前一区块哈希、难度位及默克尔树根这五个字段是确定的，对于从难度位推出的目标值，如图4.6所示。所谓挖矿原理就是穷举临时计数器字段取值，使区块头的双重哈希值满足小于目标值的要求。由于哈希值无法预测，就没有捷径可走，只能老老实实地不断尝试，好比采矿者一锹一锹地挖土。

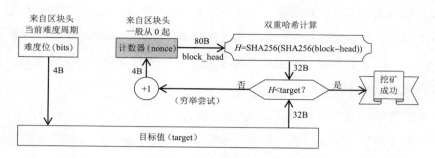

图4.6 比特币生成新区块算法示意图

可以用大家玩的"掷骰子"游戏来类比:每人持一个骰子,游戏规则是先掷出小于某个数(例如5)者获胜;所有人每次掷成功的概率是相同的(例如2/3),显然,眼明手快者(相当于算力强)获胜的概率更大,但行动迟缓者(相当于算力弱)如果运气好的话也有获胜可能;如果规则统一调整难度,改为小于3,每次掷成功的概率降为1/3,那么获胜所耗费的时间就会增加。

如果遍历计数器后仍未满足目标值要求,即经历了$2^{32} \approx 43$亿次失败,就调整生成交易中的附加计数器(Extra-nonce),重新计算默克尔树根值后继续下一轮尝试。由于哈希值具有外观的"随机性",即0与1比特的分布一般比较均匀,很难出现连续很多0的情况。要达到挖矿要求,相当于哈希值的前序必然有很长的连续0,难度可想而知,这确实需要"碰运气"。例如,比特币创世区块的难度位为0x1D00FFFF,可按下式计算出目标值:

$$target = 0x00FFFF \times 2^{8 \times (0x1D-3)} = 0xFFFF \times 2^{208}$$

=0x00000000FFFF0000000000000000000000000000000000000000000000000000

随着计算机性能提高,挖矿难度不断增加,例如到编号277316的区块,难度位数值为0x1903A30C,可依上式原理进行推算:低位有0x19-3=22B的0x00,那么高位应补上7B的0x00,所以最终高位的二进制0的总数应为:7×8+6=62bit,大大多于创世区块的32bit,挖矿成功需要尝试的哈希次数变得极为惊人。

矿工挖出的新区块将被广播到比特币网络上,由各个节点进行验证。错误或恶意构造的区块将被丢弃,被接受的区块应同时符合以下规则项。

- 区块的数据结构语法正确（可以正确解析）。
- 区块头的哈希值小于目标值（包含足够的工作量）。验证只需进行一次哈希计算。
- 区块时间戳早于验证时刻未来2小时（允许各计算机时间存在误差）。
- 区块长度小于1MB（MAX_BLOCK_SIZE）限制。
- 有且只有第1个交易是发币交易。
- 当且仅当包含在该区块中的所有交易都是有效的且是之前未存在过的。

比特币系统设计的PoW机制具有较好的公开、公平性。但是，这一挖矿算法还是被人找到了可钻的空子——如果用几千个CPU或GPU分段尝试计数器，分工合作，只要其中一个成功就算挖矿成功，这就是所谓的"矿场"，相当于具备高于普通计算机几千倍的算力，挖矿获胜概率必然高得多，实际上背离了公平竞赛原则。如果矿场算力进一步提高，甚至几个大矿场形成"联盟"，将会形成事实上的垄断格局，近似成为一个中心化系统。类似的挖矿联合体还有"矿池"，就是互联网上许多单个矿工对同一块新区块的计算进行协作，任何一人挖矿成功后获得的奖励由各参与者瓜分。也有不法之徒将挖矿病毒植入其他人的计算机，盗用他人算力资源构成私有"矿池"，为自己牟利。

无论如何，挖矿都是一种大量耗费资源的操作。互联网上无数人持续耗费庞大的物资和电力，赢者通吃，然后重新洗牌再进入下一轮消耗战，不啻节能减排、实现"双碳"目标的大敌。因此，虚拟币矿场理应被取缔。

抛开"资源老虎"因素，比特币挖矿游戏背后其实隐藏了设计精巧、业务闭环、逻辑自洽的"商业模式"和运作机制。

- 比特币系统作为一种金融工具，必须有可信的记账者；在没有中心化系统的情况下，就要依靠各方参与。但谁来记账呢？
- 将记账等价为生成新的区块，交易数据就能经过检验并在新区块中可靠保存下来。于是问题变成：谁来生成新区块？
- 为此制定一项规则，谁生成了一个新区块（完成一次记账）就能获得"真金白银"的虚拟币奖励，吸引了矿工们争先恐后参与（同时比特币系统也实现了向市场注入"新币"的目标，可谓一箭双雕）。所以，矿工（记账者）有了。然而各自构造的账本不尽相同，以谁的为准？或者说奖励应该给谁？

- 为了公平起见，矿工们需各自付出劳动，并证明自己确实付出了工作量。因为计算机擅长做的并且可考核的工作就是计算，所以设计了新区块生成算法和目标规则。谁先找到新区块，谁就是获胜者（记账成功），就可获得奖励。那么这些奖励有什么用处呢？

- 奖励或其他收入获得的虚拟币应当可以花出去，能够买到所需的东西，以表明奖励是有价值的（代表财富）。要花费就要产生交易，而交易需要通过记账来得到认定。由此返回第一条。

在这一机制引导下，矿工们纷纷投入资源、做出贡献，不需要更多的发动和营销，区块链最重要的全网认可的可信账本就形成了。

4.3 对等网络结构

对等网络结构更近似人与人的关系，或许是比特币采用对等网络的原因之一。网络节点就像一个人，或者说每个节点（计算机）背后都有一个"主人"。人与人之间是平等的，相互并不都认识、更不一定信任，但不妨碍通过协商、对话来达成一致，至少得到多数人认同，那么对等节点也可以如此，这就可以避免让一个或少数节点来决定一切。

说比特币是去中心化（De-centralized）系统其实是不恰当的，去中心化首先要有中心，而比特币系统与其他区块链系统从来就没有中心化版本。从比特币系统开始，一直是对等网络架构。

4.3.1 对等网络

网络信息系统由计算机联网构成，它有两种典型的组织结构（如图4.7所示）：中心式、对等式。中心式系统由中央服务器负责运行管控，其他所有计算机客户端都与中心服务器并且只与中心服务器互连，构成主-从（Master-slave）关系，客户端之间的通信都要通过服务器，形成星形拓扑结构；对等式系统中则没有中央服务器或权威主机，参与联网的计算机之间相互平等、直接互连，形成扁平的网形拓扑结构。

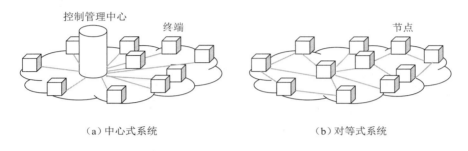

（a）中心式系统　　　　　　　　　　（b）对等式系统

图 4.7　网络信息系统组织结构示意图

传统的网络信息系统多为中心式架构，包括客户机-服务器（Client-Server，C/S）模式和浏览器-服务器（Browser-Server，B/S）模式。例如，Web 网站、办公自动化系统、学籍管理系统、社交平台等，账号、内容及其控制、管理都由中央服务器负责，一旦服务器失效或堵塞，则整体崩溃。

对等式（P2P）系统由相互平等的节点联网组成。相比中心化系统，对等网络中没有特殊节点，不存在谁控制谁的关系，任何参与方的加入、迁移或离开都可被发现并自动调整，没有明显的单点故障点，系统具备很强的灵活性、伸缩性、容灾性。

对等网络系统技术的核心在于控制（Control）。在计算机系统中，控制体现为执行逻辑，在中心式系统中很容易在单点上实现"神经中枢"，而在对等式系统中，必须将控制"神经元"分散体现到各个节点的运行规则上，即化管理于无形。控制的重中之重是同步（Synchronization），保持各个节点间数据的一致性、对数据理解的一致性、判别规则的一致性、对事件反应的一致性及运作行为的一致性，形成一个整体。这里的一致性并非指完全相同，也可以是全集与子集的关系，即应相同者必相同，但有些节点可以只保存部分数据、执行部分功能，或时间上存在滞后。因此，同步不一定要达到时间和状态的强同步。

对等式网络技术并非比特币的首创，亦非区块链所独有，其实早已在网络和信息系统中广泛使用，如Internet组网路由协议（RIP和OSPF算法）、ALOHA协议与以太网CSMA/CD算法、P2P文件下载、物联网无线传感器网络（WSN）、自组网（Ad-hoc）等。

除了中心式系统和对等式系统，也可以有处于中心式和对等式中间地带的弱中心化模式。比如定期选择某些节点负责记账，则在这一时段内这些节点就起到核心作用；再比如某些节点提供初始启动阶段的索引服务，但运行时就不需要依赖这些节点。有时候弱中心化可以为局部效应，比如某几个节点承担全量数据存储任务，事实上更接近于节点分工的差别。采用弱中心化模式往往可以提高系统的运行效率、提升资源利用率，但必须注意掌握其阶段性、临时性、局部性和动态性要求，节点间的相互依存不能上升到全局控制层面。如果各个节点对某些节点存在全业务依赖性，例如每次业务操作都以从某个节点获取必要信息为前提，则变成中心式系统。

对于分布式系统与对等式系统，要注意区分两者间的微妙差异。分布式系统一般指资源对象的分散，如分布式计算、分布式存储，计算资源或数据资源由不同的计算机来分担，而且分布式系统往往由中央控制系统进行协调管理；对等式系统则更强调计算机实体间的平等性，不受任何中心系统的控制，而是独立、自主地运行。但两者具有很多共性之处，都需要做到不同节点间的完美协调，都具有很强的容错性、灵活性，因此理论成果丰富的分布式系统技术可成为对等式系统的坚实基础。

理想的对等式网络系统中，各个节点都能独立操作，不依赖其他节点。准确地说，对等式网络系统中的各节点不依赖特定的节点，而是依赖整体网络，如图4.8所示。一个节点所需要的信息必然来自网络中的某个节点，如果某个节点不

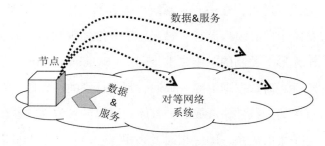

图4.8　对等网络节点与网络关系示意图

能提供，那么从其他节点也能获取到。每个节点都能从对等网络中获取所需数据，获得网络提供的服务，同时也要承担相应职责、履行一定义务，为网络中的其他节点提供自己掌握的数据、给予有关服务（例如路由转发报文、验证及投票）。在开放的对等式网络系统中，节点可随时、不经申明地加入（上线）或离开（下线）系统，其他节点会不断侦测变化，自动适应更新，整体网络的运行不会受到个别节点在线状况或服务能力的影响。

4.3.2 比特币网络

比特币系统（及大部分区块链系统）属于如图4.7（b）所示的对等式网络架构，每个参与联网的计算机被称为比特币节点（Node，亦可称为结点）。由于没有中央服务器进行统筹，所有功能都要在各个节点间协调、协作完成，具有很高的难度和技术挑战性。同时，由于比特币是一种金融类系统，需要达到非常强的安全性，以防止篡改、伪造、欺诈、假冒等恶意行为，面临的问题就是要让遍布全网的"鱼龙混杂"的节点采取一致行动，无疑是对计算机网络技术的终极考验。

如图4.9所示，比特币节点构成比特币网络，每个比特币节点都是与有限数量（例如3个或4个）的"邻居"即相近的节点交换信息。

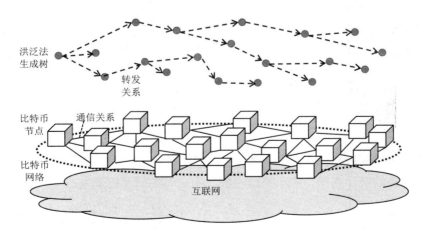

图4.9 比特币网络与节点示意图

新上线节点的第一要务是"找邻居",否则该节点就是游离在比特币网络之外的孤点。初始状态下"找邻居"其实就是从现存网络中获取其他节点的IP地址或域名,实现方法有多种。

- 早期的比特币软件利用IRC(Internet Relay Chat,因特网中继聊天)协议,自动连接网上聊天室,得到其他用户公布的IP地址清单,然后手工配置初始邻居地址。但这一方法目前已不再采用。
- 通过DNS(Domain Name System,域名服务),由比特币软件内置的若干个"域名种子"(DNS Seed)节点,可解析并自动获取本地其他一些节点的IP地址。域名种子的解析内容由可靠的开发者进行维护。
- 用查询命令连接已知的种子节点或可信节点,请求获取其他节点的IP地址。

一旦配置好了邻居节点,就标志着新节点成功连接到比特币网络。每个比特币节点与若干个其他邻居节点保持通信关系,最终形成复杂的比特币网络。当一个节点需要发布区块、交易信息时,采用如图4.9所示的全网广播方式。广播实现机制为洪泛法(Flooding),即节点将信息发送给3~4个邻居节点,邻居节点继续转发给3~4个邻居节点,理想情况(无转发循环)下将形成一棵生成树(Spanning Tree),达到节点数为$\sum 4^i$,一般几秒钟内就可覆盖全网所有节点。每个节在点转发区块、交易等数据前,要对数据合规性进行检查,若检查不通过则丢弃错误数据,这样,恶意节点实施拒绝服务攻击而发送的垃圾数据根本走不远,在第一层节点处就被消灭了,不会扩散到更多节点。当网络规模较大、分布性较广、节点自由度较大时,任何节点都难以掌握全网所有节点地址,因此受攻击"牺牲"的节点通常占比较小,可有效保护整体系统不受影响。

比特币网络的各个节点需要拥有一致的区块链、区块链账本记载的交易、区块和交易的验证规则、脚本执行逻辑、挖矿难度值及挖矿方法等,但允许存在不同类型的节点,允许节点只保存所需要的部分数据。如图4.10所示,比特币系统主要由四个功能模块组成。

- 完整区块链(Full Blockchain)模块:保存和维护一份完整的、最新的区块链副本，能够独立自主地校验所有交易，而不需借助任何外部参照信息。

- 网络路由（Network Routing）模块：每个节点都具备全网络的路由功能，执行比特币协议，参与验证和传播（转发）交易、区块信息，发现并维持与对等节点的连接。
- 比特币挖矿（Bitcoin Mining）模块：运行比特币工作量证明算法，发掘新区块，以获取系统奖励。
- 比特币钱包（Bitcoin Wallet）模块：为用户提供个人资产管理（如查看"余额"和交易记录）、管理密钥和比特币地址等。

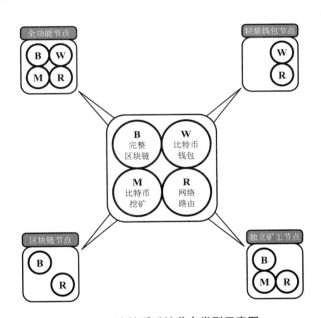

图 4.10　比特币系统节点类型示意图

并非所有的比特币系统节点都具备所有功能模块。根据不同的应用需求，节点可聚焦特定的目标，从而形成不同类型的节点。

- 具备所有功能模块的节点被称为比特币核心节点（Bitcoin Core）或全功能节点，构成比特币网络的主干群体。
- 有些节点仅提供完整区块链和网络路由功能，是保持网络规模和正常运行的种子，可以为其他节点提供区块链数据、参与共识验证等。

- 独立矿工节点的目的很明确，就是挖矿，附带完成转发、验证功能，而挖矿节点（如矿池的矿机）则进一步简化，仅保留挖矿模块，由运行Stratum协议的矿池服务器负责统筹协调。
- 易于携带和操作的智能手机等终端通常只用来进行交易，且资源有限，可以只保留区块链的一部分，并通过一种简易支付验证（Simplified Payment Verification，SPV）方式来完成交易验证，被称为SPV节点或轻量钱包节点。

电子钱包的本意是用来存储、使用钱的，例如可以把银行卡里的钱转到电子钱包，还可以用来支付。但比特币钱包（Bitcoin Wallet）与此不同。比特币是不能"脱链"操作的，不能把BTC转到一个钱包里存起来再花出去。比特币钱包实际上是一个客户端软件，如图4.11所示，功能是帮助用户通过自己的比特币地址自动搜索交易记录、统计属于自己的总资产［如未花费的交易[①]输出（Unspent TX Output，UTXO）］，或操作付款、收款并生成交易记录，比特币钱包里实际上没有钱。

图4.11 比特币钱包用户界面示意图

---

① 交易（Transaction，简称Tx）。

4.3.3 比特币协议

对等式网络系统节点间的数据同步（交换）方法是采用通信协议。为使节点间尽可能松耦合，避免相互牵制和影响，应采用异步型应用层协议，即面向非连接、非停等（确认）式信息传输、非重传机制、非流量控制等。以节点间数据查询为例：异步型协议发送查询报文后，并不需要等待直到报文全部到达，而是可以继续处理其他事务；每到达一个数据报文，仅处理该报文，例如更新数据库，即每个数据报文（假定有多个）的到达都按独立事件对待；对等节点也是如此，收到查询报文后立即予以响应，回复查询到的一个或多个报文，或不做任何回复（例如未查询到或查询报文有误）。

如图 4.12 所示，比特币协议（Bitcoin Protocol）实现节点联系、区块获取、交易传递等功能，基于 Internet 的 TCP 协议，端口号为 8333。每个节点的 TCP 连接数默认 MAX_OUTBOUND_CONNECTIONS=8 个，并随时侦听来自其他节点发起的 TCP 连接，默认可同时接受不超过 120 个接入连接。

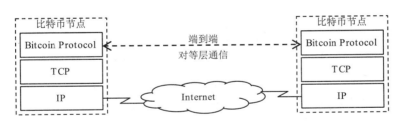

图 4.12 比特币协议栈结构示意图

比特币协议消息的数据结构如表 4.1 所示。需要注意的是，比特币协议的消息类型不是采用通常的数据编码方式，而是在 command 字段用 ASCII 字符串名称（不区分大小写）来表示不同命令，然后用空字符（Null=0x00）补齐 12 字节，例如 "VERSION|0|0|0|0|0"（其中符号|为字节分隔符，非命令数据）。

表 4.1 比特币协议消息的数据结构

字段名称	字节数	数据类型	字段说明
magic	4	char[4]	神奇数，指代网络类型，F9BEB4D9：主网络
command	12	char[12]	消息类型，ASCII 字符串名称，以 0x00 填充补齐

续表

字段名称	字节数	数据类型	字段说明
length	4	uint32	消息数据（payload）的有效长度（单位：字节）
checksum	4	char[4]	payload 双重 SHA-256 哈希的前 4 字节为校验字
payload	可变长	char[]	消息数据，各种类型消息各有不同

注：version 和 verack 消息不包含 checksum，则 payload 的起始位置提前 4 字节。

比特币协议的运行示例如图 4.13 所示，节点间通过发送和回复不同类型的消息，相互交换节点信息和区块、交易数据。消息由以下四类组成。

- 节点联络类消息：VERSION、VERACK、GETADDR、ADDR。
- 区块交换类消息：GETBLOCKS、INV、GETDATA、BLOCKS、GETHEADERS、HEADERS、NOTFOUND。
- 交易交换类消息：TX、MENPOOL（另外 GETDATA 与区块交换类共享）。
- 网络管理类消息：REJECT、PING、PONG、ALERT。

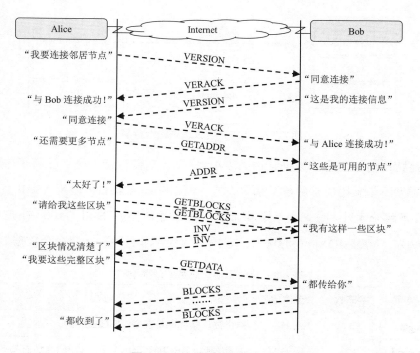

图 4.13　比特币协议运行示例

此外，有些消息，如CHECKORDER、SUBMITORDER、REPLY，原用于实现基于IP地址的支付交易，因存在中间人攻击（Middle-man Attack）安全风险，已不再使用。还有些消息，如SENDHEADERS、SENDCMPCT、CMPCTBLOCK、GETBLOCKTXN、BLOCKTXN、FEEFILTER，是在较新的比特币版本上进行的扩展。另外一些消息，如FILTERLOAD、FILTERADD、FILTERCLEAR、MERKLEBLOCK在专用功能模块中使用。

比特币节点以库存清单向量（Inventory Vector）方式保存和交换数据资源，36B向量结构为{库存类型4B，对象哈希32B}。其中库存类型为int32型整数：

- 0表示对象可忽略（ERROR）；
- 1表示对象为交易的哈希（MSG_TX），即一条交易记录的双重SHA-256哈希值；
- 2表示对象为区块头的哈希（MSG_BLOCK），即区块头的双重SHA-256哈希值；
- 3表示对象为区块头的哈希（MSG_FILTERED_BLOCK），仅用于GETDATA消息，要求对方回复MERKLEBLOCK消息；
- 4表示对象为区块头的哈希（MSG_CMPCT_BLOCK），仅用于GETDATA消息，要求对方回复CMPCTBLOCK消息。

库存清单向量构成节点的哈希表（Hash Table），相当于构成了资源目录数据库，可以高效检索和定位交易和区块，相关的技术在P2P文件下载应用中也有运用。

以比特币节点获取区块的协议消息为例。比特币节点连接到邻居对等节点之后，首先要做的事情就是构建完整（或所需）的区块链。如果该节点是一个全新节点，那么初始状态只有唯一的区块，即静态植入在比特币软件中的创世区块。新节点可能需要下载从1号区块开始的数十万个区块的全部内容，才能保持与比特币网络同步或重建区块全集。虽然区块链的分布式、全冗余存储是共识机制运行的基石，但一些路由转发节点、轻量化节点不需要下载整个区块链的所有数据。

运用如表4.2～表4.5所示的数据结构，比特币系统构建GETBLOCKS、GETHEADERS、GETDATA、INV、BLOCK、HEADERS、SENDHEADERS等消息（协议数据单元）递进式地交换节点存储的区块数据，基本方法是：先获取区块的库存清单，再根据需要进一步获取完整的区块或者选择只获取区块头。

对等节点交换GETBLOCKS消息（数据结构如表4.2所示），以获取对方节点掌握的区块，每次最多500个区块，若需要更多区块，则进行分批获取。区块可以分别来自不同节点。由于GETBLOCKS消息包含自身节点区块链的顶端区块哈希值，如果节点识别出接收到的"顶端"哈希值并不属于自己的顶端区块，而是旧区块，就能推断出自己的区块链比对等节点的区块链更长。

表4.2 GETBLOCKS、GETHEADERS 消息数据结构

字节数	字段名称	数据类型	字段说明
4	version	uint32	协议版本，同 VERSION 消息
1+	count	var_int	hash_start 的数量；到 hash_stop 的区块数量最大不超过 500 个
32 × count	hash_start	char[32]	从节点已知的最新区块开始回溯的区块哈希
32	hash_stop	char[32]	请求的最后一个区块的哈希，若要获得尽可能多的区块则设为 0

接收到GETBLOCKS消息的节点会以INV消息（数据结构如表4.3所示）进行响应，将指定的从hash_start到hash_stop的库存清单数据（区块哈希列表）发送给对方。发现自身拥有更长区块链的节点也会主动发送INV消息，将最新区块库存清单发送给识别出的缺少区块的节点。全新的节点可以从对等节点发送的INV消息获取到最新的库存清单，并可继续发送GETBLOCKS消息，向不同的邻居节点（防止单个节点超负荷）索取剩余库存清单，直到回溯到创世区块。

表4.3 INV、GETDATA、NOTFOUND 消息数据结构

字节数	字段名称	数据类型	字段说明
1+	count	var_int	库存清单数量
36 × count	inventory	inv_vect[]	库存清单列表

节点收到INV消息后，如果希望进一步获取完整的区块数据，即可剔除已拥有的区块范围，然后发送GETDATA消息（数据结构如表4.3所示），向对等节点申请下载库存清单所指定的完整区块。同样为防止对一个对等节点造成过大压力，区块获取渠道可以分散到不同邻居节点。通过分析不同来源的信息，不断对自身掌握的区块数据进行"查漏补缺"，以维护好完整、准确的区块链。

接收到GETDATA消息的节点将指定的区块分别加载到多个BLOCK消息（数据结构如表4.4所示，与区块数据结构一致）中进行回复。如果节点找不到GETDATA消息指定的区块，则回复以NOTFOUND消息（数据结构如表4.3所示）。

表 4.4　BLOCK 消息数据结构

字节数	字段名称	数据类型	字段说明
4	version	uint32	区块版本号
32	prev_block	char[32]	前一区块哈希
32	merkle_root	char[32]	默克尔树根值
4	timestamp	uint32	区块创建时间戳
4	bits	uint32	难度位
4	nonce	uint32	计数器值
1+	txn_count	var_int	交易数量
可变长	txns	tx[]	交易清单

节点收到INV消息后，另一种选择是发送GETHEADERS消息（数据结构如表4.2所示），请求对等节点发送指定的区块头，而非完整的区块，每次最多2000个。对等节点以HEADERS消息（数据结构如表4.5所示）来响应。其中block_header数据类型的格式与BLOCK数据结构类似，只是没有交易清单字段，并且交易数量字段值始终置0。

表 4.5　HEADERS 消息数据结构

字节数	字段名称	数据类型	字段说明
1+	count	var_int	区块头数量
81 × count	headers	block_header[]	区块头列表

交易是比特币网络的灵魂所在。发行的新币通过交易来发放给记账者，双方或多对多的支付更是体现为交易。交易让虚拟货币得以流通起来，达到发挥其金融功能的最终目的。

除发行新币交易外，其他所有交易都必须得到共识验证。一个交易生成后，立即被广播到比特币网络上。接收交易的相邻节点检验交易的有效性，并进行接力式转发，使合规交易及时进入全网矿工的交易池，尽快完成上链和确认。由于交易广播存在不充分性，并非所有交易池都严格一致，所以交易被记账时间具有不确定性。如果交易长时间未被记账，则应重新广播。此外，一些初次上线的节点、重启后丢失数据的节点等需要从其他节点下载部分或全部交易信息，也要依赖点对点的交易传输。

比特币交易采用TX消息（如图4.14所示的示例）进行传输。节点通过INV消息可获取到现有交易的库存清单（交易哈希值），进而可发送GETDATA消息请求获取指定的交易记录，对等节点以TX消息进行回复。MEMPOOL消息（无payload字段）则专用于请求收集内存池中的交易记录。

4.4 全网共识机制

任何信息系统的基本要求同时也是关键要求，就是要保障系统数据的一致性。一方面，数据在生成、传输、处理和存储过程中都有可能发生差错，并有可能遭受恶意干扰或攻击，即使是中心化系统同样存在类似风险；另一方面，对于对等式、分布式架构系统而言，由不同节点保存的多个数据副本更容易产生一致性问题，若任其发生及扩散，必然造成系统无法正常运行。

因此，对等网络系统的核心技术之一就是确保各节点能够抵抗各类异常情况，可行的方法就是执行全网共识机制。

4.4.1 共识机制

对等网络中没有中心化机构，一切决策都要通过各个参与方（节点）来共

消息头部（Message header）： F9 BE B4 D9 74 78 00 00 00 00 00 00 00 00 00 00 02 01 00 00 E2 93 CD BE	– 主网络标识 – TX 消息类型"TX"（交易） – payload 字段有效长度 258B – payload 字段校验码
消息数据（payload）/ 交易（Transaction）： 01 00 00 00	– 版本号
交易输入（Inputs）： 01	– 交易输入数量，1 个
交易输入 1（Input 1）： 6D BD DB 08 5B 1D 8A F7 51 84 F0 BC 01 FA D5 8D 12 66 E9 B6 3B 50 88 19 90 E4 B4 0D 6A EE 36 29 00 00 00 00 8B 48 30 45 02 21 00 F3 58 1E 19 72 AE 8A C7 C7 36 7A 7A 25 3B C1 13 52 23 AD B9 A4 68 BB 3A 59 23 3F 45 BC 57 83 80 02 20 59 AF 01 CA 17 D0 0E 41 83 7A 1D 58 E9 7A A3 1B AE 58 4E DE C2 8D 35 BD 96 92 36 90 91 3B AE 9A 01 41 04 9C 02 BF C9 7E F2 36 CE 6D 8F E5 D9 40 13 C7 21 E9 15 98 2A CD 2B 12 B6 5D 9B 7D 59 E2 0A 84 20 05 F8 FC 4E 02 53 2E 87 3D 37 B9 6F 09 D6 D4 51 1A DA 8F 14 04 2F 46 61 4A 4C 70 C0 F1 4B EF F5 FF FF FF FF	– 前交易哈希 – 前交易输出序号（索引号） – 解锁脚本长度 139B – 解锁脚本（scriptSig） – 序列号
交易输出（Outputs）： 02	– 交易输出数量，2 个
交易输出 1（Output 1）： 40 4B 4C 00 00 00 00 00 19 76 A9 14 1A A0 CD 1C BE A6 E7 45 8A 7A BA D5 12 A9 D9 EA 1A FB 22 5E 88 AC	– 0.05 BTC（5000000 聪） – 锁定脚本长度 25B – 锁定脚本
交易输出 2（Output 2）： 80 FA E9 C7 00 00 00 00 19 76 A9 14 0E AB 5B EA 43 6A 04 84 CF AB 12 48 5E FD A0 B7 8B 4E CC 52 88 AC	– 33.54 BTC(3354000000 聪) – 锁定脚本长度 25B – 锁定脚本
交易锁定时间（Locktime）： 00 00 00 00	– 立即执行

图 4.14　TX 消息数据解析示例

同协商确定，这一协商过程及采用的方法就是共识（Consensus）。好比选举班干部、选举班级春游的地方等，参与方可以进行投票（包括等额选举或差额选举），表达自己的意愿，通常为一人一票，有时可按规则加权计算，最后按统计票数来判定，可以采用少数服从多数的规则，或最多票数当选的规则。

共识机制能够体现多数人的意见，哪怕是相对多数而非超过50%的绝对多数，能够尽量避免一个人或少数人垄断做决定，而是发挥尽可能多的人的智慧。在投票过程中每个参与方都可以发表不同观点或意见，而一旦形成决定，各方都必须采纳和执行，否则系统就成为一盘散沙，也失去了共识的意义。即使共识的决策是错误的，那也是共同造成的，没什么可以抱怨的。

共识需要基于公开的规则、公平的投票、公正的计票。串通投票是对共识机制最大的伤害。共谋者利用了投票规则，实施投票结果绑架，等价于操纵成为中心化系统，而且具有隐蔽性，这一威胁将严重损害共识机制的公正性，侵害其他人的权益。在网络系统中，防范串通投票可考虑节点的分散性和节点的规模化。因为节点代表了持有人，如果持有人散布在各地、相互并不认识（甚至有竞争或对立关系），则很难发生共谋行为；如果节点数量很多，能够实现串通的只是一小撮人，在整体规模中占比极小，那么就不容易影响共识结果。

此外，网络系统的共识算法也要具备坚固性、安全性设计，能够容忍网络通信差错、节点失效、来自内部或外部节点的攻击等干扰因素而不受影响，抵御共识风险。无中心的网络系统最重要的目标是保障各个节点所持有的数据的一致性，计算机学科将此类问题抽象为拜占庭失效。

回顾东罗马帝国时期，其首都为拜占庭（即土耳其伊斯坦布尔）。由于当时帝国国土辽阔，为了有利于防御和攻击，部署的军队都分隔很远，首都与将军、将军与将军之间只能靠信差传消息。当需要决定是否攻打敌国时，相互传递的消息可能是不可靠的，其中会因内奸、间谍、叛军、懦夫或叛徒等各种缘故，造成消息掺杂差错、遗失、篡改、伪造等干扰。那么拜占庭将军是否能排除干扰，共同做出一致的决定呢？一千年以后的今天，人们在网络空间同样遇到这一问题，依然有与拜占庭将军一样的苦恼，故称之为拜占庭将军问题。

解决问题的方法就是拜占庭容错（Byzantine Fault Tolerance，BFT）。1982

年,Lamport、Shostak和Pease在一篇论文中首次提出了同步环境中的拜占庭容错(BFT)算法;1988年Dwork、Lynch和Stockmeyer改进并提出了异步环境中的BFT算法。

设系统中有n个节点$N_1,\cdots,N_n$,失效节点为f个,则当$n \geqslant 3f+1$时拜占庭容错算法可保证系统中数据的一致性。

令v_i($i=1,\cdots,n$)为消息,又令$V(v_1,\cdots,v_n)$为投票(多数票)函数,输出大多数消息的值。假定一个节点为"发令者",其他节点为"执行者",拜占庭容错算法的操作流程如下。

(1)发令者向所有执行者发送命令。

(2)执行者分别收到v_i命令。失效节点可能发生没有收到、假装没有收到或故意错误响应等情况。接着执行者将收到的v_i命令转发给其他$n-2$个执行者。

(3)各执行者将收到的命令作为输入运行V函数。

考察$n=4$及$f=1$的最简化情况。若节点A为发令者,发送命令α,执行者为B、C、D节点,其中假定D为背叛者,可能发送假消息β,如图4.15(a)和(b)所示。算法执行后,正常节点的V函数输出为α,反映了多数票意愿,表示占大多数的正常节点可正确执行命令,或者说可保持系统中传递数据的一致性。

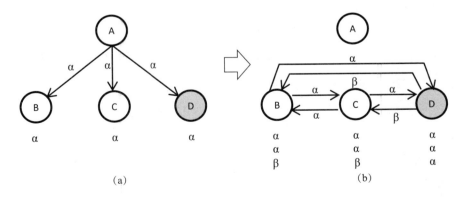

图4.15 BFT算法示意图

如果发令者A为背叛者,其他为正常节点,若A发送命令α到节点B、C,并发送假消息β到节点D试图产生干扰(或属于传递差错情况)。执行拜占庭容错算法后，节点B、C、D的V函数依然可输出α，执行者获得一致的命令。依此原理，拜占庭容错算法可推广到n和f为任意值（n≥3f+1）的情况。

实用拜占庭容错（Practical Byzantine Fault Tolerance，PBFT）算法由卡斯特罗（Castro）和利斯科夫（Liskov）于1999年提出，解决了原始拜占庭容错算法效率不高的问题。PBFT算法可以工作在异步环境中，以防范恶意攻击和软件错误并且导致失效节点所产生的任意行为，可提供(n−1)/3的容错能力（同BFT算法）。

令m表示消息，$d=D(m)$表示消息m的数字摘要（哈希），m_i表示由节点i签名的消息。假设所有的节点都知道其他节点的公钥，可进行签名验证。

节点提供具有确定性的副本复制服务（Replication），这个服务包括了一个状态（State）和多个操作（Operation）。这些操作不仅能够进行简单读写，而且能够基于状态和操作参数进行任意确定性的计算。客户端向副本复制服务发起请求来执行操作，并且阻塞以等待回复，目标是获得正确、可信的结果。

所有的副本p在一个被称为视图（View）的轮换过程（Succession of Configuration）中运作，视图v是连续编号的整数。在某个特定的视图中，一个副本作为主节点（Primary），其他的副本作为备份（Backup）。若$|R|$是副本集合的个数，则主节点由公式$p = v \bmod |R|$计算得到。当主节点失效时，就需要启动视图更换（View Change）过程。

如图4.16所示的示例，PBFT算法执行过程如下。

（1）客户端C向主节点发送<REQUEST,v,m,d>请求，其中v是视图编号。

（2）预准备（Pre-prepare）阶段：主节点验证消息签名后，为收到的请求分配序列号n，通过广播将预准备消息<<PRE-PREPARE,v,n,d>,m>发送给其他备份节点。

（3）准备（Prepare）阶段：所有备份节点验证预准备消息签名，确认从未在视图v中接收过过序号为n但是摘要d不同的消息m，如有误则舍弃消息，否则节点i向所有副本节点发送准备消息<PREPARE,v,n,d,i>。

（4）确认（Commit）阶段：各个节点i验证收到的准备消息，并向其他备份节点发送确认消息<COMMIT,v,n,d,i>。

（5）各个节点i验证确认消息后，向客户端C回复<REPLY,v,i,r>。客户端C需等待$f+1$个不同副本节点发回相同的结果（f为失效节点数），签名经验证正确，并有相同的执行结果r，作为整个操作的最终结果。

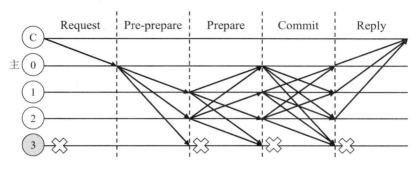

图 4.16　PBFT 算法执行过程示意图

BFT、PBFT 等算法主要面向分布式系统，例如分布式数据库、分布式控制系统，很好地解决了差错干扰系统运行结果的问题，解除了信息时代"拜占庭将军"的担忧。

4.4.2　PoW 共识算法

比特币是对等网络系统，新区块的共识验证并确保全网一致是交易安全的保证，一定程度上也属于拜占庭容错问题。

在网络系统中，一般提到共识所需的投票，下意识的第一反应是节点发送投票报文。但是，在对等网络中，显性的投票报文势必带来以下问题。

- 既然没有中心节点，每个节点的投票报文需要广播给所有节点。若总共有$n=10$万个节点，则每次投票网络上报文总数达到$n(n-1)≈n^2=100$亿个，资源耗费巨大。
- 对等网络没有权威节点，因此任何节点的计票、唱票都无法得到其他节点信任，除非对此再进行共识投票，那就陷入了死循环。

比特币系统没有采用BFT等算法，而是另辟蹊径，设计了一种基于工作量证明（PoW）的共识算法，所有节点都不需要发送投票报文，即可完成共识过程。

比特币系统的矿工虽然本质上是记账者，但矿工投入自己的资源参与挖矿无疑是为了奖励（逐利心态），换句话说，矿工的行为准则就是利益最大化。所以，当每个矿工（挖矿节点）收到别人广播过来的新区块并验证无误时，一定会马上做两件事。

第一，如图4.17（a）所示，立即停止当前区块的挖矿，并在收到新块后启动下一轮挖矿。即用行动向这个新块"投赞成票"，但不需要发出投票报文。这么做的理由是：因为别人都已经挖出新块了，假如自己不停的话，即使过一会儿可能会挖出来，也必然比别人晚（而且晚不少），被共识剪除的可能性非常大，倒不如赶紧另起炉灶，把算力用在别人的新块后挖下一个更新的区块上，这样在新一轮比拼中获胜的机会才能最大化。

第二，如图4.17（b）所示，将其他节点发来的区块挂上链。先来先挂上，后来也挂上，来几个挂几个。但自己只认可最先到的区块，道理很简单，根据以上第一条，收到第一个区块后已经开挖下一块，停不下来了。此外，自己最先收到的，大概率也是其他节点先收到的，那么这个区块就是最有可能的"天选之子"，没有理由去选择另一个晚到的区块。

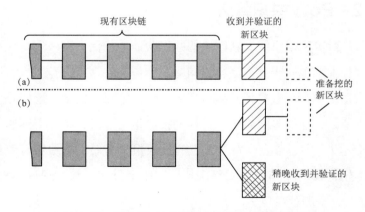

图 4.17　比特币 PoW 共识机制运行原理示意图

如果在一个区块生成周期内只有一个节点挖到了新区块，那么皆大欢喜，按以上第一条行为准则，全体矿工都会高高兴兴去挖下一个区块，事实上共识已经顺利达成。问题出在如果差不多同时有两个节点独立挖到了新块，这两个节点在地理位置上相距遥远，这时因为存在区块在互联网上广播的传播时间差,就会造成一部分节点认为A区块为先,另一部分节点认为B区块为先。仍然依据以上两条行为准则,形成部分节点在A后面挖新块、部分节点在B后面挖新块的僵局(Tie)。这就是最需要共识机制来做决定的情形。此时区块链相当于产生了分叉(Fork),全网算力被分割为不同阵营(无交集)。假如两个分叉算力各占50%,力量平分秋色,是最考验共识机制有效性的情况。多个分叉的情形与此同理。

假如任由分叉产生,后果是什么?首先,不同的分叉独立生成区块,各区块收纳的交易记录很可能不同,但相互间大部分数据又是重复的,相当于有几个分叉就有几份不同的数据,在不同分叉上的记账节点保存了不同的数据,系统就被分裂了;其次,既然有一次分叉,那么分叉还会持续不断地发生,且分叉是不可逆的,可以想象得到,最终系统一定会变成每个节点"独占"一条分叉,无异于一盘散沙。

从"一机一票"的构想出发,假设所有节点的算力相差不多,每个节点凭算力来投票,基于这个模型,中本聪在其技术报告中提出了如下解决办法。

- 节点始终都将最长的链条视为正确的链条,并持续工作和延长链条。
- 如果有两个节点同时广播不同版本的新区块,那么其他节点在接收到两个区块的时间上将存在先后差别。在此情形下,节点们将在率先收到的区块基础上进行工作,但也会保留另外一个链,以防后者变成最长的链。
- 这一僵局的打破要等到下一个工作量证明被发现,若其中的一条链被证实为是较长的一条,那么在另一条分支链上工作的节点将转换阵营,开始在较长的链上工作。

这一阐述稍显晦涩,如图4.18所示,可以从最难办的50%-50%僵局的破解过程来理解其机理。两个新区块"几乎同时"产生且矿工在网络上相距最远,所引起的分叉刚刚发生时,差不多有一半节点先收到A区块,另一半节点先收到B区块,在后面延长区块的"得票率"是一半对一半;而在之后的区块链延长竞赛中,聚集节点多、算力较强(或算力相近但运气更好)的一路将先发现新区块,根据挖矿利益最大化准则,另一路上的部分节点就会"跟随"

到这一路来，使这一路的算力更强，逐步成为"大多数"，且份额将会越来越大（正反馈）；最终分叉的两条链的长度差距会逐渐拉大，大约经过6个出块周期（1小时左右），当差距达到2块时，较短链上的矿工都已转投长链，此时胜负已决，短链被自动裁剪（从首个产生分叉的区块开始），僵局解除。

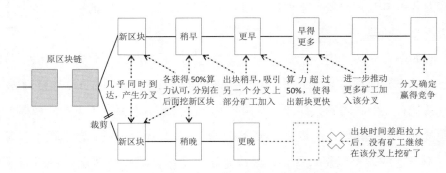

图 4.18　比特币分叉共识解决原理示意图

通过比特币PoW共识，区块链始终保持一条单链不断延长。保持单链是必要的，效果上是能够把全网所有算力都集中在一起，实质上，目的是保持全网数据一致性。

不用担心被裁剪的区块上的交易是否会丢失，即便有少数交易没有被获胜的分叉上的区块所收纳，也会重新被回收到交易池，等待由新区块来记账。被裁剪的分叉上花费的算力并没有被浪费，因为PoW共识本来就是每个出块周期只产生一个胜者。只是被裁剪的区块上的奖励将随之化为泡影，那些矿工等于白高兴了一场。这就是收到的比特币需要等待链条延长几个区块后才能花费的原因，包括挖矿奖励、已上链的交易中的收入。即使有时候看上去当前没有产生分叉，也有可能是该节点没有及时收到另一个竞争区块的关系，所以必须等待一段时间后才能见分晓。

比特币PoW共识算法属于一种"用脚投票"的方法，即用行动（在认同的新区块后挖下一块）来替代选票，用算力来呈现"票数"。节点越多、算力越强，则分叉延长越快，所以分叉延长较快说明节点占大多数，即赢得比赛。PoW共识也是"延时决策"技巧的运用。通常的投票都要立刻做出决定，势必要依赖显性的表决票，需要发送投票报文，但PoW共识将"出结果"的时间延后了，套用一句俗语"让子弹飞一会儿"，让各节点的选择及之后选择可能的改变逐步施加到结果上，一旦差距突破设定的临界点，自然就得到这次投票的最终结果。当然，比特币PoW共识是有代价的：一是延长了交易确认的时间，交易上链不等于被确认，最长可能需要等待1小时；二是决定胜负前全网算力被分散，某种程度上相当于进入了一段系统的"脆弱时刻"。

比特币PoW共识机制虽然非常优秀，但在安全性上绝不是天衣无缝。以下就是两种比较典型的共识攻击手法。

- 算力垄断攻击：常见于矿池、矿场，凭借自身算力强大，占据挖矿高成功率优势；可利用其优势，即使其他节点已出块（可能偶尔运气佳），仍然继续挖，并争取下一块比他人先出（概率较高），到时候一起公布连续的两块，就能后发先至废除别人的区块，实现利益最大化。
- 自私挖矿攻击：采用阴险的手法，当挖到新区块时，如果此时没有收到其他新区块广播，就故意不马上广播出去，而是悄悄在后面接着挖新区块（自己掌握"先发优势"）；如果掌握着连续多个新区块，此时即使别人挖到新区块，只要公开的链比自己的短，就能胜券在握；如果在下一块挖出前别人也挖到了第一块，则立即将自己"私藏"的第一块广播出去，造成分叉，此后，由于掌握"先发优势"，很可能率先挖到下一个新区块，更容易形成较长链，也能使"阴谋"得逞。

4.4.3 比特币共识证明

比特币系统采用的PoW共识机制，基本原理是节点构建新区块、延长链条的必要条件是证明自身的算力。

对于系统内外存在的攻击者同样如此。攻击者如果想修改交易、窃取资金，就需要重新完成相当的工作量，否则一个区块的信息就不可更改，而且由于之后的区块是连接在该区块之后的，所以想要更改该区块中的信息，就还需要重新完成之后所有区块的全部工作量。但这还不够，因为区块副本保存在其他节点上，攻击者仅修改自身的区块无法让其他节点接受，唯一的途径是构造出更长的链分叉。

比特币网络中所谓"大多数"的决定表达为最长的链，因为最长的链包含了最大的工作量。如果大多数的CPU算力为诚实的节点所控制，那么诚实的链条将以最快的速度延长，并超越其他的竞争链条。如果想要对已出现的区块进行修改，攻击者必须重新完成该区块的工作量外，再加上该区块之后所有区块的工作量，并最终赶上和超越诚实节点的工作量。

中本聪在《比特币：一种对等式电子现金系统》一文中对这一共识攻击风险进行了分析。设想一个攻击者试图"后发先至"赶上随后的区块，诚实链条和攻击者链条之间的竞赛，可以用二叉树随机漫步（Binomial Random Walk）来描述。成功事件定义为诚实链条延长了一个区块，使其领先性达到+1，而失败事件则是攻击者链条被延长了一个区块，使得差距为−1（即差距缩小了1步）。

攻击者成功填补某一既定差距的可能性，可以近似地看作赌徒破产问题（Gambler's Ruin Problem）：假定一个赌徒拥有无限的透支信用，然后开始进行潜在次数为无穷的赌博，试图填补上自己的亏空，那么可以计算其填补上亏空的概率，也就是该攻击者能够赶上诚实链条的概率。

设p为诚实节点延长一个区块的概率；q为攻击者延长一个区块的概率；q_z为攻击者填补z个区块落后差距的概率。显然有$p+q=1$，并成立：

$$q_z = \begin{cases} 1, & p \leq q \\ \left(\dfrac{q}{p}\right)^z, & p > q \end{cases}$$

假定$p > q$（诚实节点占多数），攻击者存心要赖账，则当交易发送出去的一刹那，就开始秘密地准备一条包含了该交易替代版本的平行链条。收款人耐心等待交易出现在首个区块中，然后等到z个区块连接其后（一般此时收款人认为交易已经被确认了）。然而此时，收款人并不知道攻击者的链条也在延长中，更不知道已经进展了多少个区块。不妨假设诚实链条耗费平均预期时间（如10分钟）产生一个区块，那么攻击者的潜在进展就是一个泊松分布（Poisson Distribution），分布的期望值为：

$$\lambda = z \times \frac{q}{p}$$

为计算攻击者追赶上的概率，将攻击者取得进展区块数量的泊松分布的概率密度，乘以在该数量下攻击者依然能够追赶上的概率：

$$\sum_{k=0}^{\infty} \frac{\lambda^k e^{-\lambda}}{k!} \cdot \begin{cases} \left(\frac{q}{p}\right)^{z-k}, k \le z \\ 1, k > z \end{cases}$$

上式可化为：

$$1 - \sum_{k=0}^{z} \frac{\lambda^k e^{-\lambda}}{k!} \cdot \left(1 - \left(\frac{q}{p}\right)^{z-k}\right)$$

采用计算机程序计算攻击成功率，代码如下：

```
#include double AttackerSuccessProbability(double q, int z)
{
double p = 1.0 - q;
double lambda = z * (q / p);
double sum = 1.0;
int i, k;
for (k = 0; k <= z; k++)
{
double poisson = exp(-lambda);
for (i = 1; i <= k; i++)
poisson *= lambda / i;
sum -= poisson * (1 - pow(q / p, z - k));
}
return sum;
}
```

当q=0.1时，不同z值下攻击成功率的计算如表4.6所示。

表 4.6 PoW 共识攻击成功率表

z 值	成功率	z 值	成功率
0	1.0000000	6	0.0002428
1	0.2045873	7	0.0000647
2	0.0509779	8	0.0000173
3	0.0131722	9	0.0000046
4	0.0034552	10	0.0000012
5	0.0009137		

当 $q=0.3$ 时，$z=5$ 的成功率为 0.1773523，$z=10$ 的成功率为 0.0416605，$z=30$ 的成功率为 0.0001522。为使攻击成功率小于比较安全的 0.1%（即 0.001），若 $q=0.15$，则 $z=8$，若 $q=0.45$，则 $z=340$。

可见，随着 z 值增大，攻击者成功率将呈指数化递减。在攻击者的算力较低（q 较小）时，只要保证足够大的 z 值，即可达到防止攻击链条超越诚实链条长度的目的。也可以从另一个角度说明：越早出现的区块上的信息的可信度越强。

4.5 交易验证机制

交易是电子支付系统最主要的任务。交易必须安全可信。那么，电子支付系统就要全力确保每一条交易都可以被严格检验合规性，保证是资产拥有者所为，而任何觊觎窃取资产的图谋，无论是盗用资产还是伪造资产，都无法得逞。

4.5.1 比特币地址

比特币系统没有账号，每个用户都是通过持有的密钥来获取及使用虚拟币。基于公钥加密技术，用户可生成秘密保存的比特币私钥，方法是生成 32B 随机数 k，理论编码范围为 $[0，2^{256}-1]$。考虑到比特币系统采用椭圆曲线加密算法，则私钥的选择应按算法约束条件，在[0, p–1]中选择，其中：

$$p=2^{256}-2^{32}-977≈1.158×10^{77}$$

由于编码空间巨大，两个用户选择相同随机数的概率极小，可以忽略不计。因此，只要使用适当的方法，可以保证私钥在比特币系统中具有唯一性。因为私钥是鉴别比特币持有者的标识，关系到资产安全，所以绝对不要手工选择一些自以为"独特"、易记的编码，例如一连串的0x666666……这和银行卡密码设为123456或000000之类的一样不安全。越是随机的数，则越不容易被猜测或碰撞到。

生成随机数的一种方法是调用比特币系统提供的功能，或运用操作系统提供的随机数生成函数编程获得。另一种可行的方法是先选择一个随机数或随机字符串，长度不限（只要不是太短），然后调用SHA-256单向函数算法，输出的哈希即为256bit（即32B）的数值，必要时也可借鉴比特币区块头哈希所采用的方法，进行双重的SHA-256哈希。但是，采用手工选择输入做哈希的方法在一定程度上降低了安全性，因为通常选择会比较有限，倘若选择不当（如采用自然语言的字符串），更有可能被字典攻击等方法破解。

生成的比特币私钥通过如图4.19所示的流程进行Base58编码，转换为钱包导入格式（Wallet Import Format，WIF）。进行编码的作用只是把二进制数据转换为可读的字符串，便于阅读和管理，同时增加了版本信息和校验机制，有些编码格式还可以做压缩处理以缩短字符串长度。编码后的地址可以逆向恢复为二进制数据，因为比特币系统进行操作时使用的还是原始数据。比特币系统中其他数据的Base58编码也是出于同样的考虑。

比特币用户公钥是在已生成的私钥基础上，运用椭圆曲线加密算法的密钥生成方法，经计算而成。

设用户私钥为k，公钥为K，选定的椭圆曲线基点为G，阶为n，则：

$$K=kG$$

根据椭圆曲线加密算法性质，公式的正向计算是容易的，但即使已知K和G，要推导或猜测k是非常困难的，因此私钥具有安全性。

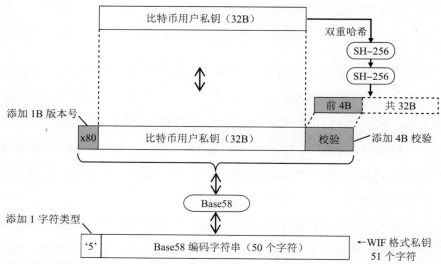

例：编码后的比特币私钥 5J3mBbAH58CpQ3Y5RNJpUKPE62SQ5tfcvU2JpbnkeyhfsYB1Jcn

图 4.19 比特币用户私钥 WIF 编码流程

由此获得了与已有用户私钥相对应的公钥。公钥 K 为给定的椭圆曲线上的一个点，以坐标 (x,y) 来表示（其中 x 和 y 均为 32B 整数）。例如：

x = 0xF028892BAD7ED57D2FB57BF33081D5CFCF6F9ED3D3D7F159C2E2FFF579DC341A

y = 0x07CF33DA18BD734C600B96A72BBC4749D5141C90EC8AC328AE52DDFE2E505BDB

实际上 x 和 y 是相关联的，用下式可以从已知 x 计算出 y。

$$y^2 = x^3 + 7 (\bmod p)$$

因此，比特币公钥可以被"压缩"表示为 x 即可。初期的比特币系统版本中使用非压缩的公钥，以 0x04 开头，共 65B；后来改进为压缩格式，若 y 为奇数（代表正），以 0x03 开头，若为偶数（代表负），以 0x02 开头，共 33B。

比特币地址（Bitcoin Address）是由 26~35 位数字和字母组成的字符串，具有唯一性，用来标识一个比特币用户。地址可以公开，例如分享给别人用于收款。如图 4.20 所示，比特币地址是由与私钥绑定的公钥转换而来。私钥需要用户妥善保管，因为需要用来对交易做签名、认领 UTXO 等。从公开的地址无法逆转生成公钥，从公钥也无法推出私钥。一名用户可以生成（拥有）多个地址（及其相关的公钥-私钥对）。

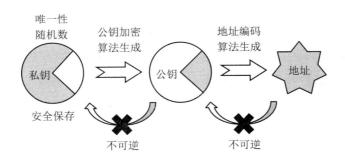

图 4.20　比特币密钥和地址关系示意图

比特币网络分为主网络（MainNet）和测试网络（TestNet），两者采用不同的地址编码方法，生成的地址格式不同，但技术原理相同。由于测试网络仅面向专业的开发者，此处不做详细展开。

比特币地址、密钥等都是一串动辄数百比特的数值，适合计算机处理。为了提高可读性，例如需要手工输入时，比特币地址采用了Base58编码方法，将二进制数字串转换为ASCII字符。

Base58编码算法采用的字符集为：数字0~9，英文字母大写A~Z和小写a~z，但排除了视觉上容易相互混淆的0（零）、O（大写字母）、I（大写字母）和l（小写字母）等4个字符，所以编码中的o一定是小写字母，1一定是数字。这样字符集为58个字符：

base58[58]="123456789ABCDEFGHJKLMNPQRSTUVWXYZabcdefghijkmnopqrstuvwxyz"

对于一串二进制数据（或字节流）D，将其作为一个大端（big endian）大整数（即高位字节在前）来处理，最终编码为字符串S。

（1）舍弃前导的n个0x00字节，成为D'。

（2）转换出一个ASCII编码的字符C：

$$C = \text{base58}[D' \bmod 58]$$

$$D' = D' \operatorname{div} 58$$

(3)将 C 拼接到字符串 S 前端。若 D' 为 0,则转到第(4)步;否则循环回第(2)步。

(4)将 n 个 ASCII 字符'1'拼接到字符串 S 的前端。编码结束。

比特币地址编码方法如图 4.21 所示。对比特币地址编码时,为达到地址字符串的正确性可验证的目的,在进行 Base58 编码前,先在二进制地址数据后附加 4B 的哈希校验码,称为 Base58check 编码方法。

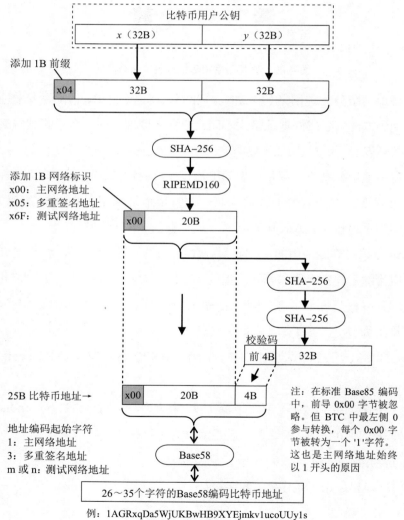

图 4.21 比特币地址编码方法示意图

比特币用户地址转换流程主要综合运用SHA-256和RIPEMD-160两种单向函数算法，增加了类型、校验等信息，转化为25B长度的二进制数值的比特币地址。进一步采用Base58算法进行编码，可形成26~35个字符的可读字符串的比特币地址。例如，一个典型的主网络比特币地址为1J7mdg5rbQyUHeNYdx39WVWK7fsLpEoXZy。

显然，Base58可读字符串地址很容易逆向解码为二进制数值地址，但无法还原出公钥。如果用户使用过公钥来验证UTXO，则会暴露地址与公钥的对应关系。因此，有些非常谨慎的人每次花费比特币后就不再用老地址了，每次交易都用新地址。不过，过分小心难免会带来另一个问题，即大量的密钥和地址维护工作。该项工作很烦琐，容易造成资产管理混乱，可能反而得不偿失。况且，公钥的公开并非一场灾难。

从比特币地址的生成原理来看，地址与用户身份无关。一名用户可以匿名持有多个地址，但一个地址只唯一由一名用户所持有。可以说，地址是比特币用户在网络上的虚拟替身。但用户也可以选择大大方方地亮出身份，例如，一个作者可把自己的比特币地址附在文章后面，读者就可以"打赏"（转账）给这个地址；商户可以将自己的地址打印成二维码贴在店里，顾客就可以扫码付款了。

4.5.2 比特币交易

交易（Tx）是金融系统最基本的功能。其中，交易记录就是记账数据。

发行了新币，就要能够进行交易，货币才有价值。比特币采用了发行、交易统一的独特方式，降低了系统复杂性。如果说区块是比特币"大脑"的神经元，链条是神经元之间的联系，那么交易就好比是活跃的"思想"了。没有交易流通的比特币，就像没有思想的大脑。

如图4.22所示，一笔比特币交易的生命周期始于被创建时。交易会被一个或者多个签名所签署，这些签名标志着对该交易指向的比特币资金的使用许可。随后，交易被广播到比特币网络中。网络中的每一个节点（首先是交易参与者）验证并继续进行广播（转发），直到这笔交易被大多数节点接收和验证，实现共识认可。最后，该交易被一个挖矿节点从交易池中取出、验证后，与其他交易一起添加到新区块上。

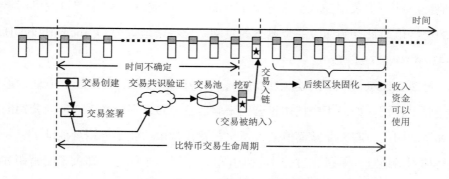

图 4.22　比特币交易生命周期示意图

比特币交易一旦被记录到区块链上并有足够多的后续区块（一般至少6块），便得到了确认，成为比特币总账簿的一部分，被所有比特币交易参与者认可为有效交易。于是，这笔交易输出给一个新的持有者名下（新地址）的比特币就可以在新的交易中被使用。至此，该比特币交易的生命周期宣告终结。可见，当且仅当一个交易的生命周期终结，比特币所有权链才得以延伸，以开启一个新的比特币交易生命周期。但新一轮的生命周期，就是一笔新的交易，并不一定要紧随其后，而是之后随时都可以开始。

交易一般是指资金的流转，即从付款方（持币方）支付给收款方。无论是两方的交易，还是多方对多方的交易，都可描述为货币持有者属性的一次转移。发行新币则被作为一次特殊的交易（称为发币交易），付款方是"系统"，或可理解为没有普通的付款方，而是收款方（挖矿成功的矿工）"自动"收到一笔奖励。矿工在开始挖矿时，将自己的比特币地址作为奖励的收款方，但"美好的愿望"只有在成功挖矿并得到确认后才能实现。

比特币系统的交易记录简化结构如图 4.23 所示，由交易输入（Tx input，记为 Tx_in）、交易输出（Tx output，记为 Tx_out）、交易条件三个要素组成，表示在符合条件的情况下，一个或多个付款人支付给一个或多个收款人。需要注意的是，交易输入、输出的含义与人们平时惯用的"收入是钱的输入，支付是钱的输出"恰好相反，交易输入指的是付款方，交易输出指的是收款方。

这完全符合计算机技术的用法，把交易作为一个事件（模块）来看待，那么输入就是来源，从交易行为而言，来源就是支付的钱。

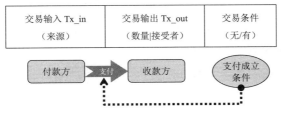

图 4.23　比特币系统交易简化结构

交易条件为可选字段。若无，则不对交易做附加的成立条件；若有，可以限定交易生效的最早时间，也可以限定最小区块高度（与限定时间等效），即在指定时间前交易不被执行（收入的虚拟币不得使用）。

交易输入只记来源，不记地址和数量，因为比特币交易吸取了复式记账法的思想精髓：清晰体现钱的来源和去向，且收支平衡。根据这一原则，比特币系统制定了以下两条交易记录生成规则（如图 4.24 所示）。

规则一：当前交易输入来自各付款方以前交易中获取的收入（前交易输出），且当前交易输入总和等于以前相关交易输出总和。

规则二：当前交易输出总和等于（或小于）当前交易输入总和。

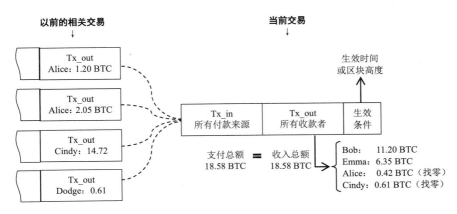

图 4.24　比特币交易输入输出示例

如果 Tx_in−Tx_out＞0，差额就是留给矿工的交易费，或称为记账费。交易费不需要（也无法）指定收款方地址，因为该笔交易生成时并不知道会被哪位矿工成功获取。矿工挖矿时，将当次记账的所有交易记录的交易费累加，加到奖励金额上，若挖矿成功，那么这笔交易费就能收入囊中。交易费通常是故意为之的，尤其当挖矿奖励越来越少（甚至有朝一日为零）时，吸引矿工竞争记账的主要奖励来源就是交易费。由于交易记录只有被尽快纳入区块账本中，才能尽早被确认，从而使资金得以快速流转，而矿工有一定的权力来决定哪些交易被收纳（尤其在交易量很大，区块空间不足时），因此适当留出的交易费可以鼓励矿工优先考虑这条交易。但这样做也容易产生负面影响，如恶性攀比或贿赂。

一个人可以在不同的交易中获得收入，这些收入要么在某次交易中被全部用掉了（多余部分可找零），要么还没有用过。可见，每个人的总资产就是所有"未花过的收入"，即UTXO。因为资产分散在历史上不同的交易中，所以，在比特币系统中没有常规的余额或钱包的概念，而是以UTXO来表达，需要搜索所有交易才能统计出来。此外，一个人可以拥有多个虚拟"身份"（持多个私钥和地址），除自己外，没有人知道两个不同的地址是不是属于同一人。

比特币交易间形成交易链，构成错综复杂的网络（有向无环图DAG），具有很强的规律性：每个交易必有输入；交易链一定是时间递增延续（不会花费未来的收入）；一个交易输出只能传递给唯一的交易（不可拆分支付，也不可双重支付）。反过来看，每一笔交易都可以追溯到前一笔，并可继续追溯，源头一定是发币交易，否则就是违规交易。这就是区块链上资产可追溯（比如用于防伪）特征的来由。

比特币交易分为发币交易和普通交易。每个区块的第一个交易为发币交易（仅一个）。

如图4.25所示为比特币交易输入的数据结构。普通交易输入是以哈希值方式指定前交易并指定前交易输出索引号（从0开始计），这样就可唯一确定要花费的这笔钱的确切位置。在发币交易的交易输入中，解锁脚本字段被CoinBase替代，长度最大为100B。

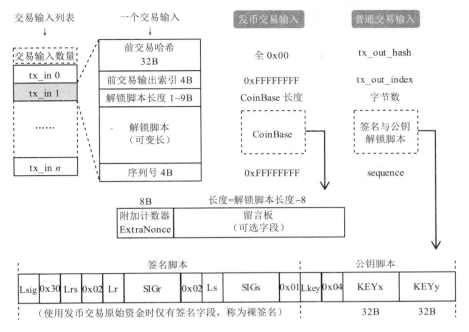

图 4.25　比特币交易输入不同类型数据结构解析

组成 CoinBase 字段的两个部分都很有意思，具体如下。

第一部分是挖矿的附加计数器（ExtraNonce），是一个相当有必要的"后备手段"。从比特币挖矿原理中可以发现，区块头中挖矿可调节的空间只有 4B 的临时计数器（nonce），而挖矿计算条件相当苛刻，完全存在挖矿计数器一轮计算下来却找不到正确哈希的可能性，此时挖矿就面临无计可施的窘境。此时，矿工可利用附加计数器，改变数值（例如加1）后，发币交易数据就会发生改变，然后重算默克尔树根值，使区块头发生变化，就可以重新穷举挖矿计数器进行尝试。

第二部分是可选的矿工"留言板"，有些矿工会充分利用这一特权，在自己挖出的区块上留下自己的信息。中本聪在创世区块上抄录的报纸标题就存储于此。

比特币交易输出的数据结构比较简单，主要包含输出币值（以聪为单位）、输出地址两个部分。与交易输入一样，交易输出也可以有多个，并且顺序排列，第一个引用序号为 0，第二个引用序号为 1，以此类推。

4.5.3 交易验证

每个双方或多方交易生成后,将通过通信协议提交给区块链网络进行记账。交易从生成到上链实际需要经过多个链下流转环节,如图 4.26 所示,区块链节点接收到每一笔交易后,首先进行交易验证,包括规则验证与资产验证,验证通过后记账节点将交易记录放进交易池(用于暂存未确认交易的本地数据库),当开始挖矿生成新区块时,从交易池搜集交易记录写进区块,如果挖矿成功并通过共识机制认可,交易才算实现了上链(区块固化确认需要额外的过程)。

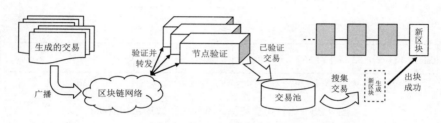

图 4.26 交易上链前流转过程示意图

以比特币系统为例,一笔比特币交易从钱包客户端(轻量节点)被发送到任意一个连接至比特币网络的节点,这笔交易将会被该节点验证。如果交易被验证有效,该节点会将这笔交易转发到其他节点,同时交易发起者会收到一条表示交易有效并被接收的返回信息;如果这笔交易被验证为无效,该节点会拒绝接收这笔交易,同时返回给交易发起者一条表示交易被拒绝的信息。由于一个节点通常连接三四个邻居节点(不一定地理位置相邻,而是指相互有连接关系),因此无效的或恶意的交易并没有机会传播得很广、很远,而会被诚实的邻居节点早早地拦截下来。每个诚实的节点只需要专注于接收交易、验证交易、记录交易、转发验证通过的交易,因而以下情况的恶意交易,均无法获得多数票、无法最终成功上链。

- 恶意节点构造的虚假交易若未经广播,未被记账并确认,并不会影响关联交易的输出(UTXO并没有被花掉),但其"收入"无法使用。
- 恶意节点构造的虚假交易不进行广播或只由少数同谋节点进行"验

证",则无法进入大多数矿工的交易池,很难被新区块纳入账本。
- 恶意节点将虚假交易包含进新区块并自行挖矿成功,其"新区块"在共识机制下也无法通过其他节点的验证,不会被大多数节点接受上链,更无法形成最长链。

比特币系统允许同时生成多个相关交易,构成交易链(Transaction Chain),以满足复杂业务流程的需要。其中交易链上的第一个交易为父交易,其输入应为区块链上已确认的UTXO,而输出则成为子交易的输入。当交易链在比特币网络上广播时,不同的节点可能会以不同的顺序接收到各个交易,例如子交易(或孙交易)先到。此时,节点在验证子交易过程中就会发现其输入既不在区块链上,也不在交易池中,这类交易就被称为孤儿交易(Orphan Transaction),其可能是合规的,不能被抛弃,因此被暂存到专门的孤儿交易池中。当父交易到达后,交易链上的孤儿交易即可被一并提取出来。为防止恶意发布大量虚假交易,例如传播没有父交易的交易以形成对区块链网络的DoS拒绝服务攻击,孤儿交易池的大小一旦达到设定的MAX_ORPHAN_TRANSACTIONS限制,将随机选取并丢弃孤儿交易。

比特币网络的每个节点都有验证交易的义务,但只有记账节点需要维护交易池和孤儿交易池。各节点对照以下规则列表,独立检验每个收到的交易,任何一项不通过都会立即导致验证失败。

- 交易有正确的语法和数据结构。
- 交易大小应大于等于100B、小于MAX_BLOCK_SIZE(比特币为1MB)。
- 交易没有前交易哈希等于0、索引号为-1的输入(发币交易独有)。
- 交易输入、输出列表都不能为空。
- 交易输入值的总和应大于等于输出值的总和。
- 交易的每一个输出值及总量必须大于0、小于2100万BTC。
- 交易锁定时间(LockTime)非负。
- 交易的每一个输入所引用的输出必须存在且没有被花费。
- 交易的每一个输入不可引用交易池中任何交易的输出(因为未确认)。

- 交易的每一个输入若引用发币交易输出，其成熟度（COINBASE_MATURITY）至少达到100个区块长度的确认。
- 交易中的签名数量应小于签名操作数量上限。
- 交易解锁脚本（scriptSig）只能够将数字压入栈中，并且锁定脚本（scriptPubkey）必须要符合isStandard()函数的格式（该格式将会拒绝非标准交易）。
- 交易应通过资产证明（解锁、锁定脚本）的验证。

被节点验证后的交易称为待定交易、未决交易（Pending Transaction），由收到交易的挖矿节点收入交易池。原则上矿工应将所有未确认（未入链）的比特币交易都搜集起来，纳入准备生成的新区块，但是，每个区块的容量（存储空间）有限，当交易数量很多或有些交易的尺寸很大时，不可避免存在"挑挑拣拣"的问题。

交易被收纳很大程度上由其"优先级"（优先值）决定，显然优先级较高（优先值较大）的交易更容易尽快入链。交易优先级可量化为以下公式：

$$交易优先值 = \frac{消费金额 \times 块龄}{交易记录尺寸}$$

其中，消费金额单位为聪，块龄（Input Age）是指该交易所需的UTXO所在的区块到目前为止经历的区块数（即父区块的深度），交易记录尺寸以字节为单位。

交易优先值算法可以解读为：交易金额越大越优先；要花费越早的钱越优先；交易记录尺寸越小越优先（占用空间少，验证工作量小）。一个交易想要成为"较高优先级"，需满足的条件是大于57600000，这相当于要花费1BTC（即1亿聪）、块龄为144个区块（1天）、交易记录为250B（100000000×144/250=57600000）。

区块体中前50KB是规定保留给较高优先级交易的。所以，对于一些低优先级的交易来说，随着时间的推移，其块龄增长，优先级会逐步提高，总会得到被收纳的机会。区块体其余空间留给矿工选择，毫无疑问，矿工肯定优先考虑那些有交易费的交易。

虽然大多数交易都会比较及时地（例如最多10分钟内）被纳入区块，但仍然存在很多种情况，会导致一个交易被延迟入链，甚至可能被丢失。

（1）交易数量暴涨，超过了区块容量，那么那些没有交易费的交易最有可能被无视。

（2）交易广播时未能到达挖矿成功的矿工节点。

（3）矿工节点发生过宕机重启，丢失了内存中存储的交易池数据。

（4）交易是"孤儿交易"（作为输出的父交易尚未被确认）。

如果交易涉及资产（如虚拟币）的支付，那么除数据结构等基本检验项目外，还有一项必不可少、非常关键的步骤是资产证明，即确认交易输入需要花费的货币是资产持有人进行的操作，而他人无法冒用身份来盗用财产。

比特币系统在用户私钥、公钥和地址基础上，运用密码学技术，设计了一种交易的资产锁定、资产解锁机制。如图4.27所示，在以前已被确认的交易中，记录用户所收到的资产的交易输出中包含了资产的确权和锁定信息，该资产作为用户未花费的UTXO不能被动用，直到该用户在后续交易的输入中出示解锁信息（证据），证明自己是合法的资产持有人，后续交易才能准许执行，这笔资产才能被花费（转移）。

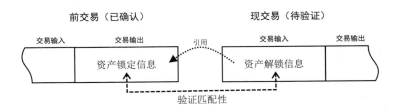

图 4.27　交易资产匹配性验证示意图

其中的要害是如何建立资产锁定与解锁的匹配关系，且可以被验证。这里就需要借助数字签名技术，实现资产花费的零知识证明，即对当前交易记录进行数字签名。但似乎存在"死锁"的疑问：数字签名是交易的组成部分，签名没有生成就无法构造交易，没有交易则无法进行签名。比特币系统采用了先构造不完整的"初始交易"（Raw Transaction）的方法，如图4.28所示，设置解锁脚本长度为0，解锁脚本字段为空，做数字签名，然后把签名加入解锁脚本中，形成完整的交易。

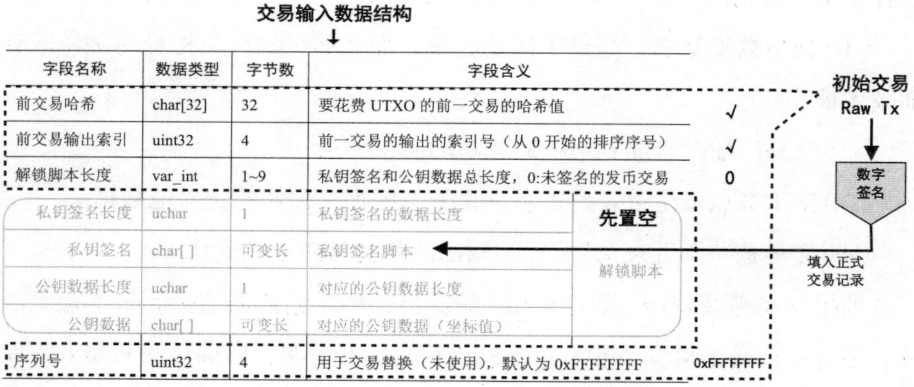
交易输入数据结构
字段名称
数据类型
字节数
字段含义
前交易哈希
char[32]
32
要花费 UTXO 的前一交易的哈希值
√
前交易输出索引
uint32
4
前一交易的输出的索引号（从 0 开始的排序序号）
√
解锁脚本长度
var_int
1~9
私钥签名和公钥数据总长度，0:未签名的发币交易
0
私钥签名长度
uchar
1
私钥签名的数据长度
先置空
私钥签名
char[ ]
可变长
私钥签名脚本
公钥数据长度
uchar
1
对应的公钥数据长度
解锁脚本
公钥数据
char[ ]
可变长
对应的公钥数据（坐标值）
序列号
uint32
4
用于交易替换（未使用），默认为 0xFFFFFFFF
0xFFFFFFFF
初始交易
Raw Tx
数字
签名
填入正式
交易记录

图 4.28　交易输入签名原理图

设私钥为*priKey*，原始交易为*rawTx*，哈希算法为双重SHA-256，签名算法采用ECDSA，则签名方法为：

$$\mathrm{SIG}=\mathrm{ECDSA}(\mathrm{SHA256}(\mathrm{SHA256}(rawTx)),\ priKey)$$

得到的签名SIG由SIG_r和SIG_s两部分组成，即SIG=（SIG_r，SIG_s），可组装成解锁脚本（其中签名脚本的最后一个字节为签名类型编码）。

根据上述技术原理，比特币系统的交易输出中，资产锁定只需绑定资产所有者的比特币地址，而要使用该资产，在后续的交易输入中，资产解锁方法为提供初始交易的数字签名和对应的公钥。如图4.29所示，各节点对交易的资产验证就很简单，分两个步骤。

（1）用公钥来验证数字签名。若验证通过，说明公钥与签名使用的私钥是配套的。但用公钥无法推出私钥，因此私钥是安全的。

（2）用公钥来验证地址。用地址生成算法将公钥转换为地址，与前序交易的资产绑定的地址比较，若一致，说明公钥与地址也是配套的。

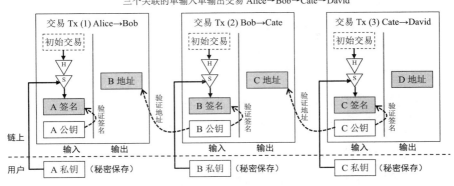

图 4.29 关联交易的输出和输出验证关系示意图

综合两步结果，表明资产是持有正确私钥的资产所有者在操作，由此资产证明成功完成。其他人拿不出正确的私钥-公钥对，要么通不过签名验证，要么通不过地址验证，就不能使用资产。所有节点都可对交易进行验证，一旦发现验证有误，即判为无效交易而丢弃，使攻击者的垃圾交易无法穿透第一层节点的拦截。

比特币交易签名有以下几种类型。

（1）SIGHASH_ALL：编码为0x01。绝大部分交易采用的默认类型，对整单交易签名。每一个交易输入均需使用私钥对原始交易进行签名，签名完成后各自填入相应的位置，N个输入有N个签名。

（2）SIGHASH_NONE：编码为0x02。要求最低，仅对输入签名，不对输出签名，输出可以任意指定。

（3）SIGHASH_SINGLE：编码为0x03。要求次低，仅对自己的输入、输出签名，不管别人的输入、输出，并留空序列号字段。

4.6 智能合约引擎

交易就是卖方和买方间的合约，根据事先的约定在条件满足的前提下进行资产转移，简单到一笔钱款的支付、转账，复杂到合同（协议）的履约甚至分阶段实施、涉及多方的关系。比特币创新性地设计了一种自动执行合约的引擎，在交易记录中嵌入计算机代码，称为链上代码（On-chain Code），节点软件内置的虚拟机（Virtual Machine）通过执行这些代码来履行合约。其思想来自"代码即规则"（Code is Law），用于排除履约过程中的人为因素干扰，由计算机公正地执行。

这种用链上代码来实现的合约就称为智能合约（Smart Contract）。相比采用以数据表示一些条件、用设定的规则来判别的传统方法，智能合约使用的链上代码显然更为灵活，且易扩展，不需要面向不同的业务而修改规则，只需要对不同的合约进行编程，包括设定对象、关系、条件及操作。合约代码一旦上链就不可修改，断了毁约的后路。

比特币系统的链上代码是比较简单的脚本语言，由虚拟机解释执行而不需要事先编译为机器代码，可以跨计算机系统、跨操作系统平台运行。比特币交易脚本由字节流构成，从左至右执行，不支持循环操作。脚本命令（关键字）为单字节编码，或称为操作码（Op-code），以"OP_"为前缀，分别代表不同的操作含义，共同构成脚本命令集（部分命令由于具有安全隐患而被禁用）。比特币虚拟机运用栈（stack）作为容器来执行代码，操作指令将代码中包含的数据对象进行入栈、出栈、复制、比较等，若直到结束代码执行都没有出现False（假）结果，并且栈已为空，则表示成功。

以一个最常见的"公钥地址支付"比特币交易为例，UTXO交易输出的数据结构内包含一段链上代码，起到锁定作用。例如代码的十六进制数据为：

```
76 A9 14 89 AB CD EF AB BA AB BA AB BA AB BA AB BA AB BA
AB BA AB BA 88 AC
```

可解析为脚本代码：

```
OP_DUP  OP_HASH160  <pubKeyHash>  OP_EQUALVERIFY  OP_CHECKSIG
```

这段代码既包含了代表比特币权属关系的公钥地址<pubKeyHash>，又明确了如何进行签名验证才能使用这笔虚拟币的方法（算法原理如图4.29所示）。这相当于运用智能合约机制定义了一个交易合约条款，规定了支付被执行的充分和必要条件。

当持币用户需要使用这笔UTXO时，应在构造的新的交易记录的输入字段中提供证明材料，以符合锁定脚本代码指定的支付要求，起到解锁作用。在这一例子中应同样以链上代码的方式提供数字签名<sig>和公钥<pubKey>。

如图4.30所示，虚拟机将两段解锁脚本与锁定脚本按序组合起来，自动顺序执行。栈容器随代码执行过程相应变化，其间任何一步出错，运行即终止并返回失败结果。

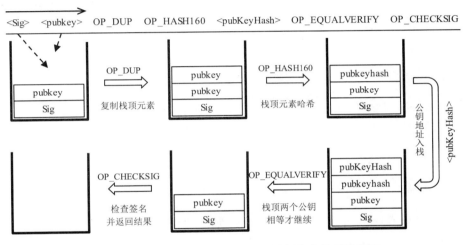

图 4.30　比特币公钥地址交易示例脚本执行示意图

比特币系统定义了一个Standard()函数，支持五种类型的"标准交易"，可生成被客户端软件和矿工软件广泛接受的脚本，既用于构建支付安全的交易记录，又用于验证交易是否合规。例如：P2PKH（Pay-to-Public-Key-Hash，支付给公钥哈希）用于大多数普通交易；P2PK（Pay-to-Public-Key，支付给公钥）由中本聪设计，用于发币交易。虽然允许创建非标准交易（脚本类型非标准化），但前提是必须能找到一两个愿意不循规蹈矩而且能将该非标准交易纳入区块的矿工。

比特币系统支持多重签名（Multiple Signatures，亦称多签地址）脚本，可以按需配置运用 m-of-n 模式，满足 $1 \leq n \leq 20$ 且 $m \leq n$，即用 n 个公钥共同构成比特币地址来接收资金，后续交易必须用 m 个对应的私钥签名才能动用资金，而 m 可以在交易生成时预先指定。例如选择 $n=3$，不同的 m 可以分别达到以下使用效果。

- 1-of-3：任何一把私钥即可签名花钱，实现私钥冗余，比如防止私钥遗失，也可用于每个人都可以动用的零花钱储蓄罐。
- 2-of-3：需要其中任意两把私钥签名，有一定私钥冗余，同时不依赖于单点信任，适用于多方掌控的资金，例如公司股权买卖，公司章程可规定2/3的股东同意即可执行，具有相对灵活性。
- 3-of-3：必须所有私钥签名，无私钥冗余，最大限度保障资金安全，也适合多方共同管理的重要资产，例如多人共同拥有的不动产，必须所有人同意才可以交易。

通用的 m-of-n 多重签名锁定脚本形式为：

```
m  <PubKey1>  <PubKey2> ... <PubKeyN>  n  OP_CHECKMULTISIG
```

解锁脚本为：

```
OP_0  <Sig i>  <Sig j> ...
```

其中，签名的数量为 m，签名必须分别能够对应到锁定脚本中列出的公钥，否则多重签名验证就不能通过。

为简化多重签名脚本的复杂性及降低使用的技术门槛，使复杂脚本的运用能与直接向比特币地址支付一样简单，却仍然保持安全性、灵活性，可使用20B哈希值替代长长的锁定脚本。在之后需要使用UTXO时，需要提供与该哈希值相匹配的锁定脚本，被称为赎回脚本（Redeem Script）。P2SH（Pay-to-Script-Hash，支付到脚本哈希）相当于将钱付给一个特殊的哈希地址，其原理类似IP协议中的组播地址（Multicast Address），缩短了交易记录，把烦琐的验证工作延后到需要使用这笔UTXO的时候，由后续交易一并完成。

运用Base58编码转换P2SH使用的多签地址时，采用0x05为前缀，因而编码后的地址以字符"3"开头。

例如，设锁定脚本（赎回脚本相同）为（包含数据多达500B）：

```
LockScript = RedeemScript =
```

```
2 PubKey1 PubKey2 PubKey3 PubKey4 PubKey5 5 OP_
CHECKMULTISIG
```

则 ScriptHash=RIPEMD160（SHA256（LockScript））为 20B 脚本哈希。锁定脚本即可转化为（仅 22B）：OP_HASH160 <ScriptHash> OP_EQUAL。

相应的解锁脚本为：<SigA> <SigB> <RedeemScript>。交易验证时，首先验证提供的赎回脚本是否与脚本哈希匹配，之后的验证过程与多重签名一致。

除了比特币脚本代码，智能合约可使用其他高级语言来编写。一种是专用的编程语言，如以太坊的 Solidity 和 Vyper，另一种是通用的编程语言，如 Java、JavaScript、Go、Python 甚至 C++。需要注意的是，功能越强大的语言、实现越复杂的合约，越容易产生逻辑漏洞等问题，这对于区块链系统是致命的，因为代码一旦上链即无法修改或删除，假如出现了代码缺陷则可能导致难以挽回的局面。

智能合约理论上可支持各种业务合同，但管理、事务、法律人员通常并不擅长编程，因此应事先建立智能合约库，可便捷选用，满足大部分典型应用场景需求。也可借助人工智能技术，自动分析合同条款并生成合约代码，帮助非专业人士专注业务本身，摆脱编程带来的困扰。

第 5 章 区块链生态——虚拟币并非主角

不妨思考一个"不相干"的问题：智能手机与功能手机最根本的区别是什么？从硬件上看，功能手机的CPU和系统性能并不弱于智能手机；从软件上看，功能手机也有很强大的操作系统，并且可运行应用程序；从操作上看，功能手机虽然没有复杂的多指触控功能，但也可触摸控制大屏，甚至支持手写输入。其实两者最大的不同是手机软件生态。功能手机是厂商封闭体系，即硬件生产、操作系统、应用软件都由厂商解决并提供；而智能手机是三方面分离（苹果是例外，仅应用分离）的开放体系，特别是手机应用软件，采用第三方开发者提供模式，手机用户可通过应用市场的方式来选择，形成智能手机生态系统。站在用户的角度，软件的丰富性使手机用途越来越多，能够更加个性化地满足每个人的需求，极大地增强了吸引力；站在开发者的角度，开辟了软件产品和服务市场，有机会触达大量用户，创造了商业机会；站在手机和操作系统厂商的角度，应用刺激了技术的迭代改进，使手机的各方面能力逐年提升；站在移动通信运营商的角度，移动互联网的迅猛发展，促进了移动通信技术和网络不断升级换代。

这就是技术和应用生态系统的价值。一个产业只有生态活跃和繁荣起来了，才标志着这个产业逐步成熟，并进入可持续发展轨道。

5.1 区块链本质

比特币构建了电子货币系统,并验证了技术的可行性,但比特币系统的价值并不全在于"币"。比特币的后继者们可以有更多作为。

5.1.1 区块链概念

区块链可以在形式上定义为:使用密码学算法构造的具有特定数据结构的数据块,用于保存和固化数据记录,并采用哈希方法将数据块连接起来,形成缠结关系,使之具有保护数据完整性的功能;运用可测量、可验证的机制生成新数据块,并可达成全网共识,从而实现数据一致性目标。

区块链是比特币的技术核心,是比特币系统最重要的部分,其价值与虚拟币的价格高低无关,甚至与虚拟币亦无关。区块链技术来自比特币,但超越比特币应用成为一种创新的技术理念、技术架构,为互联网应用开发开辟了一条新路,在实现和实施上多了一项有力的选择。

比特币本身的成功是对区块链技术最好的证明,表明这一技术不仅十分独特,而且切实可行。在此基础上,一旦实现与行业应用结合,区块链技术必将迸发出巨大的能量。

如图 5.1 所示,区块链完全依赖密码学技术,基于一系列算法生成区块、

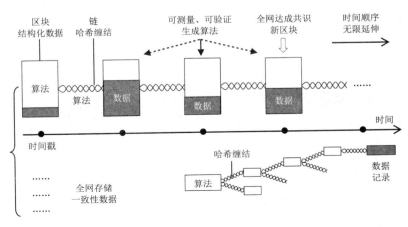

图 5.1 区块链技术要素示意图

构造链条、固化数据,形成与时间相关的、可信的数据集,而且一切不需要控制中心介入式的协调和管理。因此,区块链技术开创了一种全新的信息处理和存储方式,与集中式数据库的平台管控模式不同,而是以技术方法将必要的管控机制分散到全网。

狭义地理解,区块链就是一条在时间轴上无限延长的数据链条,源源不断地记录下不可篡改、无法伪造的庞大数据记录,可被全网检验和共享。

广义地理解,区块链技术是一种多维度哈希缠结的、全网共识的可信账本,能够实现相关或独立数据的关联与归集,并可通过运行链上代码(智能合约)实现数据利用。从这个意义上说,只要不脱离数据缠结的关键技术特征,区块链的结构、算法、规则等并不是一成不变的,而是可以变化多端,在应用上也不必墨守成规,而是可以灵活多样。

例如,可以大胆提出并思考如下一些问题,有的甚至看上去已经触碰到了原生比特币系统的"底线"。

(1)单一链条是区块链所必要的?

未必。如图5.2所示,即使是比特币系统也可以扩展辅助链条,主从或平行延伸,通过协议进行链与链的协同运行(跨链),构成链群(Chain Group);也可以重新设计为父子型多链系统,形成既有独立性又密切关联的树状分支链体系;还可以运用有向无环图原理构造类似网状形态的块链系统。

(2)挖矿奖励是区块链所必备的?

不是。比特币为了鼓励矿工记账和投票,建立了奖励机制,同时实现了虚拟币发行的功能,可谓一举两得,

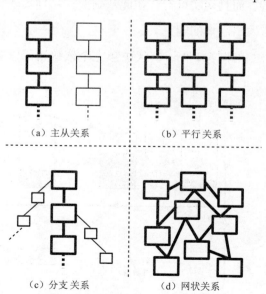

图5.2 四种区块链拓扑结构示意图

但是新区块的生成并非只能依靠奖励一种途径，尤其对于联盟链和私链，可以由参与方共同投入来支撑和建设记账节点，也可以在虚拟货币之外另行构建权利与义务、收益与付出、回报与责任对等的不同的运作、激励机制。

（3）对等网络是区块链所必需的？

非也。区块链及相关的共识验证等技术手段的融合确实是对等式金融系统的完美解决方案之一，然而，不排除有其他同样出色的解决方案，也不排除将区块链技术用于非彻底的对等式系统，包括弱中心系统、多中心系统，甚至集中式系统。

（4）虚拟币是区块链所必有的？

误解。虽然虚拟币是比特币系统的开发动机，也是许多区块链系统运行的主要动力，然而从区块链技术所具备的性质和能力来看，虚拟币仅仅是可实现的目标之一，而且并非是必需的。特别是虚拟币挖矿及交易会造成很大的负面影响，单纯围绕虚拟币来发展区块链无疑是一条死胡同。正确的应用途径是充分发挥链上虚拟货币或数字资产的金融科技功能，为业务升级和创新赋能。

5.1.2 区块链分类

区块链依其归属关系、授权机制、技术方法、运行模式等，可分为公有链（Public Blockchain，简称公链）、私有链（Private Blockchain，简称私链）、联盟链（Consortium Blockchain）三种类型，并可互连互通构成互联链（InterChain），如图5.3所示。有意思的是，这四类区块链可以与互联网应用中的网络构造类型对应起来。

1．公有链

比特币就是最典型的公有链，任何人（或机构）不需要特定授权即可自由加入或离开，并自行决定节点的

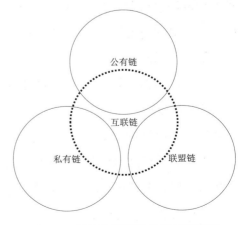

图 5.3　区块链类型及其关系示意图

角色，如作为全节点的矿工、轻量化的钱包等。公有链因无准入门槛的特点亦被称为非许可链。

公有链是开放性最强的区块链，就像Internet一样，只要安装了标准化的软件就可以接入网络，在互联网上推广时非常有利于发展用户。公有链开发者与用户被很好地隔离开，一旦区块链开始运行，开发者就无权任意修改规则、不能随意影响或控制用户，在一定程度上使用户利益得到保护。公有链上的信息通常是公开透明的，以便于全网节点进行审计，因此比较适合于虚拟货币、共享经济、产权交易等应用场景。如图5.4所示，公有链运行的网络是整个互联网，用户来源没有限制，采用普通的互连方式，通常为匿名访问。

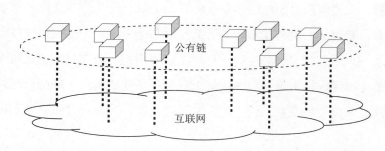

图 5.4　公有链与互联网关系示意图

公有链一般没有背靠的运营机构，缺少改进技术所需的资金支撑，而且必须依赖记账节点（矿工）自愿加入，因此往往需要通过虚拟币挖矿、交易等方式来形成激励机制。如果单纯为了做到"去币化"而设立所谓的核心节点来记账，则很容易退化为事实上的中心化系统，将失去区块链最重要的可信度。

2．私有链

私有链是指仅限于一个机构内部使用和封闭的区块链，通常节点数量较少，都从属于同一组织机构，相互间具有较高的信任度，节点加入授权、记账权认定等均由机构决定。私有链常用于实现机构（如企业、政府部门）内部业务，因此需要较高的私密性，同时可充分利用集权特性，简化运行机制、优化系统操作使之具备很高的执行效率。

私有链属于许可链的一种。如图5.5所示，私有链运行的网络是Internet或专用网络，如Intranet（机构内部网）。Intranet在地理位置上可以在一个局部范围内，如公司大楼、园区，也可以跨Internet采用VPN（虚拟专用网）安全隧道实现子网互连。

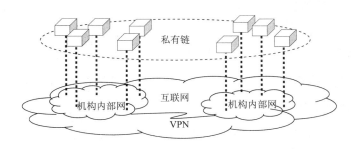

图 5.5　私有链与机构内部网关系示意图

3．联盟链

联盟链是指只针对内部成员及经过授权的外部机构成员开放的区块链。联盟链一般基于私有链，但在限定的范围、限定的角色、限定的功能上允许外部成员操作。记账等核心功能由指定的内部节点完成，对外部成员只能提供、查询与自身相关的信息。

联盟链也属于许可链。如图5.6所示，联盟链的构成、作用十分类似Extranet（机构外部网），允许合作方采用VPN等方式安全互连并进行授权的操作。一个联盟链可以包含多个外部机构成员节点，甚至可以是其他机构的区块链。例如，电子商务联盟链可以连接销售平台节点、银行节点、各个物流公司节点、供应商节点、海关节点；汽车公司联盟链可以连接汽车总装厂节点、各个零部件供应商节点、销售企业节点；车险联盟链可以连接财产保险公司节点、汽车销售网点节点、汽车修理厂节点、银行节点、交管部门节点。

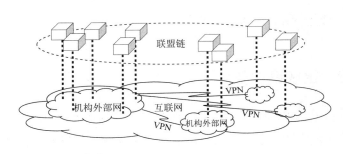

图 5.6　联盟链与机构外部网关系示意图

4. 互联链

互联链在严格意义上不属于区块链的单一类型，而是指不同的区块链实现互连互通而形成的更大范围的区块链生态系统，如不同的联盟链互连、联盟链与公有链互连等。

如图 5.7 所示，各个区块链之间建立相互信任的合作关系，并通过专用协议实现链与链之间的互连（即跨链），可进行业务数据交换、虚拟货币兑换等操作。例如，各银行独立的区块链实现互连构成互联链，即可实现跨行转账、行间结算、第三方支付等业务。再例如，不同行业协会的区块链所形成的互联链，可以为上下游企业提供供需信息、撮合合作关系等。

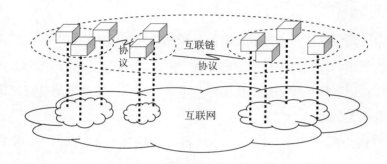

图 5.7　互联链构成关系示意图

互联链很像是 Internet 子网、自治域等互连，最终构成覆盖全球的互联网，实际上未来区块链也将是由大量各种规模的子链所构建成的相互贯通的"链网"。

不同类型的区块链拓展了技术应用的空间，增强了技术适应能力，使开发者可以根据应用目标、场景和条件来选择最符合实际需求的技术实现方案，而不是反过来把应用削足适履去"套"技术。

5.1.3　区块链性质

区块链是极具个性的技术，既有不同于传统信息系统的独特优势、鲜明特点，又有与生俱来的弱点。只有全面、深刻地认识区块链技术的各种性质，才能在设计中发挥长处、补强短板，真正成为应用的坚实支撑体。

从区块链技术之源比特币系统出发进行分析，可以归纳为如图5.8所示的9个方面的主要技术优势。

（1）对等性——区块链是对等网络系统的底层解决方案之一。

比特币的区块链技术就是面向对等网络进行架构的，而且其功能、性能均已被在互联网上的长期实践所证明，因此集中式平台不再是信息系统组织结构的"不二之选"，特别是包含大量分散的用户节点或节点间难以形成主从关系时，区块链就是将各个节点紧密关联在一起的纽带。

（2）完备性——区块链可形成自主完备的生态系统。

考察比特币网络，可以发现系统内具备虚拟货币的"生产者"（矿工）、使用者（用户支付或收入）和记账者（矿工），自成独立的生态体系，不需要外部输入和干预，也不需要对外输出，构成了完备的闭环系统，对商业和运营模式规划具有启示性。

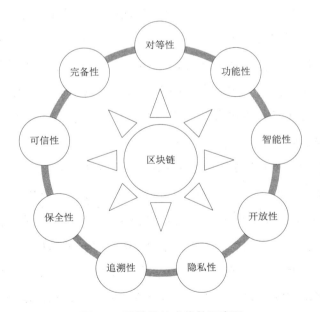

图 5.8　区块链技术优势示意图

（3）可信性——区块链是不依赖于信任关系的高可信网络。

比特币工作量证明的共识机制使节点间的互信与否不再是障碍，而且可以不依赖第三方可信平台，利用区块链共识机制实现验证和投票，从而像拜占庭将军一样,用"少数服从多数"策略来取代中心化信任模式,同样达到保障数据完整性、一致性的目的。

(4)保全性——区块链可实现数据记录的保全。

区块链所采用的哈希缠结、共识验证、副本冗余等一整套方法,具有公证(Notarial)的作用,使数据记录一经入链即难以改变,包括删除、更改(篡改)、替换、添加(伪造)、否认(抵赖)、造假、仿冒、作弊等,可用于固化数据,使之具有很强的置信度,例如可在法律上形成有效的电子证据。

(5)追溯性——区块链具有数据全程追溯能力。

区块链及比特币交易采用链式结构、时间戳机制等,建立起数据之间的关联关系,从最新的数据可逐一回溯,直到源头,可梳理出清晰的呈递过程,刻画出完整的发展(行为)轨迹,有利于开展数据流水审计。

(6)隐私性——区块链可运用加密技术保障隐私安全。

区块链可采用类似比特币的匿名访问机制,例如公钥(地址)与私钥结合的方式,使公开的数据具有一定的防范隐私泄露的能力。尤其涉及金融、商贸、档案等领域,信息安全性至关重要,特别对于公有链,在数据公开可验证的同时必须做到防泄密、防追踪(不同于追溯),只暴露必要的、有限的信息,并尽可能采用技术手段混淆有关信息。但私密性并非区块链技术的必备特征,有些应用可能需要更彻底的信息公开。

(7)开放性——区块链具有良好的技术透明度和开放性。

区块链技术原理、算法、协议和源码都是公开的,与网络技术的开放系统互连(Opening System Interconnection, OSI)模型一样,原则上符合技术规范的节点都可以接入。不同于OSI开放性的目的,区块链的技术开放主要为了以开发社区的群策群力来"众筹"完善系统,同时也建立起用户和开发者的屏障,使开发者不能随意修改规则、左右用户。此外,正是比特币等区块链系统的开源,降低了技术开发门槛,从而在此基础上不断改进技术,逐步衍生出了各种区块链(虚拟币)系统。

(8)智能性——区块链可支持自动化与智能化操作。

比特币系统的交易锁定时间、交易解锁脚本等智能合约技术,为交易提供了智能化、自动化手段，使之不再是简单死板、直来直去的支付和收入，而能够附加可计算、可执行的条件，例如公司间签订的合同所约定的各种协议条款，极大地增强了区块链技术的能力，并可排除人为的干预、干扰。

（9）功能性——区块链可以进行多种功能的能力输出。

区块链具备一定的数据存储能力（虽然不适合存储海量数据），可支持金融功能，具有记账能力（包括交易型和非交易型），此外还可以通过链上代码、跨链等机制灵活扩展功能，以支撑应用系统的不同需求。

尽管区块链技术优势明显，但是也存在一些与生俱来的薄弱环节，需要在区块链的行业应用中加以避免或改进。例如，应用照搬原生的比特币系统，继承了比特币的效率低下等不足之处。当然也要注意另一方面，对区块链技术某个点的"改进"是否可能引入新的问题。以区块链技术的创始技术比特币系统为例，如图5.9所示，就存在以下六个方面的弱点。

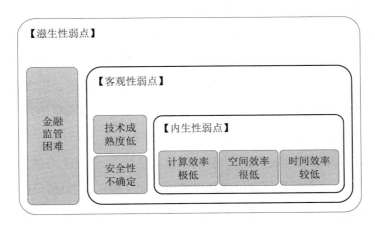

图 5.9　区块链技术弱点分析示意图

（1）内生性弱点——计算效率极低。

比特币系统采用的新区块生成的工作量证明方法需要全网贡献巨量的哈希运算，每一轮有且只有一个区块得到认可，其他算力都被浪费了。算力的背后就是可观的能源、设备、金钱和时间。算力越高，浪费越大。这一工作量证明方法对于比特币系统的公平、公正性而言是必要的，但一方面可以进行改进，另一方面对其他不需要进行区块竞争的应用系统应避免采用低效计算的方法。

（2）内生性弱点——空间效率很低。

比特币系统的区块链副本被全冗余地存储在每个节点上（仅轻量化节点存储部分信息），全网存储容量只与节点存储能力相关，与系统规模大小无关，因此存储空间的利用率随节点数的增加反而会降低。受限于节点的存储能力，特别是嵌入式系统、移动终端等节点，虽然全冗余存储方案有助于降低共谋攻击风险，但是，这不仅造成对节点的压力过大，而且对提高系统存储性能没有任何裨益。

（3）内生性弱点——时间效率较低。

首先，比特币系统运用的共识机制有其巧妙之处，具有合理性，然而会带来交易确认的"成熟时间"较长的问题，难以进行快速的交易活动。其次，区块和交易信息在全网的传播也存在逐步扩散的时延，造成局部的数据不同步（不一致）问题。

（4）客观性弱点——技术成熟度低。

比特币及其区块链技术与其他信息技术相比起步较晚、应用较少，还缺少大量应用案例的实践检验，技术成熟性不够，可能有一些技术缺陷还没有显露出来。如果盲目地在比特币技术上做过多的"加法"，如增加很多功能，那么将会造成系统复杂性提高，更容易导致可靠性降低、技术风险增大。

（5）客观性弱点——安全性不确定。

比特币本身已被发现在设计上（例如脚本系统）、软件上（例如代码漏洞）存在安全问题，还不断遭到直接或间接的外部安全攻击。其他区块链系统运行时间更短、应用范围更小，必然有更大的安全隐患。目前还缺少区块链专有的安全测评技术，因此在系统安全保障上存在不可预知的不确定因素。

（6）滋生性弱点——金融监管困难。

比特币系统的匿名机制有助于隐私保护，却难以实施金融监管，不利于打击犯罪过程中进行调查取证，导致威慑力缺位，使不法之徒存有可以逃避惩罚的侥幸心理，一定程度上可能助长违法活动气焰，例如利用无法追踪的虚拟货币进行黑产交易、敲诈勒索和洗钱等。

5.1.4 区块链功能

认识区块链技术能应当注意区分其性质与功能。比如可信存证，经常被作为区块链的一种功能来看待。不妨以一个不锈钢茶杯为例，"防锈"显然是其性质，倘若将防锈作为功能来看待，在此理念指导下，就会一个劲儿地往茶杯里装腐蚀性液体，这就大大偏离了茶杯的作用，因为茶杯当然是用来装喝的饮料，防锈是让茶杯不怕弱酸性的饮料，用起来更健康、洗起来更容易、看起来更美观。所以，对区块链来说，正确的认识是链上数据具备可信存证（即防篡改、可追溯）的性质，再结合智能合约等机制，运用区块链来"装"数字资产，支撑实现数字资产的确权（"装"）和利用（"饮"）。所以，将区块链作为"可信保存"数据的容器是片面的，其危害性是容易因此忽视区块链技术最关键的能力，无法最大限度发挥区块链技术价值。同理，安全性、共识性、匿名性等同样是区块链系统的性质，应避免与区块链的功能混为一谈。

此外，还应当注意区分区块链与数据库。"区块链是一种特殊的数据库"的表述并不恰当。虽然区块链系统支持数据上链、可读取历史数据，但在技术和应用各方面均有别于数据库。如表 5.1 所示，两者在系统结构、存储容量、吞吐性能等多方面存在很大差别，应准确把握差异性，才能在应用中选择正确的技术方案。

表 5.1 区块链与数据库技术比较表

技术比较项目	区块链	数据库
系统结构	基于互联网，对等网络	局域网，集中式或分布式
保存方式	多副本或全冗余	单副本或主从式
存储容量	较小（限于单台用户终端）	极大
确认效率	较低（比特币上链确认约 60 分钟）	读写速度极快
吞吐性能	很弱（比特币约每秒 7 笔）	极强，每秒上万笔或更高
存取操作	不支持删除、修改	可支持所有读写操作
数据关联	记录相关性强，可追溯	较弱
智能执行	智能合约可编程执行链上代码	无

续表

技术比较项目	区块链	数据库
访问权限	链上数据对所有节点公开	仅对授权系统开放，可配置
分析功能	无	数据筛选、统计、分析等

区块链技术所具备的功能可归纳为三个方面（如图5.10所示）：对等互连、数字资产、智能合约。

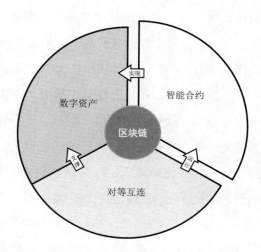

图5.10　区块链功能要素示意图

对等互连、数字资产、智能合约又是相互关联、相互支撑的关系。

- 对等互连是区块链网络和系统的基本架构，同时也是实现多方连接、共享与协作的重要模式。不同于传统信息系统的中心化、辐射型构建方式，对等互连避免了必须确定以哪一方为"主"的困局（很多时候阻碍了目的达成）。各方既是需求者也是供给者（或赋能者），通过协商达成共识，形成互惠互利、合作共赢的关系，使参与方不必把心思花在角色定位之类的事情上，而可以专注于业务的目标。对等互连的目的是打通各方资源，包括资金、数据及其他资产，耦合度可紧可松，实现跨域资源流转、贯通业务环节。在这样一个更大的、开放的、目标一致的体系下，流程再造、业务创新才有可能。
- 数字资产是区块链技术支撑实现的主要对象，是系统的灵魂与价值所在。区块链系统支持数字资产的确权与流通（交易），这是传统信息系统很难或无法做到的。区块链系统同时为主体建立数字身份，用于绑定和操作数字资产。面向未来，数据是数字经济、数字治理、数字生活（服务）构建的核心，基于区块链技术可实现数据可信计算，包括数据的存证与溯源、赋予权属关系的资产化、精细化授权与流通、审计与监管等。虚拟币等代币、虚币或法币也属于数字资产，运用区块链即可进行高效、可信的链上交易。

- 智能合约是区块链技术的一大创新，不仅可以实现数字资产的确权和交易，而且可以扩展为合同条款等相关方业务的自动执行。智能合约使用链上代码来编程实现，代码上链后即无法更改（不可毁约），由虚拟机负责运行并无条件服从结果（排除人为干预），能有效提升工作效率，隔离无关因素影响，增强系统可信度。智能合约体现的是"规则"意识，规则一旦确定，就应当信守承诺，不管是在金融、商业、法律领域，还是在日常生活中，这都是至关重要的。

对等互连网络是区块链体系的基础，支撑着区块链系统所服务的数字身份和数字资产，并运行智能合约实现数字资产的确权和流通，实现基于数字资产的区块链应用。

5.2 区块链生态

理解区块链，务必要用生态系统（Ecosystem）的视角来考察。例如，比特币系统就具有下面这样一些特征。

- 这套系统是完备的，能够支持电子支付的完整功能，包括能够自行产生货币、用户可以放心地持有货币、可以做支付或转账的交易。
- 这套系统不需要其他"辅助"系统的协助就能工作，比如不需要依赖征信系统，而是系统本身通过采用密码学技术所构建的机制就能做到可信操作。

- 这套系统不需要第三方中介,在电子支付领域,第三方中介就是银行(或类似银行的支付或清算机构),支付在双方、多方间就可以直接完成。

正如自然界生态系统的定义:在一定的空间内,生物与环境构成统一整体并相互影响、相互制约,生物和各种物质在生态环境中不断循环,处于相对稳定的动态平衡状态。具备以上特征的比特币系统完全符合生态系统的要求:如图5.11所示,在对等网络环境中,有矿工、记账者(前两者实为一体)、消费者、商人(后两者可角色转换),自成相对独立、闭环的体系,由矿工来挖矿产生虚拟币,消费者可向商人支付虚拟币,支付记录由记账者完成记账。所有支付相关的操作都在比特币系统内的角色间完成,不需要一般意义上的外部输入和干预,也不需要对外输出。当然,就像自然界生态系统需要输入阳光(否则将熵增而逐渐衰弱和消亡),区块链系统需要外部电力能量源源不断地输入。

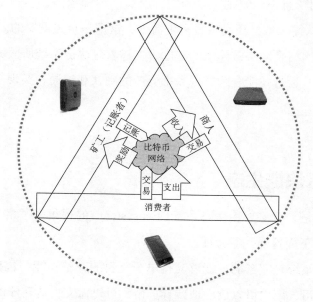

图 5.11 比特币生态系统示意图

后比特币时代,区块链系统层出不穷,区块链应用也是百花齐放。区块链的应用场景逐渐分化为两个阵营(如图5.12所示):一为币圈,以虚拟币为中心进行发展;二为链圈,以运用区块链的能力来支撑行业应用为目的进行发展。币圈和链圈各自形成不同的区块链产业生态系统。其中金融功能是两者的交叉部分，但内容和目的大相径庭。

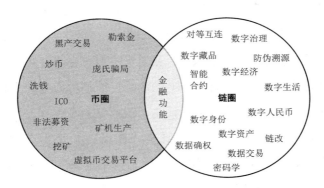

图 5.12　区块链币圈与链圈示意图

5.2.1　币圈生态

区块链币圈顾名思义就是"玩币"产业，以赚钱获利为唯一目的，区块链应用完全停留在比特币后区块链发展的最初阶段，仅仅限于金融性质的业务。

区块链币圈的产业生态系统的构成十分复杂，依违法违规的轻重（各国法律法规的禁止项不尽相同，且随时间有所变化），大致分为两大类参与者。

（1）明面参与者类型（自顶层至底层）。

- 炒币用户（或机构）；虚拟币交易平台；币价分析和信息发布者。
- 独立矿工或矿场经营者；矿机制造者；矿机软件开发者与芯片设计者。
- ICO募资者；发币者；币圈公链发起者（三者一般为同一方）。
- 虚拟币技术和系统研发者。

（2）暗面参与者类型。

- 洗钱者；跨境虚拟币换汇者；虚拟币破解窃取者。
- 暗网交易者（以虚拟币为媒介）；敲诈勒索者（虚拟币为勒索金）。
- 庞氏骗局操盘者。

起初比特币系统的目的很单纯，参与方角色很简单，之所以在后比特币时代产生出鱼龙混杂、暗潮涌动的币圈，唯一成因是一种区块链生态系统入侵者——虚拟币交易平台。

如图5.13所示，虚拟币交易平台接入各种币圈区块链网络，可代理用户进行虚拟币买卖，即用户不需要通过挖矿、薪资、受赠或销售商品来获取虚拟币，而是可以用法定货币买入虚拟币，或卖出虚拟币套现。买卖虚拟币的目的显然不是用虚拟币购买市场上合法流通的商品，而是炒币牟利或非法募资。由于虚拟币的币价毫无根基、暴跌毫无征兆、跌幅毫无底线，大量炒币者一夜之间就会血本无归。不诚信的交易平台甚至"超卖"虚拟币，以牟取暴利。许多不法分子则"如获至宝"，利用虚拟币匿名持币难以追踪的特性，通过虚拟币交易平台这种"新生渠道"实施诈骗、勒索等犯罪活动。

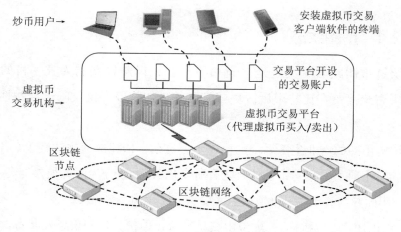

图5.13 虚拟币交易平台组成结构示意图

虚拟币交易平台有三个属性：第一，属于中心化系统；第二，用户操作是基于资金账户的（无法完全匿名，故身份可追踪，账号可被强制冻结或关闭，资产不受自身完全控制）；第三，必须通过第三方代理机构来运作。由此可见，虚拟币交易平台无疑称得上是"中本聪的噩梦""比特币之殇"，这三个属性与比特币设计初衷完全背道而驰，是一种画蛇添足、有害无益的"外挂"。比特币最初的动机是试图以一种崭新的电子货币形态"替代"传统的需国家信用背书的主权货币，但虚拟币交易直接向主权货币"俯首称臣"，使虚拟币"弱化""降级"为一种数字商品。更为可悲、可叹、可恶的是，虚拟币买卖直接成为非法集资、庞氏骗局、敲诈勒索、黑产交易、逃避管制、赃款洗钱等违法犯罪活动滋生的温床，危害性巨大。

此外，一段时期虚拟币币价高企，吸引了大量挖矿者投身其中，甚至引发计算机显卡与GPU短缺。在水电丰富的偏远地区出现了许多大型矿场，产生了巨大的资源和能源浪费。以比特币为例，据估算，挖矿每年约消耗91万亿瓦时的电力，占全球电力消费总量的0.5%，相当于550万人口的年用电量，5年间耗电量增长了10倍。看似"绿色无烟""生态友好"的虚拟币，背后其实是惊人的碳排放。因此，虚拟币挖矿、炒币理当进入被禁止之列。

5.2.2 链圈生态

区块链链圈是面向区块链赋能各行各业的生态。区块链技术的应用应发挥其可信计算的价值，支撑业务的数字化转型升级。相比币圈的狭隘和不堪，链圈才是正确方向，才有发展空间。但链圈不等于无币化，一方面，数字主权货币、区域稳定币、业务代币等都是虚拟币的有效应用；另一方面，基于虚拟币衍生出的金融科技能力是许多行业应用及产业链所迫切需要的。

区块链链圈也构成了一个欣欣向荣的产业生态，从参与者业务定位侧重点及其产生的作用来区分，可大致分成以下三大类。

（1）应用参与者类型。

- 区块链应用用户（C端、B端、G端）；区块链应用规划者、决策者。
- 区块链应用开发商、集成商；智能合约开发商；区块链产业投资商。
- 区块链基础链运营商；跨链服务平台运营商。
- 区块链专用设备制造商；专用芯片设计和生产商。

（2）研发参与者类型。

- 区块链系统开发商（基础链、客户端、接口、合约库、管理系统等）。
- 区块链应用技术研究者（数据资产化、智能合约引擎、跨链技术等）。
- 区块链基础理论研究者（密码技术、共识算法、体系结构、协议等）。

（3）基础参与者类型。
- 区块链法律法规制定部门；监管机构；专业法律咨询服务机构。
- 区块链产业政策制定和管理部门；区块链创业园区。
- 区块链技术和应用标准制定机构；区块链技术测试和安全测评机构。
- 区块链技术人才教育培训机构（含院校）。

除了区块链产业生态，区块链网络和系统之间相互协作，形成了跨链生态。如图5.14所示，不同的区块链系统承载着不同的业务及其内容，或者具有区域性，类似网络中的子网或局域网。区块链跨链技术可以突破区块链系统的界限，实现数据及业务互连互通，或实现数据资产的双向转移或交叉融合，好比将局域网连通成为城域网、互联网，其应用成效可获得极大的提高。

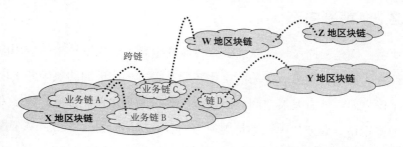

图 5.14　业务链与区块链之间跨链关系示意图

在区块链应用中，以构建生态环境的思想指导应用体系建设，有助于显著提升应用效果，获得体系内"自激式"可持续发展。如图5.15所示，寄希望于区块链技术而东山再起的K公司搭建了一个社区平台和一条区块链，实际上是试图打造以摄影为中心的生态系统，各种角色的用户（个人或商家）都可以在这个社群内找到自己的定位，或者让尘封已久的胶卷焕发生机，或者赚取知识产权收益，或者提供摄影相关服务，相互间构成供需支撑关系，既对用户权益进行有效保护，又能使之产生价值（收益），对各种摄影界用户都有一定的吸引力，不失为一种至少看上去还不错的商业模式。

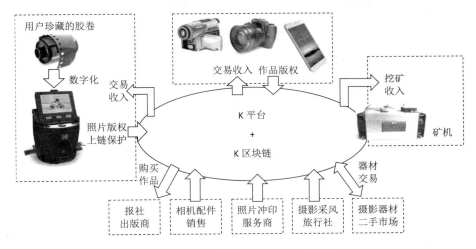

图 5.15 摄影圈区块链生态示意图

同样的"志同道合者"生态模式在一些区块链开发者社区中也得到了应用。由于公有链系统往往缺少投资方和运营方角色（否则容易成为隐形的中心化控制者），技术维护改进以保障系统长效运行由此存在问题，单靠志愿者无偿奉献是脆弱的并难以持久的。为此区块链开发者往往也在互联网上形成自组织社区，利用公有链的金融能力，在挖矿奖励中抽取一定份额（类似"开采税"），用于支付开发者的劳务薪资，好比是一家没有经过官方注册、员工分布在全球各地、办公场地在互联网上的"跨国公司"，只不过没有管理层，结构完全扁平化，所有决策由参与者通过共识机制来共同决定。开发者不断优化系统技术、丰富系统功能、修订系统缺陷，得到更多的人认可和参与，繁荣区块链社区，提升区块链价值，使参与者从中获益，也促进开发者的报酬增值，理想情况下可以进入这一良性循环。

5.3 区块链技术演化

区块链技术并不是一成不变的。一方面，技术本身需要不断演化发展，在安全性、执行效率及性能等方面获得进步；另一方面，技术应适应应用需求，需要有的放矢地进行改进，以达到最佳的应用效果。

5.3.1 区块链体系结构演化

比特币系统是单链结构，运用哈希缠结建立区块间的验证关系，不断堆叠工作量，单向无限延伸。除这一经典结构以外，如图5.16所示，区块链还可以根据应用特点和需求采用其他多种形式的块链结构。

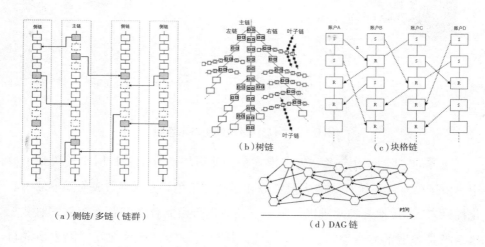

图 5.16　四种块链结构示意图

图5.16（a）是在主链之外运行一条或多条侧链或子链，形成链群。侧链可采用与主链相同或不同的技术，用于承载更多业务，并可通过协议在区块链之间进行跨链操作，比如用于资产的转移、管辖权的迁移等。多条区块链可以不分主次，形成相对独立又相互可跨链协作的链群。图5.16（b）则从主链上产生子链（Sub-chain）分支，并可继续产生更小的分支，形成树链。分支区块链可定期在主链上嵌入哈希锚点（可双向锚定），增强了分支可信度，而业务承载互不干扰。树链比较适用于国家、省市、区县、街镇、居村等基于分层组织架构的大规模应用系统。图5.16（c）的每个参与者（用户）可独自成链，区块产生的同时与其他用户的区块建立额外的关联关系（如银行账户间的转账），每个用户只能查看自身链上的数据，适合私密性要求很强的业务，也避免了区块链过于臃肿的缺点。图5.16（d）更为特殊，采用有向无环图（Directed Acyclic Graph，DAG）结构，每个区块锚定多个最近生成的合规区块（相当于投票验证），使每个节点可以独立实时出块。DAG链与物联网传感器节点构成

的数据采集自组网络（例如WSN）的特点和需求十分吻合，也适合选举投票系统的构建。

5.3.2 区块链共识机制演化

比特币系统基于PoW算力投票的共识机制虽然保障了较好的公平性和安全性，但是效率低下、浪费严重，难以适应业务系统的需求。因此，后比特币时代的其他区块链系统纷纷通过设计不同的共识算法试图提升信息上链的性能。2000年，埃里克·布鲁尔（Eric Brewer）提出了分布式计算领域的CAP猜想：一个分布式系统不可能同时满足一致性（Consistency，简称C）、可用性（Availability，简称A）和分区容错性（Partition tolerance，简称P）这三个基本需求，最多只能同时满足其中的两个，成为分布式系统的"三元悖论"。由于P是必不可少的，那么只能在AP和CP之间权衡。AP系统牺牲了强一致性，在某些业务场景（如金融类）下是不可接受的；CP系统可以满足强一致性需求，却牺牲了可用性，例如传统的主备强同步模式虽然可以保证一致性，但一旦机器发生故障，系统将变得不可用。因此，与分布式系统在技术特点上类似的区块链对等网络系统的共识算法需要探索各个指标间微妙的平衡，并达到所有节点对同一份数据的认可能够达成一致的目标。

除经典的分布式系统拜占庭容错BFT和PBFT、比特币PoW外，比较常见的区块链共识算法有以下几种。

- 木筏Raft算法：Raft是在莱斯利·兰波特（Leslie Lamport）于1990年提出的Paxos算法基础上设计的更易理解、更易实现的共识算法。Raft算法将复杂的问题拆分为领袖选举（Leader Election）、日志复制（Log Replication）和安全措施（Safety Measure）三个子问题，就像构成木筏的三根圆木，分别解决并"捆绑"在一起，即可成功。Raft算法中获得超过半数节点支持者成为领袖，领袖接收客户端命令，并保证一半节点都达成一致后才会真正响应客户端，表示完成此次任务。
- 权益证明（Proof of Stake，PoS）：PoS规定每个代币持有一天为1币龄，币龄越大，挖矿难度越小，能挖到新区块的成功率就越高。一旦挖矿成功即获得奖励收益，币龄将清零，重新开始计算。但PoS可能导致"富者更富"，且鼓励长期、大额持有代币，造成流通性减弱的弊端。

- 权益授权证明（Delegated PoS，DPoS）：DPoS与授权拜占庭容错DBFT类似，采用"代表大会"或公司董事会的选举制度，定期由全体节点投票决定哪些节点可以被信任，再由这些代表节点（或称为见证人）代理全体节点进行交易验证和记账（即行使权利）的投票。动态的部分中心化减少了记账节点数，效率得到了提升，但易被高权益者利用来更多获利。

- 重要性证明（Proof of Importance，PoI）：PoI在PoS的基础上增加了更多维度，依据拥有的总代币值、交易总量、最近一个周期的交易量（即活跃度）、交易对象的重要性等指标计算，取值越高，则PoI值越大，挖矿难度相应降低，挖到新区块的概率随之提高。

- 历史证明（Proof of History，PoH）：PoH以一次哈希计算为一次滴答，采用时间流逝计量方法迭代计算哈希，在任何给定时间由一个被指定为领袖（Leader）的系统节点负责生成PoH序列，为整个网络提供一致性的可验证时间间隔数据。将事件哈希值插入时间序列中合并计算，可验证链上事件发生的先后顺序及时间间隔，难以伪造插入，但验证可支持多核处理器并行计算。PoH不是完整的共识算法，仅起到验证信息作用，运行时需结合其他共识算法。

- 流逝时间证明（Proof of Elapsed Time，PoET）：PoET要求每个参与节点生成一个随机等待时间并进入休眠状态，等待时间最短的节点首先被唤醒，向区块链提交新区块。该方法需要硬件支持，以防止作弊。

- 燃烧证明（Proof of Burn，PoB）：PoB将其他代币（如比特币）支付到无效地址来"烧掉"，燃烧的代币越多，被选中开采下一个区块的机会就越大。理论上PoB可以用被烧毁的高价值代币快速标定默默无闻的新生代虚拟币。

类似的区块链共识机制还有很多，有些富有技术创意，有些适合特定应用场景（如许可型网络），有些则在技术或性能上有失偏颇，但也存在不少并不实用的哗众取宠的算法。共识算法需要兼顾安全与效率、平衡代价与效果，更需要经得起规模化网络长期运行的考验，是区块链技术和系统设计难点之一。

5.4 区块链应用系统

区块链技术具有许多独特的能力，因此设想运用区块链技术去改进或创新数字化系统是顺理成章的，即通常所说的区块链技术赋能。在构建区块链支撑应用系统时，一般会采用两种思路：一是根据区块链系统所具备的能力，看看能够为应用系统做些什么；二是分析应用系统有什么短板、需要，看看是否适合用区块链技术来实现。前者属于技术驱动，后者属于需求驱动，很难说两者孰优孰劣，与每个人的思维习惯相关，此外，在不同情形下可以用不同的方式，有效即可。或许还可以采用第三种方法，就是从两端相互逼近，达到技术合理利用、需求充分满足的目的。

5.4.1 区块链网络结构

比特币网络采用扁平式结构，但在区块链系统的实际应用（特别是小规模系统、初始上线阶段或私有链）中，常遇到的问题之一是节点数量、状态的不稳定，导致系统产生不可预测的问题或新节点接入困难等，因此维护最基本的节点群（类似种子节点）非常重要。此外，用户采用的客户端往往属于轻量化的移动式节点，难以保持稳固在线，不提供路由转发和数据存储，对区块链网络的正常运行起不到任何支撑作用。因此，区块链系统可采用层次型的网络架构设计（如图5.17所示），在保持各节点对等性的前提下，分成不同的角色，分别重点承担不同的工作。

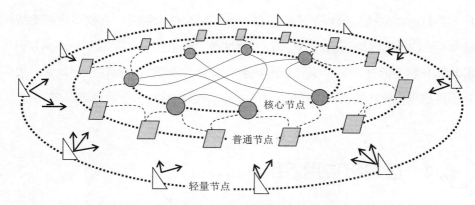

图 5.17　层次型区块链网络架构示意图

- 核心节点。核心节点也可称为全功能节点、主节点,保持全时在线状态,维持最基本的区块链网络规模,完成记账、交易、信息验证、区块全量存储、路由转发、节点接入协调等各种关键操作。
- 普通节点。普通节点是区块链网络规模扩展的主要力量,如联盟链的成员节点、商户节点、记账节点等,可以承担全部或部分的节点功能,如有的只做记账,有的只做验证和转发,但存在离线脱网的可能性。
- 轻量节点。轻量节点是用户访问区块链数据、使用区块链功能的入口,如钱包客户端。为减轻节点压力,只运行区块链协议实现与区块链网络的交互,如生成并提交交易、查询资产余额等。

比特币应用客户端,俗称比特币钱包,是区块链轻量化节点,尤其是对通信流量和电池续航很敏感的智能手机、性能较弱的嵌入式设备等,轻量化的客户端不提供挖矿、路由等功能,而是采用 SPV(Simplified Payment Verification,简单支付验证)模式。如图 5.18 所示,SPV 节点通过区块链协议直接连接区块链网络,但只关注与自身相关的信息,因此一般只需下载区块头,而不用下载包含在每个区块中的全量交易信息,由此产生了不含交易信息的区块链。例如,比特币区块头部为 80B,以每年产出 52560 个区块计,年新增约 4MB,100 年累计仅 400MB。当 SPV 节点需要验证一个交易的输出时,首先验证其所在的默克尔树的有效性,其次考察交易所在区块的深度(注意不是高度），例如之后已至少有6个区块，以确定该交易是否已被确认。SPV节点采用GETHEADERS（而非GETBLOCKS）消息来获取区块头，对等节点回复HEADERS消息；进一步采用GETDATA消息请求获取所需的交易信息，对等节点回复TX消息。

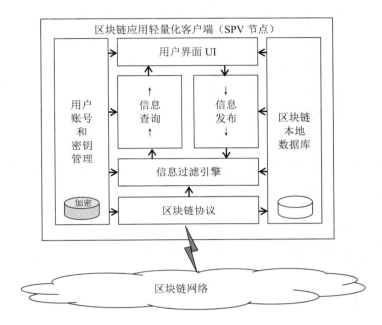

图5.18 区块链应用轻量化客户端系统结构示意图

区块链的资产持有并没有用户账号（账户）、电子钱包的形式，不像银行或第三方支付机构，每个用户都要注册账号，每张银行卡需要配套账户，也不像一些储值卡（如RFID交通卡、现金卡等）、虚拟钱包需要充值，区块链上的资金只需通过密钥来确定归属和使用。例如，比特币系统只有UTXO（未花费的交易输出），每个人可通过多个密钥来持有资产，只有自己才能准确汇总计算资产总额。之所以把区块链客户端称为"钱包"，是因为早期的区块链应用主要是虚拟币支付、转账等业务。对于非虚拟币应用，如果将链上存证信息视为用户资产，用户操作的客户端不过是沿用钱包的称呼罢了。基于区块链网络，区块链应用客户端获取数据、功能服务等不需要通过单点的中央服务器或平台，而是直接与对等节点通信，所以区块链应用客户端是用户访问区块链的工具。

区块链应用客户端(钱包)的系统结构如图5.18所示。可以看到客户端支持用户登录(一般为保障资产安全的本地化登录)、帮助用户生成和管理密钥、构建新的交易、查询区块链上的历史交易记录、统计资产余额等。区块链应用避免了集中式服务器普遍具有的单点故障,系统可靠性大大增强,而且数据分布式、冗余性保存在各个节点上,数据可靠性也得到了极大保障,再结合全网共识机制,确保了数据一致性和可信度。

区块链浏览器是一种特殊的区块链应用客户端典型的区块链浏览器界面示意图如图5.19所示。区块链浏览器运用Web技术协助用户或监管人员观察区块链的实时工作状况,统计并显示区块高度、交易数量、地址总数、网络节点数、交易吞吐量、出块周期、交易池等全局性的关键数据和重要数据,可实时显示最新的区块、交易记录概况,就像一扇观察区块链的窗口,可以了解区块链的运行情况,需要时也可用以发现异常、诊断故障。

图 5.19　典型区块链浏览器界面示意图

为提升区块链系统记账效率(交易吞吐量),区块链网络不一定采用完全扁平化(绝对对等式)的架构。当所有记账节点都在同一个域下运行共识机制,上链效率可能难以大幅度提高。因此,动态的、周期性的多中心、弱中心架构是可以接受的变通方法。

于是一些规模较大的区块链网络采用了来自分布式数据库和云计算的分片（Sharding）技术，使处理、存储和计算过程可以并行进行，提升区块链网络的可扩展性，最终有效提高交易吞吐量。分片技术的优势是能够较好地平衡对等网络与执行效率间的矛盾，实现区块链的上链性能提升。

如图 5.20 所示，区块链网络分片是通过一定的组织方式，固定或动态地将整个网络分成不同的子集，各个子集内执行片内共识算法，并行处理整个区块链中的部分交易，各部分交易完全不同（无交集），从而能够同时完成多笔交易的验证和出块，然后通过片间（跨片）共识汇总合成主区块，使整个区块链的吞吐量近似线性地提升。同时，随着节点数量的增加，整个网络的分片数量也可随之增多，全网处理事务的能力将会进一步提高。区块链分片技术一般需要定义分片配置策略、片内和跨片共识协议、重配置方案等，以构成一个完整的分片式区块链系统。

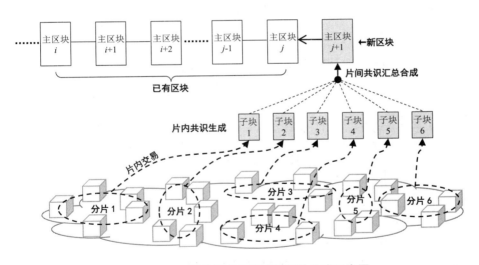

图 5.20　区块链分片网络及区块生成示意图

5.4.2　链上 - 链下协同

比特币系统仅支持虚拟币交易的处理和存储，而扩展到更加一般化的应用，利用区块链技术的数据分布式存储、数据防篡改和可追溯等能力，实际可用于保全文档、软件、图片、音频、视频等各种数据和文件，并形成数据资产。但是，如果把几兆乃至几个吉字节的大文件直接记录到区块中，不仅将给共识协议、节点存储等各方面带来巨大压力，而且也没有必要，在安全性上更是有害无益。

如图5.21所示，面向大文件数据存证的区块链系统可采用不同于比特币的"脱链"存储技术，将链上、链下数据存管结合起来，比如链上保存大文件的消息指纹（哈希），链下采用数据库或文件系统存储大文件的全量数据。大容量存储功能由核心节点承担，可采用全冗余或分布式存储机制，其他节点根据链上信息即可实现数据查询和提取，而大部分节点的通信、计算、存储负担不会因此加重。

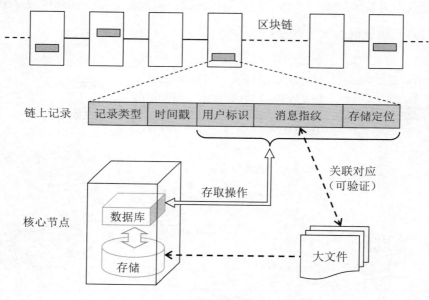

图5.21　大文件脱链存储技术原理示意图

在数据上链存证应用中，原始数据上链是不可取的，即使数据已进行加密处理。因为不存在绝对无法破解的密码，密文一旦上链，数据在所有节点间共享（包括可能存在的恶意"观察者"节点），就应该假设有人已开始实施密文破解。时间越久，信息保密性逐步衰减，密文被破解的可能性越来越高，终有一天密码就会被攻破（而且无法知晓）。由于上链数据无法修改或删除，一是不支持更新加密密钥，二是不支持撤回密文（无反悔机制），故原始数据或其密文不能直接上链。

通过链上-链下协同的数据存证机制，区块链系统可保障原始数据的完整性，但区块链系统不负责保障原始数据或文件上链前的真实性，也无法保障链下存储数据不被修改、替换或删除，仅能感知其是否发生了变化。

除了数据存证，交易业务也可进行链上、链下协同。以比特币系统为例，其交易处理能力不足一直是困扰应用拓展的问题。一是区块生成间隔时间较长，二是共识确认所需时间较长，三是交易不支持并发验证，四是账本及交易存储容量较小。与峰值每秒可处理数十万笔交易的传统金融网络相比，比特币每秒处理7笔左右的能力明显捉襟见肘，差距达到好多个数量级。

因此，区块链技术的重要改进方向之一是提高交易处理速度和交易吞吐量。2015年2月发表的论文 *The Bitcoin Lightning Network: Scalable Off-Chain Instant Payments* 中提出了闪电网络（Lightning Network）的概念，其基本思路是：既然共识机制限制了交易速度的提高，而且两者的矛盾无法调和，那么就把交易确认移到区块链之外进行，进行所谓的"脱链"即时支付操作。但为了降低资金风险，闪电网络仅支持小额支付交易，即只允许进行微支付。闪电网络在链下构造了一个可扩展的微支付通道网络，交易双方可通过支付通道进行快速支付和确认。支付通道可以是一条关联多方的、由多个支付通道串联构成的支付路径，同时借助准备金策略，解决链下交易的确认问题。对于一段时间内大量、小额、快速的交易，闪电网络采用的链下交易方式可以大幅度提高交易速度和交易容量。但是，由于支付过程脱离了区块链环境，交易安全不受区块链共识机制的保障。

例如，Bob每天一早到Alice店里买咖啡的场景中，快速小额支付就非常必要，一方面可以实现虚拟币付款像刷信用卡一样"瞬间"完成，Bob可以马上品尝到咖啡，另一方面减少了双重支付（双花）的风险，保护了Alice的利益。

假定Alice和Bob要建立一个微支付通道，可采用RSMC（Recoverable Sequence Maturity Contract，可恢复序列成熟度合约）机制。

- RSMC类似准备金策略，用于解决链下交易的确认问题。Alice和Bob各拿出一部分资金沉淀在微支付通道的资金池中，设初始为{Alice：0.4BTC，Bob：0.6BTC}，记录下双方对资金的分配方案。
- 如果Bob要向Alice支付0.05BTC购买咖啡，则最新余额分配方案为{Alice：0.45BTC，Bob：0.55BTC}，双方在链下对此进行签名认可，并签名同意前一版本的余额分配方案作废，Alice实际上就获得了总共0.45BTC的控制权，而Bob的控制权减少为0.55BTC，但其中的0.5BTC没有经过区块链共识确认。
- 如果Alice暂时不需要"提现"，则不需要将0.05BTC的购买咖啡的交易提交区块链网络。如果接下来Alice要请Bob来维修收款机，维修费为0.1BTC，则双方可以再次更新余额分配方案，仍然不需要上链。
- 当Alice需要动用资金或提现时，可以向区块链出示双方签名的最新版本的余额分配方案，如一段时间内Bob没有提出异议，则微支付通道将终止并把资金转移到各自预先设立的提现地址，最终交易结果将提交区块链网络，直到被最终确认。可见，除了在提现时，其他交易操作可脱链进行。

RSMC只支持最简单的无条件支付，HTLC（Hashed Timelock Contract，哈希时间锁定合约）进一步实现了较复杂的有条件微支付。

根据HTLC协议，Bob选定秘密字R，计算$r=\text{Hash}(R)$，将r告知Alice作为双方微支付通道约定值。如Alice要向Bob支付0.1BTC，可规定支付条件为：在时刻T到来之前（例如某个区块链高度），如果Bob能够向Alice出示秘密字R，使R的哈希值等于事先约定的值r，即可验证$\text{Hash}(R) \equiv r$，则Bob就能获得这0.1BTC，否则超时将自动解冻0.1BTC并归还给Alice。

这里T为约定到期时间，r和R为协议隐含的付款条件，可用于实现定时的、可验证的交易，也可用于构造多个微支付通道组成的支付路径。形成的条件支付合约可记为：

$$\{约定期限\ T；支付金额\ P\}$$

如图 5.22 所示，例如 Alice 准备向 David 支付 0.05BTC，但双方没有直接的微支付通道，不过 Alice 知道自己与 Bob 间、Bob 与 Cate 间、Cate 与 David 间已有通道，则可以将三条通道串接起来，形成到 David 的通路。当然，提供了资源和便利的 Bob 和 Cate 有权获得"通道费"酬劳。

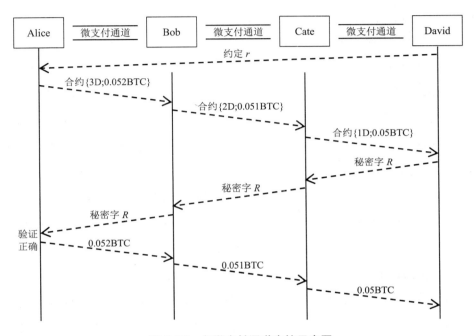

图 5.22 多微支付通道串接示意图

David 选定秘密字 R，生成 r 并发送给 Alice。于是 Alice 与 Bob 签订合约：如果 Bob 3 天（3D）内向 Alice 出示正确的秘密字，则会收到 0.052BTC。Bob 转手与 Cate 签订相同合约，但限制时间缩短为 2 天（2D）、届时 Cate 会收到 0.051BTC（富有商业头脑的 Bob 留下了"差价"）。而 Cate 继续与 David 签订合约，时间缩短为 1 天（1D）、金额为 0.05BTC（Cate 也留下了差价）。

正常情况下，David 将向 Cate 响应正确的秘密字 R，并一路传递到 Alice，经验证正确后，使三个合约均得到执行，从而实现了从 Alice 到 David 的跨支付通道转账。

5.4.3　区块链应用 Dapp

基于区块链技术的应用程序或系统被称为 Dapp（Distributed 或 Decentralizd application），以区别于互联网上传统的基于中心化平台的应用。

例如，互联网 Web 网站访问依赖 WWW 服务器，电子邮件传输通过 SMTP 服务器，流媒体点播源自视频服务器，智能手机 App 客户端背后是应用服务器和数据库等，都属于中心化系统。Dapp 则是一种网络应用系统的全新技术架构，称为客户机-区块链模式，如图 5.23 所示，客户端获得数据、功能服务等资源不需要通过单点的服务器或平台，而是在全网对等节点及区块链的支持下运行，客户端本身就是区块链网络中的一个节点（一般为轻量化节点）。Dapp 客户机信任并访问的是区块链网络，与个别或少数节点的数据、行为无关，避免了集中式服务器的单点故障，系统鲁棒性大大增强，而且数据分布式、冗余性保存在各个节点上，数据可靠性也得到了极大保障，再结合全网共识机制，确保了数据完整性和可信度。不过 Dapp 系统的存储容量、计算性能、访问效率等指标一般无法与中心化服务器系统相提并论。

Dapp 系统有两种构建方式：原生 Dapp 方式和混合 Dapp 方式。

原生 Dapp 如图 5.23 所示，客户机即为区块链轻量化节点，直接通过区块链协议与区块链网络实现交互，不需要通过任何第三方系统中继，是最为"纯粹"的区块链应用体系。但原生 Dapp 对开发者掌握区块链技术的要求很高，技术难度较高，系统的扩展性受到一定局限。

混合 Dapp 方式是传统网络信息系统与区块链系统的结合。如图 5.24 所示，部署专用的区块链系统网关，或称为区块链访问适配器，一方面通过区块链协议连接区块链网络，相当于区块链轻量化节点，另一方面为网络信息系统（新建或存量的）提供区块链访问服务 API 接口、智能合约库及开发支持等功能，实现传统信息系统与区块链网络对接，为信息系统提供数据存证、业务流转、金融服务等功能。

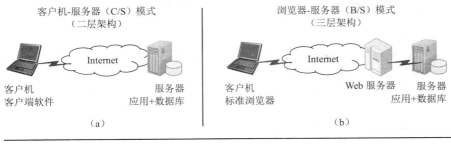

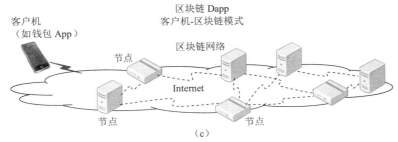

图 5.23 三种应用系统体系结构比较示意图

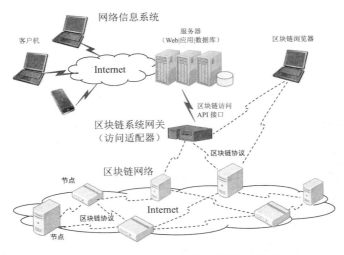

图 5.24 混合 Dapp 方式系统架构示意图

混合 Dapp 方式对区块链应用开发者熟悉区块链技术的要求较低，只需要采用熟悉的方法调用 API 访问接口，即可实现数据上链或查询链上记录，并可采用 XML 或 JSON 等格式自行定义上链数据的组成结构，尤其对已有的信息系统非常友好，可以在修改很小的基础上达到构建区块链应用的目标。区块链系统与传统信息系统的协同还能够更好地发挥各自的技术优势，相互补偿，做到高效性、安全性和可信性兼顾。

如图5.25所示，一个区块链网络可以同时为多个Dapp系统提供支撑。各Dapp系统具有互不相干性，在功能上可独立地对区块链网络进行操作。

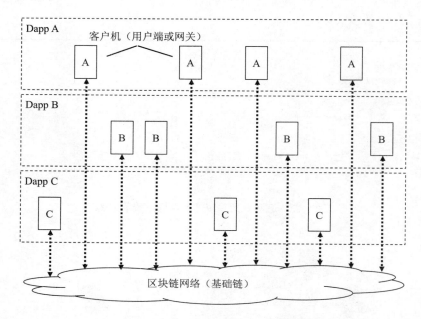

图 5.25　多个 Dapp 共享同一区块链网络

在区块链技术发展初期，就出现了不少有意义的区块链应用探索。例如，域名币（Namecoin）是使用比特币源代码的首个衍生品，其作用是对比特币系统功能进行扩展，用来注册和转让互联网.bit顶级域名下的域名（如dapp.bit）。与互联网上需通过中心化的域名注册机构注册（购买）、管理域名（如.com、.cn等）不同，域名币系统采用区块链技术实现对等式、自助式运行机制。技术上域名币也可以用来注册其他命名空间下的名称与键值对，例如用户名与邮件地址、文件与数字签名、在线投票、股票凭证等。

域名币发行的虚拟币为NMC，可用于支付域名（或其他信息）注册、转让的交易费用。域名币客户端namecoind提供各种操作命令，格式为：

namecoind 命令 命名空间/命令参数

其中主要的命令如下：
- name_new：查询并提前注册（声明）一个域名。
- name_firstupdate：公开注册一个域名。
- name_update：改变域名的信息或刷新域名（每生成36000个区块，200～250天注册的域名需要免费更新一次）。
- name_list：查询已注册的域名。

域名币的命名空间不受限制，任何人都可以任意方式使用任意命名空间。不过，一些特定的命名空间已作了专门的规定，如下所示。
- d/是.bit顶级域名的域名命名空间。
- id/是存储诸如邮件地址、PDP密钥等个人身份验证信息的命名空间。
- u/是一个补充性的、更加结构化的存储身份信息的规范。

例如，要注册dapp.bit域名，首先运行查询并提前注册命令，格式为：

```
namecoind name_new d/dapp
```

执行命令后，返回值是为该域名创建的一个哈希和一个随机密钥，作为对该域名的声明，并用于下一步公开注册域名的操作。

```
"21CBAB5B1241C6D1A6AD70A2416B3124EB883AC38E423E5FF591D196
8EB6664A",
"A05555E0FC56C023"
```

然后运行name_firstupdate命令，并提供随机密钥作为佐证，假设将域名映射到IP地址4.3.2.1，应用类型为WWW，格式为：

```
namecoind name_firstupdate d/dapp A05555E0FC56C023
"{"map": {"www": {"ip":"4.3.2.1"}}}"
```

命令运行后返回的哈希就是已成功完成注册的域名所属交易标识（ID），可用于查询、追踪此次注册。

```
B7A2E59C0A26E5E2664948946EBECA1260985C2F616BA579E6BC7F35E
C234B01
```

域名币系统为区块链应用创建了很好的范例，以一种崭新的方式扩展了互联网服务，发挥了区块链技术的记账优势，且合理利用了虚拟币的功能，对更多的区块链技术行业应用具有启示作用。

另一个应用案例是染色币（Colored Coin），这是一种在少量比特币上存储特定信息的技术方法。所谓"被染色的"币是指一定数额的重新用来表达另一种资产的比特币。例如，在一张1元纸钞上套印"BOB公司股权证"字样（当然这样做不合法，仅用于举例），这张纸币就有了两种含义：既是可以流通的货币，又是持股的凭证，显然持有人不会用这张纸币去买矿泉水了，除非这家BOB公司经营不善，股价掉到了1元以下，否则这张纸币作为货币就失去了币面价值及流通性。

染色币的原理与此类似，就是将一笔比特币（比如最小的1聪）交易打上标记，或采用专门的智能合约来定义，以转化为某种凭证，用以代表另外一种资产，效果相当于将比特币"染色"了而改变了性质。

技术实现上可使用具有特殊前缀字符的比特币地址编码来区分染色币，利用空白的比特币交易字段存放必要的控制信息和凭证数据，或利用脚本操作码进行字段扩展。染色币的生成、授予（赠与）、检验等操作当然不能用原生的比特币客户端，而是需要专用的软件工具，所以染色币可以看作比特币系统（或其他区块链系统）上架构的一个新的应用层。此外，染色币不一定是指虚拟货币。例如，可用比特币的1聪代表航空公司100积分，或用1、2、3聪分别表示授予一位毕业生学士、硕士、博士学位。

万事达币（Master Coin）是另一种建立在比特币之上的协议，用于支持多种应用平台的扩展。万事达币使用名为MST的代币来指导交易，但并不作为虚拟货币来使用，而是服务于各应用平台，例如知识产权代币、私有财产交易等。

如图5.26所示，如果把比特币看作Internet的TCP/IP协议，则万事达币就像HTTP一样是应用层协议。这样，各种小规模的应用系统可以不用打理复杂的（例如挖矿和记账）工作，只需要调用万事达币提供的服务功能，专注于自身业务，轻松上阵。

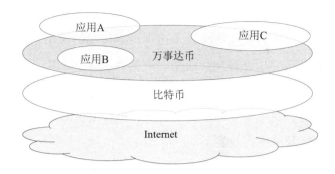

图 5.26 万事达币与其他系统关系示意图

万事达币采用前缀为 exodus 的比特币地址 1EXoDusjGwvnjZUyKkxZ4UHEf77z6A5S4P 来标识交易，配合多方签名机制，后期转向利用 OP_RETURN 脚本操作符来编码信息。

比特消息（Bitmessage）系统是一种利用区块链技术实现的用于网络社交的即时消息传送系统（Instant Messenger），可匿名向其他人（或多个订阅用户）发送保密信息，但不需要通过服务平台和信任中心。

比特消息系统的用户可生成和保存私钥，并生成使用对应的公钥与地址来发送和接收加密消息。每条被传送的消息都要先执行工作量证明，类似比特币采用的部分哈希碰撞（Partial Hash Collision）算法，根据终端的算力、难度控制为 4 分钟完成。消息向全网进行广播，接收者可根据自己的地址来识别消息，并运用自己的私钥来解密并阅读消息。

区块链技术具有创新性、独特性，但绝不是万能丹药。就像大数据、物联网等技术一样，区块链技术有其专长，换言之，区块链擅长解决一些问题，同时并不适合用做其他一些用途，甚至在某些方面具有明显的弱点或缺陷。好比一名高级焊接技师，却还被安排开挖掘机，不仅不能人尽其才，很可能还会极大地降低工作成效。再好比非要用人工智能技术去实现数据校验、卫星定位、网络协议，显然不是物尽其用之道。

另一种以偏概全的误解是在系统架构方面。由于区块链系统采用对等网络结构，往往会与现有的中心化应用系统进行对比，发现中心化系统存在数据造假或修改可能性，而区块链系统恰恰具备防篡改特性，所以会将中心化系统完全否定，认为中心化系统一无是处，必须被区块链架构完全取代。其实，中心化系统并非在淘汰之列，好比Web技术出现后，传统的应用系统客户机–服务器模式（C/S）并未被弃用，而是与新型的浏览器–服务器模式（B/S）共存，面向不同的应用需求。中心化、非中心化系统架构同样如此，不是进化或替代关系，而是各尽所能，在一些复杂系统中可同时部署、和谐共存、相互协作，才能实现最优化系统及其运行效能。

在区块链技术的实际应用中，应当深入理解区块链技术本质、全面掌握区块链技术特征，在此基础上还应当对如何运用区块链技术有正确的认识，避免走入误区。

第一，以应用目标和需求驱动技术，而非为了用上区块链技术而去生搬硬套。就好比拿到一把锤子，看什么都是钉子，那就贻笑大方了。区块链技术绝不是"万能药"，而是只能解决其擅长应对的问题。如果区块链能够为应用插上翅膀、疏堵点、补短板，两者的结合就能碰撞出火花、迸发出能量，推动应用腾飞；如果只是为了"蹭热点""炒概念"、"贴标签"，对业务本身和区块链技术都会产生伤害。

第二，不能将区块链与虚拟币画等号，并不是有链必有币。实际上，无币化系统是区块链应用的重要类型之一。只有从虚拟币的狭隘视野中跳出来，才会豁然开朗，看到区块链领域的广阔空间。但虚拟币（代币）也绝不是洪水猛兽，在网络应用需要时可以充分利用区块链的激励机制、交易功能等金融能力，以物尽其用。

第三，区块链技术的运用不是非壹即零的生硬关系，许多时候也许无法用区块链替代其他技术实现整体应用，但可以在系统局部发挥其作用和优势，例如，只为重要数据提供分布式存储和保全功能，或只在决策阶段提供共识表决功能等。在重要环节发挥关键作用，才是应用区块链技术的正确思路。

5.5 区块链互连

区块链互连包括两种类型：Dapp应用对接区块链底层链，不同区块链网络业务互连。

单一区块链网络的承载性能、应用适用性均有限，无法支撑大量区块链应用。另外，如果每个区块链网络都是独立的封闭系统，则会产生新的"信息孤岛"，不利于业务交互与综合应用。因此，需要在不损害区块链可信数据的前提下，实现同构或异构区块链网络之间的数据连接。

5.5.1 跨链原理

跨链（Inter-Blockchain）是指实现不同区块链网络和系统之间的互连互通。

每一条区块链就是一个独立的账本，两条不同的链，就是两个不同的独立的账本，两者没有关联。如果一个用户在一条链上持有的资产能够转移到另一条链上，并继续发挥作用，就是跨链操作。跨链可以把分散在各个区块链"孤岛"上的资产整合起来，好比子网互连成互联网，各个区块链系统也可以连接成为价值互联网。

例如，假设各个省市的医保系统各自运行在"医保链"上，每个参保人员都在居住地的医保链上缴纳医保金、使用医保金。如果有一个人从A地迁移到B地去工作和生活，则应将这个人的A地医保金余额、参保类型、缴费年限等数据平移到B地，并冻结A地的医保数据，只在B地继续医保业务。这样，这个人的权益不会因迁移而发生损失、中断或其他混乱。

2014年10月，Blockstream公司提出了一种侧链（Side Chain）技术，称为楔入式（Pegged）侧链，用于实现不同区块链间数字资产的互相转移。

侧链主要针对比特币系统而言，以比特币区块链为主链，其他采用同样区块链技术的链就是侧链（也可采用不同区块链技术）。由于侧链是独立的系统，因此在技术与理念上的创新不会受到主链的局限，即使出现创新失败或者恶意攻击，所受的损害也只限于侧链本身。侧链还有很多好处：可以让主链避免过度庞大和拥挤，避免主链数据负担过重，避免不同的业务都堆积在主链上，避免主链功能的无限膨胀等。

假定主链与侧链已经建立了互信关系，可以进行合作互动，那么主链与侧链（或子链，可以是一条或多条）就是要在这一前提下实现数字资产在链间的安全转移。

如图 5.27 所示，在主链与侧链间跨链的双向锚定（楔入）协议的运行过程是：为了将主链（也可称为父链）资产转移到侧链，主链某个交易的 UTXO 被发送到主链上的一个特殊交易的输出中，该输出只能由侧链上的一个交易的支付证明来解锁。

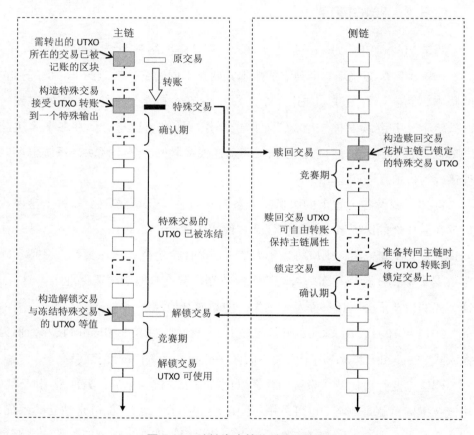

图 5.27 跨链资产转移过程示意图

为保持主链和侧链相关操作同步，定义两个等待周期。

第一，用户必须等待一段转移的确认期，指资产在转移至侧链之前，在主链上必须被锁定的一段时间。确认期的目的是累计足够多的工作量（足够多的区块），让下一个等待期内的拒绝服务攻击变得更困难。典型的确认期的量级可以为一天或两天（需在交易速度和安全性之间权衡确定）。确认期结束后，在侧链上生成一个引用特殊输出的交易。

第二，用户必须等待一段竞赛期，其间新转移过来的资产不能在侧链上花费，目的是防范双花攻击。典型的竞赛期也是一天或两天。竞赛期过后，资产就可在侧链内自由转移（在主链上已被锁定），不需要与父链进一步交互。不过这些资产仍保留着主链的身份（属性），能且仅能转回到原来的主链上。

当用户想把资产从侧链转回主链时，与转移到侧链所用的方法相同，在侧链上将资产发送至一个锁定的输出，产生一个支付证明来表明该输出已完成，并解锁主链上之前被锁定的资产，若资产已被调整则做同步改变。不过，数据实现跨链时并不一定伴随锁定、冻结操作，而是应根据业务需要来设计。

所以，跨链并非把两个区块链网络合二为一，而是进行链上数据安全可信的传递。主链或侧链（子链）的角色区分没有本质上的差别，实现跨链协作的链与链之间可以看作对等关系，两个网络、两条链可以为技术同构或异构，通过跨链协议，相互连接构成规模更大的链群，完成链上资产的转移和业务交互，从而可以开发更多应用、支撑更多业务、发挥更大作用、产生更大价值。

根据跨链业务需求，可选择四种较常用的跨链实现方式：公证人机制（Notary Schemes）、侧链/中继（Sidechains/Relays）、哈希锁定（Hash-locking）和分布式私钥控制（Distributed Private Key Control）。

公证人机制分为中心化公证人机制和多重签名（Multi-sig）公证人机制，其基本原理是通过引入一个共同信任的第三方担任公证人进行保证，以确认来自其他链上的数据的真实性。中心化公证人机制运行处理效率相对较高，缺陷是存在较严重的单点故障风险，一旦公证人遭受攻击将使数据变得不可信，系统将停滞或处于较大的安全风险中。多重签名公证人机制则弱化了中心化模式，该机制利用密码学技术，在每次交易验证时从公证人群体中随机选出一部分公证人，共同完成签名的签发，降低对公证人可靠性的依赖程度，同时避免固定公证人成为明确的攻击目标，但该机制仍然无法完全规避潜在的作恶风险。

侧链/中继实质上是通过引入另外一条链来辅助进行跨链消息转移的任务。同构的侧链可以读取和验证主链上的信息，但主链可以不知道侧链的存在，由侧链主动感知主链信息并进行相应的动作。中继链则是侧链和公证人机制的结合体，可访问进行互操作的链的关键信息，并对跨链消息进行验证和转移，可视为一种去中心化的公证人机制。

哈希锁定方法源自比特币的闪电网络，支持跨链中的原子资产（如虚拟币）交换，典型的实现方式是哈希时间锁定合约（Hashed Time-Lock Contract，HTLC）。哈希锁定的原理是通过时间差和隐藏哈希值来达到资产的原子交换目的，但哈希锁定只能做到交换而不能做到资产或者信息的转移，因此其使用场景有限。

分布式私钥控制是通过私钥生成与控制技术，把加密货币资产映射到基于区块链协议的内置资产模板的链上，根据跨链交易信息部署新的智能合约，创建出新的加密货币资产。实现和解除分布式控制权管理的操作分别称为锁定和解锁。锁定是对数字资产获取控制权及资产映射的过程；解锁是锁定的逆向操作，将数字资产的控制权交还给所有者。

5.5.2 BaaS平台

运用云计算技术和服务理念，将区块链网络及技术细节隐藏起来（不需要关心），并为用户（通常是开发者）提供Dapp开发、部署、安全、运维、管理等集成化、综合性服务，称为区块链即服务（Blockchain as a Service，BaaS）。

应用开发者可能希望使用先进的区块链技术，但可能不是很精通区块链，不知道如何建设和部署区块链，不清楚数据如何上链，不了解怎么用智能合约……没关系，BaaS平台可以让开发者跳过这些步骤，直接进入开发环节，从而降低区块链技术门槛，缩短Dapp开发周期，并减少区块链网络构建和维护成本。

如图5.28所示，BaaS平台向下支持多种、多个区块链网络的接入，可根据需求配置并快速部署一套专用区块链网络，并可协助Dapp应用在各个区块链网络间实现跨链操作；向上则提供 Dapp 应用软件开发环境、智能合约开发工具及常用合约库，以及数字金融等区块链技术所特有的能力、用户管理和授权等信息系统构建所需的共性能力。

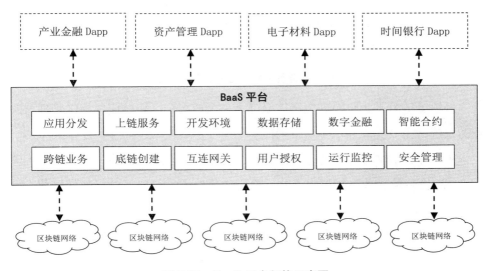

图 5.28　BaaS 平台架构示意图

5.5.3　链管平台

区块链网络尤其是准入制的联盟链的应用中，需要一种中心化的链管系统（平台），用于维护和管理区块链网络的接入服务、安全保障及信息监管。链管平台与 BaaS 平台有一些共同点，如上链服务与跨链管理等，但两者也有明显的区别：BaaS 平台主要服务于应用开发者，侧重于 Dapp 建设阶段；链管平台主要服务于 Dapp 用户，侧重于运行阶段。如图 5.29 所示，链管平台与区块链网络（或链群）是松耦合关系，即区块链网络的正常运行不依赖链管平台，除非需要增加或减少网络、节点、规则、应用、合约等。

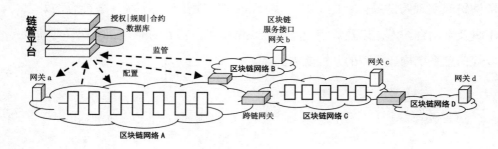

图 5.29　链管平台与区块链网络示意图

区块链链管平台是在联盟链体系下为一个或多个区块链应用提供管理与服务的系统，主要实现并承担如下功能。

- 新链创建部署：设定共识机制、运行参数（链标识符、出块周期、区块容量、节点规模等）后，即可自动生成并部署新的区块链网络（可复用节点设备）。

- 节点准入许可：如果联盟链要扩展核心节点、普通节点、轻量节点等，通过链管平台申请并获取许可密钥和签名，经配置与发布后，新节点才会被区块链网络其他节点认可，以防止非授权节点入侵。

- 上链交易注册：区块链应用所需的交易事先在链管平台注册，建立与发布交易校验规则，使各节点和网关可核查上链交易合规性，防止错误交易、违规交易、垃圾交易上链。

- 服务访问接口：通过区块链服务接口网关基础设施和上链、查询等服务访问API，为Dapp应用提供近似传统信息系统的服务调用方式。

- 跨链业务配置：包括创建、管理各种跨链业务，并将业务规则发布到跨链网关，从而在保障安全、可信的前提下实现业务数据的跨链操作。

- 智能合约服务：提供智能合约创建的开发环境、测试工具，建立智能合约库，供Dapp应用在开发阶段使用及在运行阶段调用。

- 应用测试沙盒：提供底层测试链，为区块链应用提供上线前的功能和性能测试、验证智能合约、开展跨链交互测试等。

- 系统安全审计：开展合约代码审计（发现恶意代码等）、交易合规审计（发现垃圾交易等）、节点行为审计（发现异常节点等）、共识执行审计（发现垄断记账等）及其他数据和操作审计，及时发现风险和隐患，保障系统安全运行。
- 运行监控管理：采用区块链浏览器、可视化数据面板等，实时监管区块链网络和各Dapp应用运行的全局动态，同时可作为链管平台的访问门户。

5.5.4 区块链网络

多个在业务上具有紧密或松散联系的区块链网络，可通过跨链方式连接为一个链群（或称链网、互联链），好比IP子网通过路由器互连构成互联网，并且也需要跨链网关实现不同区块链网络间的业务数据传递。

如图5.30所示，在互联网上构建的多个区块链网络，需要通过跨链网关运行跨链协议，将业务数据（及所需的信令）发送到目的网关，进而在目的区块链网络完成上链。

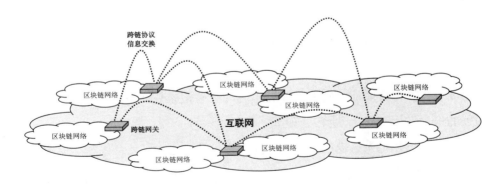

图5.30　通过跨链网关构成链网示意图

每个跨链网关连接并服务于一个或多个区块链网络。跨链网关互连类似IP路由器组网，同样为对等式关系，不同的是IP网络为多跳组网，需运行RIP、OSPF等路由算法实现自组织、自学习的最优路径构造，而任何跨链网关间均可通过互联网实现点到点直连。设每个区块链网络由唯一标识符BID表示，跨链网关的IP地址为GIP,则可参照互联网路由信息三元组表示法,将跨链网关互连的路由信息表示为二元组{BID,GIP},指示跨链到BID区块链网络需连接GIP网关。每个跨链网关保存抵达所有其他网关的路由信息,形成路由信息表(库);当跨链协议运行时,可根据目的区块链标识符来查询路由信息表,获得协议报文发送所需的目的IP地址。

一种方式是由链管平台负责构建并维护跨链路由信息表,并在更新后发布给所有跨链网关;另一种方式是借鉴RIP算法,不依赖链管平台,自动建立跨链路由信息表。设每个跨链网关初始设定自身路由信息{连接区块链网络的BID,连接互联网的GIP},并已知两三个其他跨链网关的IP地址作为邻居,以{一,GIP}表示地址为GIP的网关失效,则可执行如下算法流程。

(1)跨链网关定时主动将已有路由信息表发送给邻居网关,或向邻居网关请求获取路由信息表。一方面起到心跳机制的作用,另一方面能够感知变化。

(2)当跨链网关收到邻居的路由信息表(不需作转发),会对每条路由信息进行如下处理。

①若收到网关失效信息,则根据GIP尚无或已有,添加或替换该信息(以备扩散),跳转处理下一条路由信息。

②若BID不在已有路由信息表中(说明为新的知识;即使已有相同GIP记录,说明该网关连接多个区块链网络),则添加该二元组,跳转处理下一条路由信息。

③若GIP为新地址,则替换BID相同的已有记录(因为这种情况说明跨链网关的地址发生变化),跳转处理下一条路由信息。

④丢弃重复记录,返回处理下一条路由信息。

(3)若路由信息表不再变化,或已包含所有已注册的跨链网关(数量一致),则路由信息完成采集。

(4)若连续多个周期发送路由信息请求但无法收到邻居网关的回复,说明邻居网关失效(故障或断链),则置该网关为失效,并暂时从邻居关系中去除(若再次收到信息可恢复邻居关系)。返回第(1)步。

与跨链互连网络反其道行之,一个联盟链主网(Mainnet)可根据业务需要动态配置和组织不同的子网（Subnet），相当于将一个内部IP网络划分为多个VLAN（Virtual LAN，虚拟局域网）的技术。如图5.31所示，子网面向不同业务，由联盟链的多个成员的所属节点所构成，一个成员节点可以参与多项业务，加入多个子网。

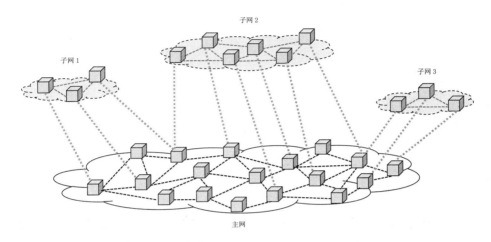

图5.31　联盟链主网与子网构成示意图

在联盟链上灵活构建精细化的协作子网，可实现协作子网的独立共识、独立存储、独立治理能力。协作子网间数据相互隔离，可提升协作效率与协作安全性。跨子网通信与安全数据访问，保障了多业务间数据的可信、通畅交换。

第6章 数字货币——技术亦关乎主权

区块链支撑的数字货币有何意义?与现有的国家发行的主权货币是什么关系?是共存、竞争、补充、后备、替代还是其他更为复杂的关系?在区块链技术的发展之路上,作为区块链技术的衍生品,数字货币应当在应用中找到正确的定位。

6.1 数字货币估值

比特币被设计为一种电子货币与支付系统,支持虚拟币的生成与转账。

比特币系统初始上线时,随着每个区块的产生可同步产生50比特币的奖励金,以激励矿工提供算力和付出工作量,完成支付系统所需的记账工作;随后以4年为周期,奖励金数量依次减半。以每年365天计,第一个4年周期的比特币发行数量为:

$$50\text{BTC} \times \frac{4 \times 365 \times 24 \times 60}{10} = 10512000\text{BTC}$$

比特币发行总量可计算为(设i为周期序号,$i=0,1,2,\cdots$):

$$\sum 10512000 \times \left(\frac{1}{2}\right)^i$$

如图 6.1 所示，新比特币的生成增量呈不断减半下降趋势。经过 32 个周期（即 128 年），每个区块奖励比特币的数量下降到 50×0.5^{32} BTC≈1.16 聪，由于 1 聪为最小计量单位（整数型数值），因此这一周期只能奖励 1 聪。下一周期的奖励数量为 0.58 聪而无法发放，即变成为 0，比特币也就进入了无奖励金时代，此时约为 2140 年，比特币停止增加，数量达到最大值约 2100 万比特币（也即第一个周期发放数量的 2 倍）。

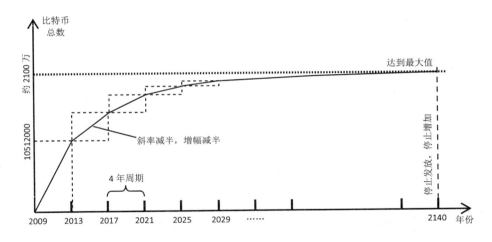

图 6.1　比特币生成数量变化示意图

比特币系统采用这种发币增量阶梯式下降方式具有明显的作用：初始时令比特币数量快速增长（前 4 年发放总币数的一半，前 8 年发放总币数的 3/4），既以高额奖励金达到吸引更多参与者加入的目的，又使得系统中有足够多可流通的虚拟币数量；而逐步放慢增速，则出于控制新币发行节奏的考虑，避免过度投放新币带来的通货膨胀等问题（也许是多虑了）；总量限制一方面是由最小币值、发放规则所造成，另一方面是出于防范无限制投放新币引发的货币贬值等问题。至于是否会造成通货紧缩之类的问题，还需要经济学家来回答。

2009 年 1 月 12 日，中本聪给其好友兼技术贡献者哈尔·芬尼转账了 10 比特币，产生了第一笔比特币交易。2009 年 10 月 5 日，有记录的最早比特币汇率为1美元=1309.03比特币。2010年5月22日，美国一名程序员汉斯先生用1万比特币通过朋友代购了两个披萨，被认为是有记载的最早成功将比特币当钱花出去的"交易"（虽然不是直接支付给店家），这一天因此被比特币社区命名为"比特币披萨日"（Bitcoin Pizza Day）。

可见，中本聪及早期的参与者对待比特币的态度与初始动机较为一致，就是把比特币当作一种新型的货币，可以用来购买商品。曾经有些商店贴出过可支付虚拟币的标签，只是没有等到大多数人了解比特币的一天就已取消，可谓昙花一现。

许多初步了解了比特币技术原理的人会进一步提出一些问题：为什么每个新区块产生50比特币？为什么以4年为发币周期？为什么奖励金会减半？为什么1比特币等于1亿聪？为什么10分钟左右产生一个新区块？……最后，比特币到底有没有价值？虽然这些问题值得认真思考，但衡量比特币价值与这些"程序运行参数"其实没任何关系，有些参数有一定推算依据，而有些参数只是程序设计者定的而已。

比特币系统首次大规模验证了基于密码学的电子货币与支付系统的可行性，因此其技术价值十分巨大；比特币衍生出的区块链技术对于各行各业的数字化转型具有强大的支撑作用，是未来数字空间运转的基石，因此其应用价值也非常巨大。然而，从其发行机制来看，比特币仅仅是数字游戏的数字产物，只是一个数，注定了本身并没有什么价值。何况比特币挖矿需要耗费机器、场地、能源等海量资源，据2020年的数据估算，比特币挖矿每年消耗约91万亿瓦时的电力，占全球电力消费总量的0.5%，是550万人口的年用电量，5年间耗电量增长了10倍。可见每一枚比特币背后都是巨量的碳排放，可以说比特币（及其他挖矿所得的虚拟币）在诞生时的价值是负的。

比特币的竞争币是单纯以"货币"为发行目标的虚拟币。大多数的竞争币就是比特币系统的简单复制版，缺少技术创新和自身特点，因此常被戏称为"空气币""山寨币"。货币的天然属性是流通，但这些虚拟币的流通性完全为零，几乎没有任何可以购买商品的线上渠道或线下网点，所有的"交易"只限于在虚拟币交易平台用法币来买卖换手而已，被称为炒币。换句话说，人们用法币换来一个"数",这个"数"不知道有何用途,唯一的希望(或目的)是等待这个"数"的价格上涨,卖出后获得利润。

区块链生成的虚拟币在币圈有多种别称,如 Token、通证、加密货币等,在链圈一般称为代币。币圈所炒作的各种虚拟币没有经济运行状况、技术发展潜力、企业盈利能力等作为后盾,估值缺少参照系,缺乏年报等依据,币价往往是用"概念"及宣传哄抬上去的,不排除不时有资本在背后操纵以赚取暴利,其共同特点是无本之木、无源之水,结果就如图 6.2 所示,行情要么像一潭死水,要么经常大起大落、极其不稳定且难以预测,随时可能遭遇断崖式下跌。除少数几种外,绝大部分公链虚拟币网络规模极小、节点很少,抵御共识攻击等安全威胁的能力薄弱,应用支撑等扩展能力有限,没有正常的购物消费场景,相关虚拟币的持有风险极高。

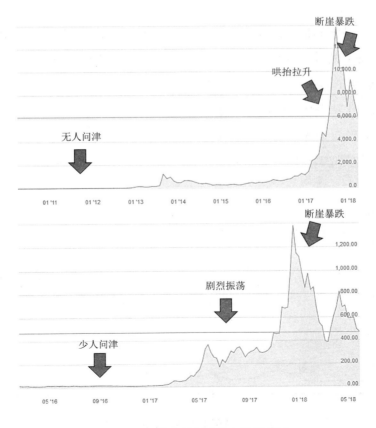

图 6.2 两种虚拟币行情走势示意图

但依然有很多人乐于持有比特币，其币价也相对坚挺。

作为电子货币的创始者，比特币不论是一种金融实验，还是一种虚拟资产，都有其存在的价值。自诞生起，比特币画出了一条从波澜不惊、默默无闻到波涛汹涌、大起大落的价值曲线，不管怎样，它都抓住了全世界的眼球。2010年汉斯先生用1万比特币购买两个披萨，如果以每比特币数万美元的币价来计算显得相当奢侈，但当年1比特币价值仅约为0.003美元，1万比特币差不多等于30美元，请朋友代购价值25美元的披萨无疑是非常理性的消费。2018年，汉斯先生又用比特币照老样子买了两个披萨，花费了0.00649比特币，相当于62美元。转眼八年时间，汉斯先生的口味没变、胃口也没变，比特币也还是链上的一串数字，但区块链世界已经发生了许许多多的变化。

比如一个最显著的变化是币值，1万比特币究竟应该值30美元，还是数亿美元？

这是金融学的估值问题。周洛华博士在著作《估值原理》中提出的观点是：估值是人的社会地位的体现；资产价格的涨跌源自人与人之间关系的调整，人们用资产玩一个游戏，以便建立社会秩序。

那么，比特币是否就在这个游戏中？

如果延续汉斯先生的路，仅仅把比特币作为一种电子货币（或代币）来使用，或许价值就不会发生如此大的动荡。如图6.3所示，一种情况是初始高估

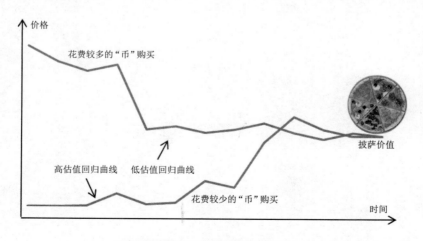

图6.3　披萨价值回归曲线示意图

值,例如用1聪比特币就能买披萨吃个饱;另一种情况是初始低估值,就像汉斯先生用1万比特币购买披萨。随着贸易、流通的不断进行,不论哪种情况,货币价值都会逐步调整,最终回归到一个比较合理的状态,并基本稳定下来,这样买来的披萨才会让人吃得心情舒畅。

然而,比特币及其后续子子孙孙的众多虚拟币实际上并没有机会直接"升格"成流通性货币,而是被炒币派"截胡"了。结果比特币成为市场炒作中一种新的标的物,以及可以持有和流通的数字商品。

那么,虚拟币这种数字商品究竟价值几何?由于虚拟币的发行(包括数量、节奏)与社会经济状况毫无关联,因此任何定价都无据可依。区块链共识机制所决策的并非虚拟币发行数量,而是最新一笔奖励金应该发放给哪位矿工。所以,虚拟币的"币价"都是市场炒作的结果,币价的大起大落也是出于同样原因。

没有人去问过比特币愿不愿意,人们总是习惯性地用法定货币来给比特币"定价"。涉足币圈的炒币者最关心的是比特币与法定货币的兑换率,按法定货币"套现"利差来衡量收益,所以,比特币无奈成为一种"虚拟商品"。但这种商品非常难以驾驭,如图6.4所示,没有经济总量或贵金属作为支撑的比特币价格波动非常剧烈,经过平滑处理的曲线仍然落差巨大。显然,比特币难以胜任通用货币的角色,用这样的"币"来买披萨,商家和消费者都要承担

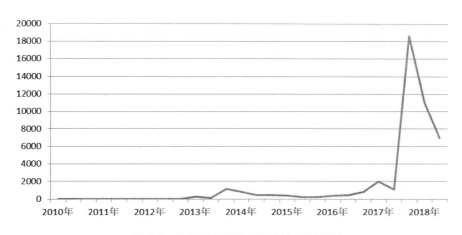

图 6.4 比特币与美元兑换率曲线示意图

莫大的风险，购物所受到的心理冲击绝不是两块披萨所能安抚住的。

于是，对于比特币估值问题可谓见仁见智、众说纷纭。有人持"稀缺"说，但这些币作为流通货币确实是不太够，却与稀有完全不沾边；有人尊其为创始、始祖，事实没有错，不过大可不必为偶像包袱而溢价过高；有人将其当作收藏品，却连自己都看不见、摸不着。对一名IT界的居民来说，为一个计算机里存储的正整数来估值定价，内心必然是崩溃的，还要寻找其背后的影响因子，更是件费力不讨好的事。

不妨参阅《估值原理》中讲的几个故事。周洛华博士很擅长讲故事，经常让人沉迷于故事而忘记去参透故事要表达什么。其中一个是花的故事，另一个也是"花"的故事。前一种"花"是兰花，后一种"花"是凡·高的"向日葵"。市场上曾出现100万元一株的顶级兰花，而且还拍卖成功了，而普通的兰花才几块钱一株，难道顶级兰花真的高贵到这种程度？凡·高的"向日葵"亦是如此，作为艺术品，博物馆里的真迹价值天文数字，印刷品或钥匙圈只要几块钱。普通的兰花并没有妨碍大家欣赏和闻香，几十块钱买一大束也能让家里花香四溢、沁人心脾。观赏画册上的"向日葵"同样可以陶冶情操、提高修养，不用担心会降低人的艺术品位。那为什么会出现天价？难以培育、孤品、不可重复等可能是其标签，但不是全部，甚至不是其中的关键因素。内在的变量或许就是人性。无名画家的艺术水平再高，对其画作，没有厂家会去制作钥匙圈，没有商家肯去销售这个钥匙圈，也没有人愿意掏钱买这个钥匙圈。不那么写实的"向日葵"却能催生出一个很大的市场，每次拍卖或巡回展览还会掀起一轮"周边产品"热潮。顶级兰花和"向日葵"不论价格多么离谱，自然有人会去购买，而绝大多数人一辈子也无缘见到真品，但不会有人在意，仍然会高高兴兴地去买普通兰花和钥匙圈。或许这两个故事里藏着商品估值的密码，令人似懂非懂，但将故事里的"向日葵"替换成"比特币"似乎能够说明一些问题。

不管怎样，对于公链虚拟币及其估值有两个方面是可以确定的。

- 虚拟币作为金融产品，可以在未受法律法规禁止的国家或地区进行买卖，由市场来定价，且受权威机构监管，以防止破坏公平交易的操纵币价或扰乱市场行为。

- 虚拟币作为代币，可以部分行使货币的职能，实现链上金融操作，保持与法定货币的恒定兑换率（不需要估值），并配合准备金、资金池等机制，以杜绝炒币。

6.2 数字货币挑战与机遇

比特币已经在通用货币的竞争中败下阵来。比特币好比是树林中一棵生命力旺盛、长势惊人的新一代植物，但主权货币这些大树早已占据了能照得到阳光的最好位置，并把根系延伸到营养和水分最丰富的土壤中，比特币挣扎求生存活了下来，却没有长成参天大树，最终成为树林里最好的那棵灌木。

但比特币能够开枝散叶，区块链技术强大的基因因此嫁接到其他植物上，不时会创造出新的"物种"，在树林中引发新的骚动，例如Libra币（天秤币，Libra有公平、公正之意），后改名Diem（拉丁语，意为日、白天）。

2019年6月18日，Facebook发布Libra白皮书，宣告建立区块链加密货币。Libra联盟包括PayPal、Uber、Visa、eBay等28个大型跨国企业，涵盖网上社交、网络购物、共享经济、电子支付和银行业等。仅Facebook（2021年更名为Meta）一家即拥有20多亿用户，Libra联盟的用户汇集起来，起步阶段就可覆盖全球近半数人口。

Libra试图运用区块链技术建立一套简单的、无国界的货币和为数十亿人服务的金融基础设施。发行的Libra币与美元、欧元等货币挂钩（实际为挂钩美元），用户可在Libra生态中使用虚拟币进行商品交易、服务买卖。简单地说，Libra币不是挖矿获取，而是用主权货币来换取，汇率与美元挂钩，用户统一使用Libra币来实现各种交易。

Libra的"无国界货币"项目的发布引起了全球性震动。各方反响不一：投资者看到了新的赛道，开始展望美好"钱"景；各个企业跃跃欲试，盘算如何加入阵营或融入生态；金融机构的心情比较复杂，赶紧分析有利点、不利点，启动对策制定；用户相对平静，持谨慎欢迎态度，期待网络服务因此更优；区块链币圈一片欢声笑语，庆祝虚拟币的春天来临了；各个国家则眉头紧锁。

Libra虽然在技术、产品、规划、制度等各方面都十分出色，但并没有站在主权货币对立面，似乎只会造福全球用户、世界经济。考察Libra联盟旗下企业及逐步扩展的生态，其基本上"打包"满足了全球用户日常生活甚至工作所涉及的方方面面支付（乃至金融）需求，未来很快会完善到用户无须脱链即可搞定一切，在事实上成为一统天下的"世界币"，届时各国主权货币基本上就失去了生存的空间。

因此，Libra币必然会动摇美元的根基。果然，自2019年7月起，美国众议院召开了两场Libra虚拟货币听证会。美其名曰"听证"，实际为声讨和质疑；表面上提一些保障金融安全、接受政府监管的"核心问题"，实际上背后早已被美联储"一票否决"。随后，法、德等欧盟国家宣布抵制。在全球各国的一片"红牌"压力下，Libra联盟发起企业纷纷选择退出，Libra项目基本瓦解。2020年4月，Libra发布了2.0版，改用"全球支付系统"提法，定位为结算币，避免挑战货币主权等，并参照货币基金管理以规避金融风险，但已于事无补。

Libra项目不仅是一次互联网创新但"临门一脚"射偏的孤立事件，而且给予金融领域很多启示，也给世界各国都敲响了警钟。如果忽视新一代技术的运用，后果会很严重，最终被忽视的将是自己；如果故步自封、夜郎自大，头顶的"达摩克利斯之剑"随时可能落下。互联网企业天然的"地球村"优势、用户流量优势、"零负担"优势蕴含了巨大能量，一旦被先进技术激发，将迸发出巨大冲击波。或许是一个潘多拉魔盒，或许是一盏阿拉丁神灯，或许是阿里巴巴的宝库，该不该打开应该要自己说了算。只有积极拥抱新技术、主动创新求变，才能避免被替代、被打击。

所以，掌握并运用新技术是一种挑战，也是机遇。应用区块链技术提升金融科技实力，是重构产业格局、扭转被动局面、实现弯道超车的机会。

设企业甲、乙分属不同国家X和Y，甲与乙要进行跨境贸易，甲购买乙的货物，故甲需要支付一笔货款给乙。

若采用SWIFT体系(参见1.5.1节),跨境支付的过程,如图6.5所示。

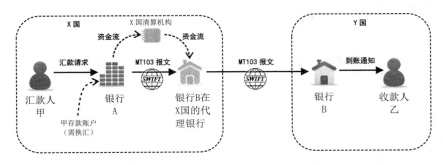

图 6.5 通过 SWIFT 跨境汇款流程示意图

(1)【银行】:甲用X国货币购汇,得到美元,存放在银行A账户中。

(2)【银行&SWIFT】:A银行通过SWIFT向乙的B银行在X国的代理银行发送支付报文(若A、B银行间没有合作关系,需要通过代理银行模式实现跨境支付清算)。

(3)【银行&清算机构】:实际的资金流转由X国的清算机构借记A银行清算账户,并贷记B银行在X国代理银行的清算账户。

(4)【银行&SWIFT】:B银行在X国的代理银行收到A银行的报文,并确认资金清算完成后,通过SWIFT向B银行发送支付报文。

(5)【银行】:B银行收到报文后,向乙发送到账通知。

(6)【银行】:乙查询B银行的账号,收到汇款。

美国的清算机构为纽约清算所银行同业支付系统(Clearing House Interbank Payment System,CHIPS)和联邦储备通信系统(Fedwire),中国的清算机构为2015年启用的人民币跨境支付系统(Cross-border Interbank Payment System,CIPS)和中国现代化支付系统(China National Advanced Payment System,CNAPS)。

虽然SWIFT只是约定了转账的代码和规则,仅进行银行间信息的传递,并不涉及真正的清算和资金流向,但是一旦切断信息传递的环节,将给跨境支付业务制造巨大的障碍。此外,各银行通过SWIFT系统实现跨行转账信息交互,SWIFT实际上对各个国家的跨境贸易数据了如指掌。

可见SWIFT不啻是一个埋在家门口的巨大的"遥控炸弹"。SWIFT实际是受个别国家操控的工具，并非台面上宣称的"中立"的国际金融设施，因此随时会被作为金融武器而引爆（已有不少真实案例）。因此，作为主要经济体，建立独立自主的跨境金融业务设施，在构建稳健的国际贸易体系方面具有很强的必要性。

对交易者而言，银行是第三方机构；对跨境业务的银行来说，SWIFT是第三方机构。如何摆脱第三方机构的介入，原本就是区块链的运行目标和技术思路，故运用区块链技术实现跨境支付具有很高的可行性。

针对同样的甲与乙跨境支付需求，若银行A和银行B均已接入区块链网络，则图6.5所示的流程可得到极大简化，如图6.6所示，各银行采用相同的数据上链标准，但不需要跟每一方银行都签订合作协议，贸易双方中甲向乙支付的流程简化为区块链上的一次转账交易。链上等量的虚拟货币支付给收款方，触发银行间转账操作（资金清算仍然可以通过现有的清算机构完成），从而不需要依赖SWIFT等中介渠道的信息传递。

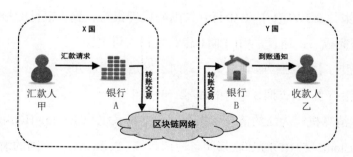

图6.6　通过区块链跨境汇款流程示意图

设想甲是一个活跃的跨境贸易企业，与许多国家的贸易伙伴进行交易，有付款也有收款，如果这些合作企业都已接入区块链，那么甲就可以直接使用区块链上等量的虚拟货币来操作转账，收到的虚拟货币可在下一笔交易中用于支付，不用进行脱链操作，当然也可随时将链上全部或部分的虚拟货币结算为某一种主权货币存入链下的银行账户。也许还可以更进一步，如果区块链网络上的虚拟货币就是一种数字主权货币，那么交易双方不仅可以直接一步完成转账，而且可以不需要银行的介入。

6.3 数字人民币

数字人民币（按国际惯例暂定缩写为e-CNY）是由中国人民银行发行的数字形式的法定货币。2014年，中国人民银行开始对数字货币发行框架、关键技术、发行流通环境及相关国际经验等问题进行专项研究；2017年启动数字人民币体系（名为：数字货币/电子支付，Digital Currency/Electronic Payment，简称DC/EP）研发；2019年起相继在多个城市及北京冬奥场景开展数字人民币应用试点。

数字人民币是中国的法定货币，与人民币纸币、硬币具有相同的地位和作用。数字人民币用于替代M0，即随时可用的、流动性最强、不计付利息的现金（M1指M0加上活期存款；M2指M1加上定期存款等资金，也称广义货币），基于100%准备金发行。比如央行要发行1万亿元人民币，原来只有一种方法，就是需要造币厂印刷（铸造）1万亿元纸币（硬币），然后运输到各家商业银行进行投放，而如今有了第二种选择，在总量保持不变的前提下，可以部分（如4000亿元）采用数字化发行，造币厂就只需印制6000亿元实物货币，单材料、制造、运输成本即可节约很多钱。考虑到中国地域辽阔、需求各异，即使数字人民币正式普及推广，仍然会与实物货币并行相当长时间。

如图6.7所示，数字人民币发行采用"中央银行—商业银行"的二元（二级）模式，相当于央行把数字人民币"批发"给商业银行，再由商业银行发放到个人或法人。

用户可用智能手机下载安装由央行发布的数字人民币APP，注册实名认证的账号。用户账号由央行统一进行中心化管控，采用银行账户松耦合模式，实现"前台支付匿名，后台管理实名"，支持小额匿名支付的可控匿名方式，保护消费者隐私，并依法可追溯、可审计。用户可开通APP内置的各银行数字钱包，并分别配置各种商户为可使用该银行数字钱包的线上消费支付场景（子钱包推送，后称为钱包快付）。配置完毕后，用户既可在线上使用指定银行数字钱包里的数字人民币，又可直接在线下使用支付二维码或NFC进行消费。例如，小钱在W公司就职，W公司的开户行是S银行，则小钱要在数字人民币APP内开通S银行的数字钱包，这样W公司每个月给小钱发的薪水就会出现在钱包里，小钱可以打开数字人民币APP进行线下扫码消费，转钱给自己的其他银行钱包或他人（输入收款人手机号或钱包编号），也可以发红包、收款及用非数字人民币兑换数字人民币进行钱包充值。如果S银行数字钱包开通了K平台支付场景，那么小钱在K平台网购时，用K平台提供的支付工具（例如网上支付聚合页）就可选择优先使用数字人民币进行支付。数字人民币试点阶段APP的各种开通设置操作较为复杂烦琐，未来各银行、各支付平台、各线上线下消费场景均应支持，那么绝大部分开通设置就完全没有必要了，除了用户可以自行创建几个小钱包（比如家庭开支、零花钱、赡养费、理财等分别存放管理），并不需要显示银行和商户。

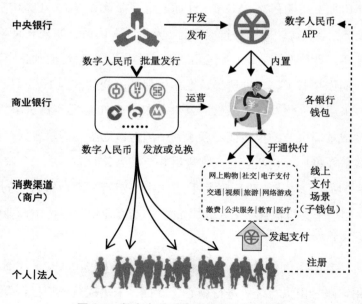

图6.7 数字人民币体系各方关系示意图

数字人民币具有法偿性，这是与现有移动支付功能的最大区别。虽然中国的数字化支付已非常发达、十分普及，技术和应用都居于全球领先地位，具有防伪防盗、无尘无菌、使用方便、体验良好等诸多优点，使很多人已很久没有用过实物货币了，做到"怀揣手机走遍中国"，但是数字化支付只是为传统货币提供了一种新颖的支付手段而已，所以需要银行或第三方支付平台来提供服务，属于商业行为，支付操作需要收取一定的服务费（通常由商家付费）是合情合理的。而且，如果一个商户仅支持A平台支付、不支持B平台支付（合作排他性），并不违法违规，而是一种正常商业运作，消费者只能被动接受。数字人民币在支付中的使用是受法律保护的，商家不可拒收（技术条件不满足者除外），可最大限度地维护消费者权益。

数字人民币的技术路线选择是一个长期演进、持续迭代、动态升级的过程。虽然央行没有公布技术细节，但从公开信息来看，与区块链技术具有千丝万缕的联系。

- 数字人民币没有全部基于区块链技术实现，不但是从中心化铸币、发币方式来看，更是从区块链技术支撑能力来看，因为区块链技术固然已验证货币系统的功能、具备安全可信的特性，然而其性能是最明显的短板，完全无法支撑一个大国的法定货币交易量要求。因此，在数字人民币体系的实现中，部分采用区块链技术来解决局部的关键问题，无疑是最佳的、必然的选择。

- 与区块链类似，密码学技术是数字人民币构建的底座。包括基于加密串的数字人民币表达式、用户匿名身份表示的公钥和私钥机制、数字人民币确权方法、支付过程合法性检验所采用的数字签名、实现隐私保护的交易记账等，都会用到加密算法及借鉴区块链系统所采用的技术思路。

- 从数字人民币APP来看，数字人民币体系似乎是基于账户的（而区块链是基于密钥的），但货币确权和流通方式未必如此。此外，数字人民币在价值转移应用中兼容基于账户（Account-based）、基于准账户（Quasi-account-based）和基于价值（Value-based）等三种方式。其中，基于账户指用户实名注册、使用APP，基于准账户是APP未实名形态、满足基础支付需求，基于价值指使用离线储值载体。故数字人民币可视为广义账户模式，或分阶段的混合型模式。

- 数字人民币吸纳了区块链交易双方直接支付（不通过第三方中介）的优点，实现支付方、收款方点对点操作，并且"支付即结算"，更像实物货币面对面支付，支付后不需要通过银联、网联等平台进行银行间的结算操作。

由此可见，数字人民币与所谓的"稳定币"是不同的。稳定币锚定某一种主权货币，币值与主权货币 1∶1 保持恒定，不用于炒币，理论上可以起货币的作用，可以用于通常的买卖交易，然而类似 Libra 的稳定币本质上仍然是区块链虚拟币，在记账等性能上难以支撑国家规模的经济活动，仅能作为主权货币的补充，承担创新金融工具之类的辅助职能。

数字人民币的设计定位就是新一代主权货币，用于价值衡量、流通支付、价值贮藏等一切货币功能，而且有助于跨境贸易人民币结算、人民币国际化的实现。虽然数字人民币的推出在一定程度上受到社交网络虚拟币潜在威胁的激发，但未雨绸缪式的前瞻性基础研究在前，才能做到技术上针锋相对、行动上快速反应，所以仍然称得上是金融主权领域的主动作为、大胆革新，在全球占得先机，可谓一步先手棋。考虑到中国这样的超大规模经济体，显得尤为不易，对未来更是意义非凡。

6.4 数字主权货币关键技术

数字人民币作为数字化的主权货币，并非传统货币依靠信息系统实现的"套壳"式的数字化记账、数字化支付，而是主权货币从最底层开始的重构。不像传统电子支付是由金融机构主导，数字主权货币至少在国家范围内是统一的标准化体系，天然具有互联互通优势。

首先，不论数字主权货币在多大程度上采用了区块链技术，前提是确保主权货币能满足最基本也是最必要的六个核心要求。

- 防伪性：基于密码学的真伪货币验证技术足够坚固，防止伪造货币通过验证，更关键的是杜绝万一发生一个私钥被破解就会导致可任意生成货币或所有货币都受影响的风险。

- 防双花：不同于实物货币"分身乏术"，数字货币存在复制的可能性，也存在利用系统处理"时间差"进行双花（二次消费或多次消费）的可能性，数字主权货币体系必须在各种消费环境下消除双花隐患。
- 稳固性：主权货币是国家（乃至使用该货币的其他国家）金融、经济、生活的基石，数字主权货币体系应避免存在单点故障（例如依赖性极强的中心化系统），防止因技术故障、人为失误或外部攻击而导致全局崩溃。
- 安全性：数字主权货币体系应能够抵抗来自全球不同等级、不同性质、不同规模的全方位、全天候安全攻击。网络是无国界的，攻击是无踪影的，对数字主权货币的攻击不仅可能造成无法估量的财富流失、信用受损，如果不能抵挡拒绝服务攻击（DDoS），还可能导致国民经济停摆的危险。
- 容灾性：数字主权货币理应具备相关能力和对策，以更好地适应恶劣环境、极端条件。例如，在自然灾害发生时，很可能电力和通信设施受损失效，更严重的情况是战争或遭受电磁攻击，使电子设备无法使用。货币系统应提供后备手段及快速恢复能力，防止货币无法使用而引发次生灾害。
- 高效性：数字主权货币必须具备近乎"无限"的交易吞吐能力，因为几乎无法预测国家范围内全民消费行为规律，避免曾经发生过的购物平台尖峰拥塞、购票平台超限宕机的危机。

其次，关键性的程度与核心要求相比略低，但作为法定通用货币，数字主权货币在技术上需实现、在应用中需具备四个重要指标。

- 匿名性：与实物货币匿名性相似，数字货币在支付场景中匿名使用，不暴露无必要披露的真实身份信息。在实际生活中，有代收人担心收到假钞而"说不清楚"，就在每人交的纸币上写上名字，其实这是违法行为，法定货币上禁止写字或做记号。数字化支付带来的好处之一是再也不用眼观、手摸地"鉴定"钞票真伪了。
- 隐私性：隐私保护并不完全等同于匿名性，而是指普通的交易方无法从数字货币的交易记录等信息中推定支付者身份、无法对支付者进行追踪，最大限度地保护消费者隐私安全。

- 普适性：作为主权货币，所有人都有使用的权利，不论是不是数字化的。但数字货币必须依赖设备载体，使失能人群、特殊人群、老幼人群或拒绝使用电子设备人群等难以操作，由此形成数字鸿沟。技术创新过程中人文关怀不能缺位。适用人群99%只能算勉强及格，100%才是真正通过。因此，有必要提供数字货币卡片、生物识别等多种形式来不断提升使用人群覆盖率。

- 监管性：为保障金融安全和秩序、打击金融违法犯罪活动，数字主权货币应具备必要的监管手段，必要时可对相关货币流通行为和痕迹进行审计，比如区块链账本的交易追溯。一方面，监管是由银监、司法等职能机构依法依规执行，所以与隐私保护不产生矛盾；另一方面，监管措施一般是先发现疑点，再逐级深入研判，因此与"监控每个人"风马牛不相及。

此外，数字主权货币应发挥先进的数字化技术加持的优势，持续探索超越传统货币的各种新机能、新特性。

比如可编程性。好比区块链智能合约开创的链上代码，可实现数字主权货币的智能化，而不仅仅是一个数字。就以数字人民币为例，通过加载不影响货币功能的智能合约来实现可编程使用，使数字人民币在确保安全与合规的前提下，可根据交易双方商定的条件、规则进行自动支付交易，从而扩展、创新业务模式。因为智能合约具有透明可信、自动执行、强制履约的优点，与法定数字货币相结合后，可应用于条件支付、约时支付等金融业务场景，有利于开拓新的货币职能。

再比如可离线性。正如容灾性所关注的应急状态、普适性所关注的个性化需求等情况，数字主权货币应支持离线支付功能，即支付方、收款方的设备可以单方或双方处于离线状态，不需要依托网络基础设施也可实现正常支付操作。例如，用户手机在移动通信网络覆盖的盲区，在地下室等网络信号不佳的场所，在大型体育比赛及演唱会等数万人聚集的区域（易超出移动通信基站容量），应保障数字货币的支付操作能够顺利进行。运用RFID卡或智能卡实现数字货币支付固然是可行方法，可以实现用户方单离线支付，但是在智能手机非常普及的情况下，大多数人通常只携带手机，很难预见到网络中断或联网困难的突发情况，此时，基于智能手机的离线支付，包括两台手机面对面的双离线支付，就显得很有必要。

如图6.8所示为一种可行的方案，数字人民币APP结合智能手机普遍支持的蓝牙（Bluetooth）或近场通信（NFC），可实现手机间点对点信息交换，配合手机SIM卡或安全单元的密钥安全存储及加密能力，可实现数字人民币安全可信的离线记账，并在恢复网络通信时进行清算。

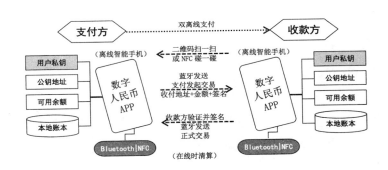

图 6.8　数币双离线支付可行方法示意图

第7章 数字资产——穿梭于时空虚实之间

资产（Asset）可被通俗理解为财产、财富，包括但不限于金钱（货币），是指由个人或家庭、集体或法人、城市或国家等主体通过生产或交易，所形成的、由该主体拥有或者控制的、预期会带来经济利益的、能以货币计量的资源。不能带来经济利益的资源一般不视为资产，只能作为主体所拥有的权利。资产按照流动性（即资产的变现能力和支付能力）可以划分为流动资产、固定资产、无形资产、长期投资和其他资产等。

不光是钱财、房产，丰富的人生阅历、工作经验也可成为一个人所拥有的珍贵资产，只要将其转化为创新创业、提升效率、指导引路，就能创造出效益；深邃的思想、精湛的技术同样是资产，不过前提是有所作为，否则就产生不了价值了。

如今，资产的世界里又多了0和1——数字化形态的资产。一方面，计算机和网络空间的数据可成为资产；另一方面，包括现实世界实物在内的资产都可以实现数字化。

7.1 资产权属

在西藏林芝318国道上，经常有或三五结伴或形单影只从容行进的牦牛，在一些村落的道路边还能看到一群。原以为这些美丽的生灵是这片水草丰沛的高原上自然繁衍的野生种群，引人赞叹不已，经知情人士点拨才知道，这些牦牛其实都是当地牧民养殖的。牦牛们白天会自己去草场吃草散步，傍晚会自动返回主人家。村子路边的那些牦牛并不是随意停步歇息，而是有规律地分布，各自聚在自家门前，完全不会认错。仔细观察果然如此。回想起来，在各地乡村也有此情此景，在田间地头四处溜达而采食的鸡鸭，日暮时分都会各回各家，一只都不会少。同样是私有财产（牦牛还属于"重资产"），乡村里的家畜家禽并不需要像汽车一样加门锁、挂牌照，每一家都不担心被别家偷偷抓回去煮了吃，这些活蹦乱跳的资产的归属关系清清楚楚（当然离不开动物们的密切配合）。这似乎平淡无奇，而且显得理所当然，但背后的逻辑并不简单。这是一种约定俗成的规则，不需要谁来发起，也无法追溯从哪一年开始，更不必用文字写下来，却一直被所有人默默遵守。或许是小生态中单纯的人际关系在约束着每个人，或许是传统文化对每个人长年累月地熏陶，不管怎样，但凡这样的村落，必然风清气正，有的甚至可以做到夜不闭户。

然而不幸的是，无法寄希望于所有地方、所有人对任何东西都能自觉信守不成文的约定。所以必须去建立完善的制度体系（包括立法、仲裁、执法、监管），并配套技术系统，才能对私有或公共财产进行保护，维护正当权益。

首先要考虑的问题是资产与实体的关系。

我小时候有一天忽然发现（可能刚开始认字）家里的瓷碗底部、方凳背面都刻着爷爷名字中的一个字，天真地以为是怕别人偷走（宣示自己对私有财产的所有权）。问了爷爷才知道，街坊邻里谁家都偶尔会宴请宾客多摆几桌酒席，就会向各家借碗盆、凳子，刻了字别人在归还时就很容易分辨。之所以不刻姓氏，是因为有同姓人家，刻姓氏反而无法区分。很后悔没有留下一个这样的碗，纪念那个互相借碗的岁月。虽然在碗上刻字明确了人与物的关系，确实有"碗是我的，借者必还"的意思（物资匮乏时代任何家庭用品都丢不起），也区分了同质化的物品，使同样的碗有了专属性，意为"请把我的碗还给我，别把别家的碗给我"，但是目的却是另一层意思——刻了字就表明愿意出借（愿意帮助别人，也希望自己需要时得到别人帮助），其中若隐若现的友爱是更珍贵的。

资产本身具有价值，而且能够增值及创造更多价值，因此资产权属至关重要。比较狭隘的资产权属的理解是资产属于谁，但更为全面的资产权属其实不是单一的，而具有多重式关系。以最熟悉不过的居家房产（商品房）为例，似乎怀揣着不动产产权证就掌握了房产的一切权力，其实不然。如果还没有还清房贷，资产所有权（产权）实际上是被抵押给银行了，在每月按时还贷的情况下，拥有的只是居住权（使用权、占有权）；并不拥有改造（合规的内部装修除外）、重建的权利（处分权）；不拥有房产所在的土地所有权；如果产生法律纠纷，交易权（处置权）可能被冻结；如果房屋签订合同出租给他人，则房东就暂时丧失了使用权；只有证明自己是法定继承人才能行使继承权；等等。其他不同的资产也有各种相关的权属构成。

一般地，资产所有权包括占有权、使用权、收益权和处分权。占有是对资产的实际占据（掌握）、控制；使用是在不损毁资产、不改变性质的情况下加以利用；收益是资产所产生的利息、利润等；处分是对资产进行出卖、变更、消灭或被执法没收、拍卖。资产权利贯穿于社会生产、交换的各个阶段，并最终通过分配来体现。

对资产权属进行细分可以更好地利用资产。以凯文·凯利的"传真机效应"为例：Alice花100元购买了一台传真机。如果Alice认为自己拥有所有权，且不愿意与他人分享，则传真机自始至终就是个摆设；如果Alice把传真机接入电话网，相当于把使用权无偿拿出来与网上的其他1000万台传真机共享，同时自己也获得了网络的使用权，可以互发传真，由此Alice享有的价值远远超过投入成本。

对资产权利的确定称为确权（Rights Confirmation）。假如自认为认得一只没有刻名字（未确权）的碗，酒席结束后犯晕了，好像是张家的？不对，可能是李家的？也不对，其实是王家的。这样的结果就会失信于人。可见确权是必要的，能避免成为一笔糊涂账。又因为不同的权利项（如碗的使用权）可独立发生转移、失效等动态变化，所以资产确权不能笼统、粗略，而应明确细分，才能准确反映资产权属状态。

有些资产则更为复杂，比如作为资产的数据。数据在这个时代变得越来越重要，人类越来越离不开数据，数据越来越像金矿的矿石。谷歌单凭搜集互联网上数据为上网者提供数据搜索服务，即成为全球巨头公司；优步不购买汽车、不招聘驾驶员，只是传递用户与汽车间的数据，就成为全球性出租车公司，类似的还有携程、美团；微信把用户社交数据交换做到极致，使各个移动通信网络成为服务于微信的通道。

作为资产的数据，其复杂性更体现在其权属关系上。以数字化的毕业证书为例，虽然只是一串数据，属于一名毕业生的学业学历证明，但是毕业生无法且无权产生，只有学校及教育主管部门具有生成权和颁发权。毕业生对其拥有使用权，但无处分权（如修改内容）、撤销权，可以授权给用人单位查验使用，但谁也不能行使继承权。

考察数据型资产的全生命周期，如图7.1所示，在生成阶段、使用阶段、终结阶段可细分出不同的权属关系，有些权利可以在不同主体间转移，而有些

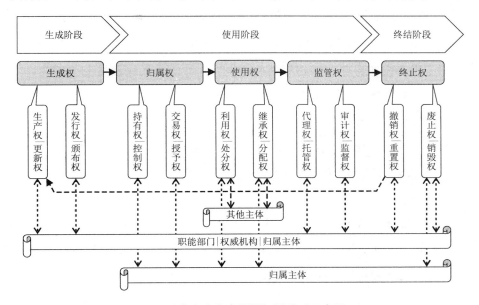

图 7.1　资产全生命周期权属关系示意图

权利则固定依附于一个主体不得变更。

数据可以为自身或他人产生赋能、增值的作用。数据成功利用的例子在日常生活中比比皆是,可谓举不胜举。例如：农民根据灾害天气预警数据提前收割庄稼,避免了收成损失；投资者依据行业分析数据购买了涨停的股票,获得高额回报；网购平台分析用户点击量和时长,推销关联商品提升销量；从穿戴式设备采集的生理数据发现重大疾病征兆,及时就医挽回健康；审计银行资金转账数据,发现异动账户以锁定金融犯罪行为。

与较为熟悉的货币资产、实物资产、无形资产等相比,计算机存储和处理的数据有其不同于传统资产的特殊性质。

- 无形性：数据可以无关形式,看不见、摸不着、不会产生磨损与消耗,属于数字空间里虚拟化的存在,却能实实在在为人类所用,如数值、状态、文字、图像、音乐、报表、标识、代码、指令等。

- 有价性：数据可以产生价值,且边际成本很低,不止是简单卖出数据(须合法合规)变现获利,更多的是用数据构建产品和服务来持续盈利,然而数据定价非常困难,因为没有参考标准,所以具有不确定性。

- 复制性：数据可以任意复制、非竞争性使用,且不影响数据的价值。随着计算机存储价格的不断下降,数据多副本、分布式存储越来越重要。比如为保护核心库中的数据,在数据应用中会复制构建生产库、专题库等,既能提高访问效率,又能保障数据安全,但需要确保数据副本的一致性。

- 计算性：数据可以进行计算,包括压缩、加密、转换等代码变换,也包括统计、求值、排序等数值运算,还包括合并、关联、标记等信息加工。

- 生成性：数据可以生成数据,例如计算、分析、预测、决策等,或者如人工智能生成内容(Artificial Intelligence Generated Content,AIGC)按设定要求来生成文案和图像。

2021年起，国家陆续出台了"数据知识产权"相关的保护和利用制度，并推进数据产权立法。面向数字经济战略，数据要素及其市场不可或缺，特别是经过算法加工（实质性处理）、具有实用价值、具有智力成果属性的数据，必然逐渐成为各个实体手中的"奇货可居"乃至"价值不菲"的资产，也是数据交易市场的"香饽饽"和"抢手货"。为了合法合规开展数据登记、数据交易，有必要将数据产权进行结构性分置，细分为"三权"，即数据资源持有权、数据加工使用权、数据产品经营权，以便在实际应用中可分别进行处置。

7.2 数字身份

数字身份（Digital Identification）并非简单地扫描身份证图片，而且与传统信息系统所使用的用户账号也存在很大区别。账号是中心化系统的产物，用于对应系统的操作者，通常使用用户名加口令（密码）的登录验证方式，可以为匿名账号，也可以为经过身份认证的实名账号，起到识别用户并进行访问授权的作用。由于用户账号都由信息系统包含的用户管理模块所维护，因此管理员可以进行创建、修改、删除或重置。此外，系统若受到安全攻击，可能会导致所有用户账号被窃取。还有，同一主体在不同的系统中有不同的用户账号，不仅难以记忆和管理，而且注册、登录操作相当烦琐，并非能在数字空间漫游的人性化方式。

因此，需要实现一种能够唯一代表一个主体、由主体自主控制和使用、安全可信易操作的数字身份构建方案。

7.2.1 比特币用户身份

从比特币系统开始，区块链技术走出了一条不同于用户账号的路径。比特币系统中用户也需要凭自己的"身份"持币，切实保障虚拟币不会被其他人盗用，在使用虚拟币时能够证明自己的"身份"，但比特币系统没有采用用户账号认证的方式，而是另辟蹊径。

比特币系统运用密码学技术，用密钥来支撑实现用户的数字身份。

首先，比特币系统只为用户提供工具，生成密钥的操作由用户自己完成。用户可以为了规避风险，生成多套密钥，相当于用多个数字标识分散持有资产，而背后对应的是同一个人。比如比特币钱包可以为用户创建私钥、公钥及用于持币的公钥地址。密钥是完全属于用户的，意味着密钥不但是用户按自己的意愿来生成及保存在自己的设备上，而且不用交给任何其他人，他人便无法获取或删除，用户可以自己决定何时使用。因此，密钥就"全权"代表用户本人的身份，用户可通过密钥控制在虚拟空间的数字化身份，从而完全由自己掌握自己的数字化身份，其他人（包括系统）无法实施强制性干预，不论这种干预是否违背用户意愿。

其次，密钥并不包含用户个人信息，不会透露出用户的真实身份（姓名、性别、身份证号码等），即使系统也可以不掌握。有人说为保障钱包客户端的访问安全，打开钱包APP可能需要登录认证（这属于用户账号方式），这是否可能会关联到用户身份信息？其实钱包APP的登录是由客户端软件本地化实现的，没有后台系统记录登录账号，如果不用实名化的手机号码来验证，比如仅在首次访问时设定一个登录口令，那么就不会有用户个人信息出现，从而避免暴露用户身份。

最后，如果用户的密钥关联的不仅是比特币系统中的虚拟币，还用来关联其他系统中的资产，那么用户也不需要用账号、不需要记口令、不需要做登录，就可以随心所欲地"操纵"这些资产，相当于实现了用户账号方式中的统一认证与单点登录。

以比特币系统的用户密钥体系为例。比特币系统采用ECC公钥加密算法，用户密钥为算法生成的私钥–公钥对。比特币私钥的核心要求是安全性，即不可猜测，因此需要有足够的熵。按照香农信息论观点，熵越大，说明随机性越强，反之亦然。随机数的来源越混乱无序，其随机性就越好。例如用当前时间值来生成随机数，由于时间具有有序性、相关性、规律性，则随机数的熵较小、安全性较弱。如果选取一段环境噪声的录音来转化为随机数，效果会比选择当前时间值要好，因为世界上再出现完全相同的噪声的概率极低。可见，为了使私钥看上去很特别，或为了嵌入个性化信息，或为了便于记忆而有选择性地生成，实际上非常不明智。私钥很长，是由计算机来计算（如签名）的，无法轻易看到，故没有必要纠结其"长相"。

比特币钱包采用系统提供的随机数发生器为用户生成一批互不相干的私钥，但存在管理（如备份）工作量较大的问题，所以应兼顾私钥安全性和易用性，达到两者的平衡。为此比特币系统提出一种以"助忆码"为种子（seed）生成批量私钥的方法，创建流程如下。

（1）生成一个128～256位的随机数k，作为密钥种子。

（2）计算$h=SHA256(k)$，取h前4～8位附加在k后为校验码，构成132～264位k'。

（3）把k'顺序分解成11位的数a_i组成一个集合$\{a_i\}$（例如k为128位时集合有12个元素），将$a_i \in [0,2047]$对应到预先定义的字典中的2048个单词。

（4）生成一组12～24个词组成的助记码。

例如，有128位随机数0C1E24E5917779D297E14D45F14E1A1A，生成助忆码为{army fan defense carry jealous true garbage claim echo media make brunch}。

如图7.2所示，助忆码所代表的128～256位随机数可进一步通过拉伸函数（如PBKDF2）生成256～512位的种子。密钥种子可用于创建分层的私钥群，即以树状结构生成多个子密钥，子密钥继续衍生出孙密钥。这种树状结构与组织机构相吻合，因此适用于为一个企业的多个分公司、部门等分配密钥。利用树状结构，还可以为不同分支的密钥规定不同的用途。

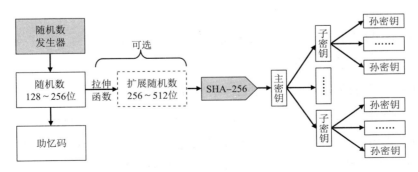

图7.2 密钥树生成示意图

对128~512位的密钥种子运用SHA-512做哈希，生成512bit的K；将K分为左、右两部分L和R。256bit的L为主私钥（Master Private Key），并可生成主公钥P；256bit的R为主链码（Master Chain Code）。

如图7.3所示，设数字签名算法（如ECDSA）从私钥生成公钥的函数为f，对于32bit的索引号（Index）I，子密钥生成流程如下（以256bit密钥为例，符号|表示拼接）。

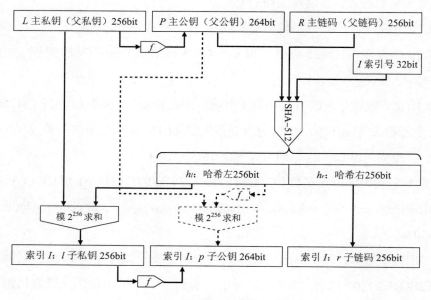

图7.3　子密钥生成算法示意图

（1）计算：h=SHA512($P|R|I$)，将512bit的哈希值h分为256bit左右两部分h_l和h_r。

（2）索引I的子链码为$r=h_r$。

（3）索引I的子密钥为$l=(L+h_l) \bmod 2^{256}$。

（4）索引I的子公钥为$p=f(l)$。

其中，子公钥也可计算为（图7.3中虚线部分）：

$$p=f(l)=f((L+h_l) \bmod 2^{256})=(f(L)+f(h_l)) \bmod 2^{256}=(P+f(h_l)) \bmod 2^{256}$$

改变索引号I，即可生成主密钥下的其他子密钥；显然，子密钥生成算法还可以继续向下层迭代，每个子密钥可生成一组孙密钥，并以此类推。

该密钥树生成算法在安全性上存在薄弱环节。例如，攻击者已知主公钥、主链码后，可先暴力推算所有索引号的子公钥（使用公钥生成函数 f）、子链码，以及孙公钥、孙链码；若再掌握一个子私钥后，可反向推算出父私钥（仅为求和关系）和其他子私钥。因此，该算法可改进为主私钥替代主公钥做哈希运算，使攻击者的第一步推算就无法进行。

产生私钥和公钥的密钥对后，即可采用比特币地址生成算法，获得可用于交易的比特币地址。有些比特币用户为个性化需要，希望获得"靓号"地址，例如以"123456"为前缀的 Check58 编码地址，则需要综合运用地址生成算法进行"碰撞"。对公钥地址进行人为选择性生成，不会破坏密钥的安全性。以每秒进行 10 万次算法运算的计算机来计，满足地址码前 6 位符合要求大约需要 1 小时，若满足前 7 位符合要求约需要 2 天，前 8 位符合要求就需要数月了。从支付安全角度考虑，"靓号"地址有用户印记可识别（例如对于商户）的好处，也存在容易被仿冒的弊端（特别是前缀较短时）。例如，假设"中国石化"加油站的收款用的公钥地址，为便于用户识别用"SINOPEC"开头，攻击者可用自己的私钥生成同样以 SINOPEC 开头的公钥地址（后续数据不一致），当出示给用户后，用户看到地址以 SINOPEC 开头，反而容易解除警惕性立刻信以为真，支付的钱就会流入攻击者腰包。这是结合社会心理学的攻击手法。

在某些场合，用户可将虚拟币私钥及公钥用二维码形式打印下来，做成"纸钱包"（例如过年压岁钱红包、结婚礼金贺卡），以便可以将该私钥所持有的虚拟币赠予他人。为了保障资金安全，可采用口令字符串作为密钥，先对私钥进行加密，口令则用社交软件单独发送给受赠者。此外，在某些应用场景中，如果用户无法自行管理密钥，比如用 H5 轻应用开发的客户端（不支持数据在应用关闭后安全留存），则可采用服务方代理存管模式，或在可信的第三方机构托管密钥。

7.2.2 数字身份原理

数字身份是一个实体在虚拟空间的"化身"，实体可以包括自然人、法人、组织等。数字身份通常是一串结构化或非结构化数据,代表实体在虚拟空间进行活动,如发布信息、订购商品、持有资产、投票表决等,背后是受实体的操控。数字身份好比是一个虚拟舞台上的牵线木偶,实体就是隐藏在幕后的提线人。数字身份应具有以下三个基本性质。

- 全局唯一性:数字身份的标识在所属空间里具有唯一性,每个标识均可明确指代一个实体。数字身份具有匿名性,数字身份标识本身并不包含真实身份信息,与实体间为逻辑关联性,从数字身份并不能直接追踪到实体,不会披露任何有价值的信息。在某些空间里,如比特币系统,允许一个实体拥有多个数字身份,用户可通过多个私钥派生出多个公钥地址来持币。

- 加密验证性:数字身份一般基于密码学技术实现,数字身份表达与控制机制都是采用公钥加密算法、哈希算法和数字签名算法来设计,可抵抗身份破解、身份劫持、身份仿冒,防止数字身份持有资产遭受盗窃、毁坏或伪造。运用零知识证明原理,数字身份可匿名操控名下的资产,其权属合规性可以被虚拟空间及其他成员严格验证。

- 自主掌控性:实体可以完全掌握和控制自己的数字身份,虚拟空间基础设施(系统)无法单方面干预、冻结或销毁数字身份。换言之,数字身份是去中心化的,具有自主、自治特性。数字身份可由用户(使用应用软件工具)自行生成,也可由可信机构的系统协助生成。数字身份相关的关键密钥(如私钥)在生成后即由用户自主存储和使用,可信机构一般不做存储,更不能进行管控,但可在用户要求下提供托管服务。

如图7.4所示,数字身份由两部分组成:由实体秘密掌握的私钥,公开的数字身份标识。公钥加密算法(如SM2)保证了由私钥可推出公钥,进而推出数字身份标识,但不可逆,保证了私钥的安全性,也保障了持有资产的安全,因为资产的流通依赖由私钥生成的签名,可验证持有资产的合法性。也可采用标识密码算法(如SM9),根据用户选定的易记忆、易理解的公钥字符串,通过主密钥生成对应的用户私钥。

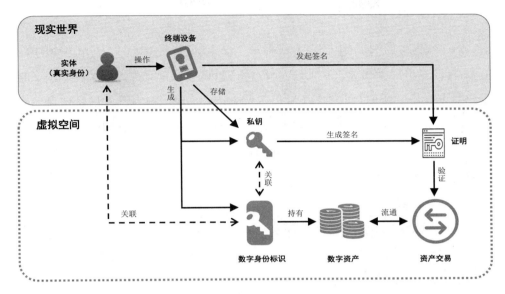

图 7.4　数字身份构建与操作原理示意图

借助密码学技术，有效隔离了现实世界的实体的真实身份与虚拟空间的数字身份及其行为，同时保持着两者关联性及控制机制，这样既能在虚拟空间里充分体现实体意志的可信操作，又能使实体成为数字身份和资产的唯一拥有者。

数字身份虽然不同于用户账号，但在虚拟空间里所起的作用与用户账号一致，就是以一种虚拟身份访问和使用各种网络服务。用数字身份在虚拟空间漫游，不需要动不动就要进行生硬的登录认证，从而使操作变得更加自然。

若数字身份由中心化的可信机构生成，通常要先进行实名认证，这样，机构能够掌握实体真实身份与数字身份标识的关系，在有些应用场景中还可以确保数字身份标识的唯一性。但这不会影响数字身份标识在使用时的匿名性，而且生成操作是"一次性"的，生成后即脱离耦合关系，因此不会影响使用阶段的自主性。实名认证的作用是，在必要时可依法实施数字资产、数字行为的审计、监管。

7.2.3 DID 规范

2019年万维网联盟（W3C）制定了去中心化标识符（Decentralized Identifiers，DID）及可验证声明（Verifiable Claims）两个规范，以实现网络空间用户数字身份的所谓自我主权（Self-Sovereign），使用户自己的信息由自己完全掌控。基于这两个规范可以实现通用的分布式数字身份认证服务，允许数字身份的拥有者、发证方和验证方共同构建一个开放式的数字身份生态系统。这个系统由三个部分组成：DID标识（DID Identity）、可验证声明和基于区块链技术的分布式账本。

DID标识完全由DID的拥有者创建和管理，而不依赖于任何中心化的身份提供方或证书颁发机构。如图7.5所示，每个DID标识都对应一个DID文档，其中主要包含DID标识符、服务端点、身份验证套件等信息。身份验证套件提供了一组身份验证方法，如公钥、匿名生物识别协议等。

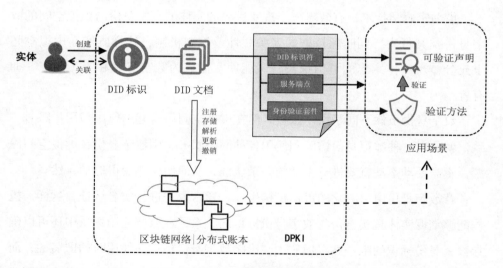

图 7.5　DID 组成要素与关系示意图

DID文档存储在区块链的分布式账本上，不需依赖于任何中心化机构（如CA）而具备防篡改性。每个实体都可以作为自身的根证书颁发机构，从而形成有别于传统PKI的分布式公钥基础设施（Decentralized Public Key Infrastructure，DPKI）。DID文档可以存储在各种区块链底层平台，为此规范定义了DID方法，指定一组在特定的区块链上如何注册、存储、解析、更新、撤销DID文档的规则集。

可验证声明允许对任何拥有DID标识符的实体做出可信的断言。像DID标识符一样，可验证声明是标准化的、可互操作的。DID标识符的所有者实体先向发证者申请可验证声明，然后所有者基于可验证声明生成一个可验证凭证，并把这个凭证提供给验证者，由于凭证中附加了发证方提供的证明（例如发证方的签名），相当于提供了第三方公证，因此验证者可以确定该凭证中的信息是真实有效的。可验证声明支持采用零知识证明原理及技术实现对信息的选择性披露，从而隐藏无关的隐私信息。

基于DID及其可验证声明的分布式数字身份认证技术的应用场景非常广泛，可以实现诸如个人身份认证、食品安全溯源、个人资格认证（如学历、驾驶资格）、物联网设备认证等。但DID标准更类似一个技术框架，规定了要素及流程，并没有指定具体实现技术和方法。因此，在实际应用建设时可充分运用BaaS服务或链管平台提供的功能，以降低分布式数字身份认证服务系统的构建难度。BaaS服务可以提供底层的联盟链基础设施、加密及数字签名技术、智能合约开发和调用、访问接口API和用户钱包SDK等，依据DID和可验证声明技术规范，可以用较短周期、较低成本搭建出DPKI系统，在各种应用场景中为数字身份的拥有者、发证方和验证方提供服务。

7.3 数字资产

数字资产（Digital Asset）是指实体在虚拟空间里拥有的所有资产。实体对所属的数字资产拥有相关的权利，可利用数字资产并获取产生的权益。

如图7.6所示，数字资产是实体名下资产中的一部分，另一部分是传统的实物资产、无形资产等。货币（资本）和知识产权等可兼有两种类型。数据资产（Data Asset）是数字资产的主要构成，但非全部，如计算机和网络上运行的开发工具、办公系统等，是实体购买而拥有的资产，是数字化形态，却不属于数据。

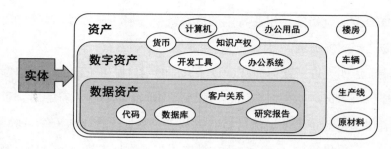

图7.6 资产构成及关系示意图

不知不觉中，数字资产在资产中占有的份额越来越大，其价值越来越不可忽视，按照这一趋势发展下去，未来数字资产必然成为资产的主体。事实上，有许多已然成为现实。

回想多年前，家庭财产主要就是实物资产，如现金、首饰，假如家里不幸被窃贼光顾，除了房屋（固定资产）搬不走，财物损失对家庭而言会非常巨大。现在的情况已悄然改变，家电等家居用品已成为寻常之物，家庭财富主要构成是存款、理财等，这些都在手机中。于是，相比担心入室盗窃，更怕的是手机丢了，倒不是怕被人从手机里偷钱（有多道安全措施），而是冻结及后续恢复各种账号极为麻烦，短时间内不能解决的话正常生活都会受到很大影响。

还可以考察软件开发公司、网络服务平台、金融或技术咨询机构、设计工作室等，这些跨不同行业、不同商业模式的企业有一个共同点，就是干的都是数字空间里的活，从原料到产出都是数据，故一旦倒闭，将会人走楼空。无论原来市场估值有多高，创造的收益有多大一切都会变为"0"，在现实世界里既没有机器厂房，也没有积压产品、剩余原料，几乎留不下什么值钱的东西可以变卖以贴补投资方损失——办公场地是租的、计算机只剩不多残值、云资源已被回收、知识产权已失效、数据不知所踪。因此，数字资产在数字时代经济、生活中的地位可见一斑。

在数字资产中，具有核心价值的无疑是数据资产。数据可以直接或间接创造价值，包括经济价值、社会价值，是数字空间的标志性特征。在城市运行管理中，传感器采集的数据、网络舆情等成为决策基础，能够实现城市治理数字化；在民生类公共服务中，各条块职能部门的数据支撑业务优化、整合，社会化服务运用数据赋能进行完善、升级，能够实现城市生活服务数字化；在金融、商业和生产活动中，基于数据构建产品和服务，交易数据产生利润，并为其他实体提供数据能力，能够实现数字经济繁荣。再比如人工智能系统，模型参数的训练需要依靠大量被打好数据标签的数据构成的集合，大数据系统要发掘未知规律更是需要对海量数据进行深度分析。

因此，数据是数字空间的基石。那么，数据可信性就显得尤为关键。

在计算机和网络里，身份、属性、关系、设计、文档、知识、技术、财产、图像、声音、代码、工具、行为、状态、环境等，一切都是以数据的形式存在、交换和变化。假如无法保证数据真实，那么欺骗攻击就有机可乘，虚假信息就肆意妄行，人为干预就随心所欲，恶意侵犯就有恃无恐。最终"假作真时真亦假"，网络世界必然变得真假难辨，将完全丧失可信度、可用性。

因此，从数据生成与采集，到清洗与治理，再到处理与利用，应在全过程的各个环节对数据的真实可信性进行保障，基本措施包括以下两个方面。

（1）数据保全。指数据完整性检验，包括数据及其属性（创建者或引用者、使用者、时间戳、地理位置等）的及时存证，且不可被伪造（插入）、篡改（修改）、假冒（替换）、毁灭（删除）、混淆（乱序），要确保数据的原生性、客观性，对虚假数据可感知发现。以物联网采集数据为例，应在采集端第一时间自动存证，全程不给"人工处理"留下缝隙，即使是去除毛刺或插值，也是在数据清洗阶段由机器完成，并打上相应标签。

（2）数据溯源。指数据继承性检验，如图7.7所示，从原创（原生）数据出发，后续数据不论是否有修改、补充或交叉组合，都能呈现清晰的相关性传递关系。这样，包括对错误数据的合法修订（版本迭代）在内，任何数据都可通过这些继承关系路径进行逆向追溯，直达源头。以网络谣言为例，所谓谣言起于源、止于溯源，指的是如果能够对转发消息来源和路径清楚留痕，则很容易顺藤摸瓜定位到造谣者，形成强大的威慑力、有效的证据固化能力。一旦虚假信息源头被堵住，数据真实性就有了充分的保障。

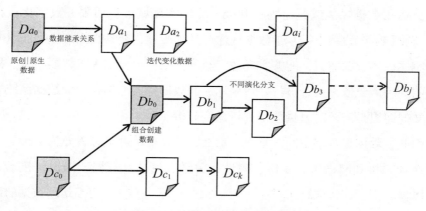

图 7.7 数据继承性传递示意图

数据能够防伪造、防篡改、可追溯，正是区块链技术具备的独特能力。通过区块链与大数据、物联网、人工智能等技术结合，数据及其来源关系上链存证，达成全网共识，数据及其变化脉络由分布式账本固化下来，可夯实可信计算基础。

但是区块链并不负责保障上链前数据的质量。数据治理是数据从采集到上链之间的必要步骤，用于保障数据的准确性、合规性等指标。数据治理的基本方法是扩展数据库ELT方法，即数据抽取（Extraction）、加载（Loading）和转换（Transformation），来进行数据清理、数据归约、数据集成与数据转换。例如：数据去重或脱敏；删除误码或噪声造成的差错数据；插补遗漏或缺失的数据（合理推算并打好标签，有别于数据造假）；在尽可能保持数据原貌及满足应用目的的前提下，最大限度精简数据量；汇集多源数据构建更多维度数据集；转换编码方式更有利于数据进一步处理等。

此外，数据一旦上链则不可修改、删除或撤回。假如某区块链系统支持已上链确认的数据（交易）有更改方法和渠道，即使更改操作是被严格管控的，也可能会被违规利用或被攻击者突破，从而埋下安全隐患，对区块链系统的可信度造成致命危害。因此，当发现链上数据有误时，正确的方法不是更改，而是通过合规性操作（可通过智能合约验证）提交正确的新数据（交易），与差错数据构成版本呈递关系，达到修正数据的目的。

区块链上可信保全的应该是虚拟货币、数字藏品、数据资产等有价值的内容，并且区块链将各类资产与权属方可信地关联起来，可进行资产及权利的安全转移和利用，这才是区块链的能力所在。应避免链上只是用来保存数据指纹的简单化设计，因为这会造成数据是孤立而互不关联的、缺少权利属性的、没有继承关系的、不可执行操作的，结果必然导致上链多了一些缺少"灵魂"的"僵化数据""散装数据"，无法成为后续数据利用的基础。这就是有的区块链应用方案会被质疑"为什么要用区块链"的原因。假如该方案仅仅为了实现数据完整性保障，区块链之外还有其他不同技术方法，有些方法（包括中心化系统方案）可能更有效，相对而言，用区块链的代价更高、系统更复杂，反而成了不合理的选择。区块链技术应成为数据及其应用雪中送炭式的问题解决者、需求满足者，而不是锦上添花的附属品。

7.4 数字资产确权

数据要成为实体所拥有的资产，需要实现确权。资产确权可以有两种方式：一种是占有式，另一种是标记式。比如自己口袋里揣的钱、家里的家具、账户里的股票、计算机里安装的软件等，都属于占有式拥有某一种资产。身份证、毕业证、借据、刻了字的碗等，则属于标记式拥有资产。如果资产为自用，则拥有方式并不重要；如果需要向他人转移资产的全部或部分权利，就必须采用标记式（除非依赖信用及互信），以申明实体对资产具有的权利并可进行验证。

数据是一种具有特殊性质的财产，因其可以很容易被复制、修改、删除，也具有动态变化、不断更新的特性，如果数据要转移和利用，就需要实现精细化、智能化的确权。

数字签名是提出数据所有权声明的可行、必要的手段，但不够充分。一方面，数据与数字签名是可分离的，换句话说，任何人都可以对某个数据实施签名以宣示所有权；另一方面，数字签名不带时间戳或时间可任意设定，无法证明先后关系（谁先做的签署）。因此，在现实生活中往往需要依靠具有公信力的第三方机构（如公证处）进行认定。

数字空间的海量、变化的数据资产确权显然不能采用常规的中心化机构认证方式，因为效率、安全、成本等方面都难以保证。实现分布式可信账本的区块链技术是数据资产确权的解决方案之一。如图7.8所示，数据确权操作按流程分别在私有域和公共域执行。

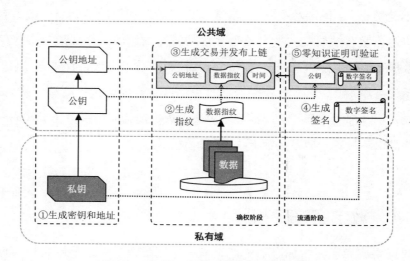

图 7.8 数据资产区块链确权原理示意图

在私有域中，数据所有权人生成并掌握私钥，同时生成可公开的公钥和公钥地址。当需要对数据资产进行确权时，可使用哈希算法生成数据指纹，与公钥地址、当前时间一起组合为锁定交易，随后发布到位于公共域的区块链网络，经共识予以确认，形成用公钥地址识别的对数据资产的权利声明，完成数据资产的确权。当需要进行数据资产验证（例如转移数据资产）时，资产所有权人只需提供公钥与数字签名作为证明，配合确权交易中的公钥地址，即可由区块链记账节点进行检验。不掌握私钥者（非权利方）无法提供正确的证明信息，就不能动用该数据资产。在整个过程中，私钥与数据一直留存在安全的私有域中，秘密和隐私得到妥善保护。确权声明不必暴露身份信息，当然如果有应用需要，也可以对部分信息进行选择性披露。

运用区块链实现数据资产确权可由数据拥有者自主完成，而其他方即使在获取到数据资产的指纹信息后发布确权声明，但是由于在区块链存证的时间序列中无法超越真正的所有权人，因而很容易对其鉴定真伪。在有些应用场景中，数字签名可以使用环签名、盲签名算法，以满足更多数据确权和利用需求。

数据资产的流通（如共享、交换、抵押、销售等）本质上是一种数据资产权属关系的转移，可以仅向受让方转移部分权利（如使用权），也可以是全部权利；可以为有偿或无偿转移；可以预设有效期限、使用范围等条件；可以在多个成员间实施转移。不管怎样，数据资产的流通都应以可验证交易的形式在区块链上发布和存证，并可持续进行，形成完整的交易链条。例如，可基于区块链技术建立合法合规的数据资产交易平台。

7.5 资产数字化

数字化资产可以在信息系统中高效管控、灵活操作，因此，如果现实世界的实物资产实现数字化，就能统一为数字化资产，形成资产持有、管理和经营一体化。

区块链技术可支撑资产的确权和流通，为资产数字化提供了有力支撑，包括新型的数据、系统、资本、品牌、知识产权等虚拟化资产，也可包括固定资产、生产资料、人力资源、产品（商品）等传统型资产。

如图7.9所示，实物型资产数字化的难点是在上链前，即如何提取实物的特征数据，以确认其唯一性，而且要做到该确认方法可以被他人反复检验，结果稳定一致。

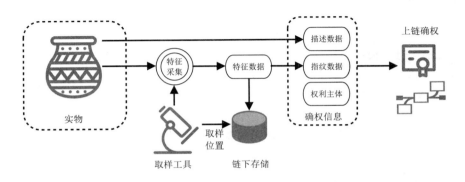

图 7.9 实物资产确权原理示意图

普通商品确权可通过印刷或镌刻序列号的方法，或在生产时埋设RFID电子标签，而对于古玩、名画等贵重物品，必须采用特征数据的无损提取方式，例如，通过放大、显微图像，采样物品表面自然造就、无法仿制的独特的纹理，或岁月沉淀缓慢形成的微小裂痕。

非同质化代币（Non-Fungible Token，NFT）是一种典型的资产数字化、数字资产确权和交易的技术，不仅可用于数字化商品或作品，而且可用于实物。众所周知，代币或货币具有同质性、可分割性，即所有人持有的一元钱都能买到同样的商品，而且可以线性分割为更小的角和分，0.5元钱可购买一半数量的这种商品。但是，当使用区块链代币与某种数字资产及其所有者绑定后，代币的性质就发生了变化，成为非同质化的、唯一性的资产，且不可进行分割。比如用经标记的1个虚拟币为NFT，代表100股公司股权，员工可以用此法持股，并可根据职工股管理规定限定可转让或变现的最早时间。非同质化代币也可用于实物，比如一幅照片的NFT、一个藏品的NFT或一辆汽车的NFT等。

灵魂绑定代币（Soul-Bound Token，SBT）是NFT的一种特殊类型。在区块链网络中，SBT是指代表个人身份和信息的代币，但不可转让。例如，户外探险俱乐部成员SBT、书画爱好者社团会员SBT。再例如，医疗记录、工作经历等个人或法人实体的各种类型的信息。持有或发行SBT一般由区块链钱包客户端（轻量化节点）完成，故钱包客户端被拟人化地称为"灵魂"，可以绑定相关信息，代表背后的实体的某个侧面。一个实体可以用多个钱包（即多个灵魂）呈现自身的不同侧面，比如工作经历构成的"能力经验灵魂"，医疗记录构成的"健康状况灵魂"。不同的SBT集合体就可以有针对性地、真实可信地在不同应用场景中分别发挥作用，如验证用户身份、证明自身才干。

但是NFT、SBT及资产数字化都需要关注一种风险，即承载的区块链系统的选择问题。如果同一对象分别由不同区块链系统确权，则无法保证资产唯一性。

资产数字化不是静态的、一次性的，而是一个全生命周期的、动态的过程。以公司的一台计算机为例，如图7.10所示，作为一项固定资产，一方面资产可以由多个部件所构成，应分别确权，便于单独管理和转移；另一方面资产从购买到报废可能经历维修、更换、扩展等变化,并会发生使用权的变更,这些变化都应准确、全面、及时在区块链上反映出来。

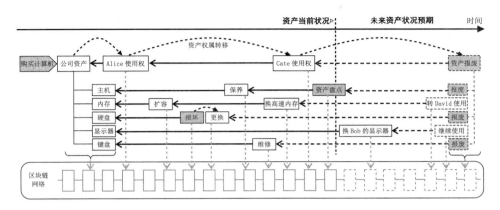

图 7.10 数字化资产全生命周期动态演化示意图

第8章 区块链金融——金融科技创新

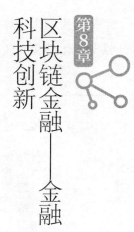

区块链技术生来就有一颗"金融之心"。用或不用,区块链金融能力就在那里。区块链与金融存在天然的相融性,充分发掘并运用区块链技术赋能,方能物尽其用,助力金融领域数字化转型与创新。

8.1 链改

Internet是互联网络,Web是信息网络,Blockchain是价值网络。如果这个价值单纯指区块链上运行的虚拟货币,那么不免失之偏颇。如果价值还指区块链对应用的支撑作用、链上所包含的数字资产(存储的信息)、对业务提升与创新的贡献,那么确实有几分道理。

区块链可看作是一种底层技术,就像操作系统或IP网络,其本身并不能产生实际效益,反而意味着大量的成本和投入。区块链只有与某一项应用目标进行结合,其意义和价值才能体现出来。好比在操作系统上安装一个应用软件,在IP网络上运行一个应用协议。

8.1.1 区块链技术基因

每个行业都有各自鲜明的特点，对信息技术的诉求必然侧重点不一，既要考验技术的通用性，又要展现不同场景下的灵活适应能力。区块链技术就具备这样的特质，问题在于要找到与行业应用的契合点，以充分发掘区块链技术潜力。

区块链作为一种创新技术，具备诸多优秀特性，如图 8.1 所示。这些特性好比是 DNA 序列，构成区块链的遗传基因，促进了数字化应用生态的物种多样性。

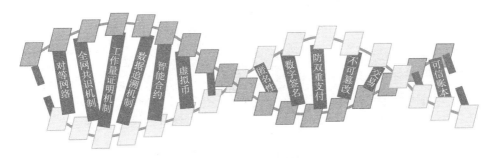

图 8.1 区块链技术基因示意图

正如人类基因有 99.99% 的相似度，却长相有别、性格迥异，有些人极富运动细胞，有些人对数字很敏感，有些人绘画能力超群，有些人擅长制作机械装置，从而形成这个丰富多彩的大千世界。区块链技术也是如此，应该因需而变，个性化地服务于不同行业、不同应用。一方面，区块链金融、智能合约等具有特色的能力应尽可能利用好，而不是只把区块链用来做简单的信息存证，好比一个人具备举重天赋却被安排当搬运工，轻则浪费了区块链潜能，重则使区块链可有可无；另一方面，如果区块链技术的某些方面与应用需求有差异或不足，比如一个人跑跳很厉害可是跳远技术不够好，就该练好技术而不是修改跳远运动规则，同理就应当有针对性地改进区块链技术，甚至不惜在最底层调整共识机制、引入网络分片等。

如图 8.2 所示，区块链技术就像生物体，以原子功能为 DNA，不同 DNA

构成可形成各种细胞组织、功能器官，比如网络架构不同、共识机制不同、验证算法不同，也会造就出特性、能力不同的区块链系统，有的比较高效，有的强调可信，有的注重安全，这样才能有针对性地服务于不同行业应用，体现区块链技术运用的灵活性、需求的贴合性、环境的适应性。

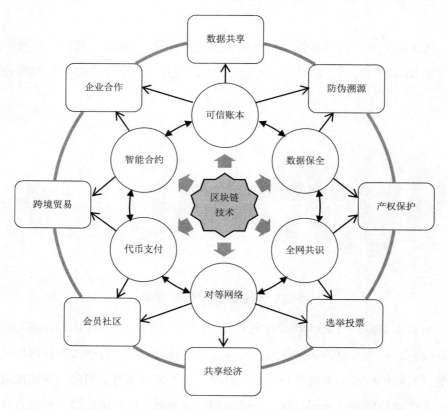

图 8.2　区块链技术支撑行业应用示意图

此外，在区块链技术应用中，要注意区分一些相似或相关但不同的概念。

（1）信任与可信。区块链系统解决了数字空间的信任问题，但并非构建了参与方之间的信任关系。恰恰相反，参与方之间越不互信，共识机制可以运行得越好，因为不能互信就不易达成共谋。因此，在区块链系统中，成员间信任与否毫无关系，也不存在值得信任的中介方，参与方之所以愿意加入系统、放心与其他方交易，是因为区块链建立了可信的账本，各方认可这是一种公平、安全、可靠的交易环境。

（2）隐私与监管。区块链上的交易数据是向所有节点（特别是记账节点）公开的，故如何保护资产、信息等上链数据的隐私安全十分必要，没有参与者愿意让其他人全盘掌握自己的财产和流动情况，为此可采用非账户公钥地址、零知识证明、多地址混用、随机交易合并等方式。但金融系统审计和监管同样重要，以威慑及侦查违法行为，这就需要区块链系统能够以上链前后身份识别信息解耦等方式实现两方面的兼顾。

（3）追溯与追踪。区块链交易记录可关联已确认的交易，形成交易链，以达到追溯资产、信息来源的目的，并防止虚假数据产生。交易或数据追踪则是区块链系统要防范的，需防止攻击者试图通过链上信息与行为分析来发现资产、信息持有者的真实身份（不同于监管）而侵犯用户隐私。

（4）杠杆和支点。科学史上阿基米德有一句名言：给我一个支点，我就能撬动地球。重要前提一定是要先掌握技术作为杠杆，然后找到巧妙的支点（需求点），两者结合就能事半功倍，产生巨大的成效。不能把金融领域常用的资金杠杆简单平移到区块链身上，混淆虚拟币的概念为杠杆，把利用虚拟币牟利作为区块链的唯一目的，无疑是舍本求末、急功近利的行为。

8.1.2　链改系统架构

运用区块链技术对应用系统进行流程、功能、效率和扩展等方面的改进，就称为链改。

作为链改对象的应用系统一般已经存在，有的甚至运行已久，但往往存在某些问题难以得到有效解决，在技术、环境、制度等条件不变的情况下，只能进行小幅度的、有限的改进，无法从根本上破解难题。此时，如果有些困难恰好是区块链技术所擅长去克服的，就非常有必要实施链改。很多时候技术不仅是技术，还可能是破局之道。例如，多个单位有意向进行联网合作，却一直做不起来，这个说自身信息化能力不足，那个说安全性上要多做研究，实际是不满于中心化系统架构，谁都想成为"中心"，又都不愿意别人成为"中心"，这个僵局会一直拖着无法解决，而一旦引入区块链技术，对等网络互连模式下不再需要纠结谁是"中心",问题由此迎刃而解。

服务于链改的区块链网络通常为联盟链类型。对某一次链改专项可以建设专用的联盟链,特别是涉及多个成员单位合作的、专业性较强、规模较大的业务,而单一单位或业务量较小的应用则可以直接使用城市或行业的公共联盟链。

如图 8.3 所示,联盟链一般由负责记账的全功能核心节点构成"基本盘",维持区块链规模稳定性,保障记账任务的完成,在此基础上可按需扩展普通成员节点。成员节点除了承担交易验证、交易转发,同时承担上链适配功能,向传统信息系统提供区块链服务 API 接口,如发布交易、读取交易等,使信息系统更容易实现区块链服务调用。

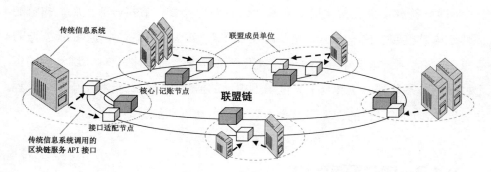

图 8.3　基于联盟链的信息系统链改示意图

通常,参与联盟链的每个成员单位都应部署核心节点和普通节点,在网络互联上更靠近信息系统,甚至位于同一个子网内。之所以在成员系统中部署节点,有以下四方面好处。

一是非挖矿型共识记账的联盟链的需要,要具备一定数量而非冲着获利目的的记账节点,即为记账(节点)提供资源支撑是一种义务。

二是自身在一定程度上掌握记账节点(虽然技术上不完全掌控),相当于亲自参与共识,身份上与其他方对等,其他方至少无法肆意妄为地作恶(假设前提下),对链上数据的可信更有信心。

三是本地化部署使信息系统对区块链数据读写、交易发布等操作得以实现本地操作,更加可靠、更加高效,也更加安全。

四是便于利用节点设备实现链下数据存储，因为在某些应用中，可能规定链下数据不得离开内网。

以区块链技术在物流运输行业的应用为例。全球物流业翘楚联邦快递FedEx创始人弗雷德·史密斯（Fred Smith）曾断言："除非公司采用区块链等新技术，否则将遭遇灭绝的危险。在区块链和物联网方面的投入，是公司提升客户服务水平和抵御外部竞争的战略手段之一。"

在全球贸易日益繁荣的今天，从订一份外卖，到飞机配件跨国转运，从线上到线下交易，无不依赖快速、高效、可靠的物流运输。物流领域从业企业往往能够顺利实现内部的业务信息化，但是，单靠一家企业难以包打天下，许多物流递送需求需要多家企业"接力"完成，因此用于企业合作的物流信息互连互通十分重要，而且要保障相关企业的商业信息不会泄露。同时，用户也不希望自己寄送的"包裹"像进了"黑盒子"，对于到哪儿了、何时能到达等信息，完全被蒙在鼓里（就像传统的邮政系统），而是要求物流信息清晰、准确、及时、透明，不再停留在"能到即可"的最低要求，而要对信息有"全盘掌握中"的感觉。

以往各个物流业务供应商都是采用向合作方提供API查询接口的方式，如图8.4（a）所示，形成各自为政、没有统一标准、两两互连的网状拓扑，不仅复杂、低效、难以维护，而且不利于扩展。如果采用区块链技术，比如采用联盟链或互联链方式，如图8.4（b）所示，可形成更为合理、简洁的总线型拓扑，所有参与方是对等、互惠关系，合作业务及用户所需的物流信息被发布到区块链上，只需取得信息源的授权，即可共享链上的相关数据。

传统物流业已逐步发展为供应链（Supply Chain）产业。随着社会化分工的细分化、专业化、全球化，现代企业的采购、生产、物流、销售、监管等越来越需要来自全国乃至全球供应商的支撑。这些体量庞大、相互依存、合作共赢的共同体及其供应链却存在明显的痛点：主体间信任关系难以保证、链条管理跨度大、中低频交易、信息不对称、信息追溯能力不足、全链数据获取困难等。

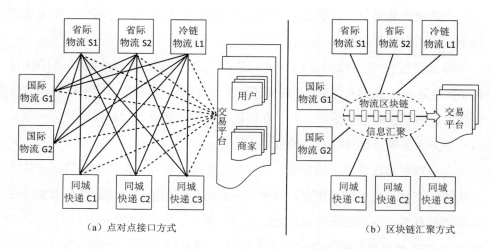

(a) 点对点接口方式　　　　　　　　　(b) 区块链汇聚方式

图 8.4　物流信息互联互通模式比较示意图

因此，维护和提高供应链运作效率、降低整体管理成本、增强链上企业竞争力是十分有必要积极探索的课题。区块链技术的应用无疑是一种解决之道，可在充分掌握信息的基础上使供应端直接对接需求端，实现不依赖信任关系的交易，并缩短产品订单周期，有效优化供应链反应时间。

按照这一技术思路，可基于区块链构建全流程物流信息系统，如图 8.5 所示，区块链网络覆盖用户、快递员、配送点、仓储（转运中心）等各参与方，从收单到运输再到送单，每个环节的流转信息都可以实现汇集和共享，每单的时间和位置可由物流公司和收发用户及时掌握，且每单都可形成清晰的追溯链。系统可为一家物流公司独立服务，也可连接多家公司，形成行业协作网络。

进一步拓展的供应链金融可围绕核心企业，覆盖上下游中小微企业，打通贸易与融资环节，获得商业银行、保险理财公司等资金端的支持。区块链技术所构建的供应链体系，可在一定程度上解决信用评估难、融资成本高、汇票等融资手段限制大、资金端风控成本居高不下等问题。区块链所特有的金融功能还可搭建票据平台，与供应链金融业务结合，实现票据融资、签发、拆分、统计、清算、结算等功能，例如实现数字票据在多方见证的情况下，公开透明地进行快速支付和快速拆分，让核心企业的信用向供应链的上下游传递，开创供应链金融新模式。

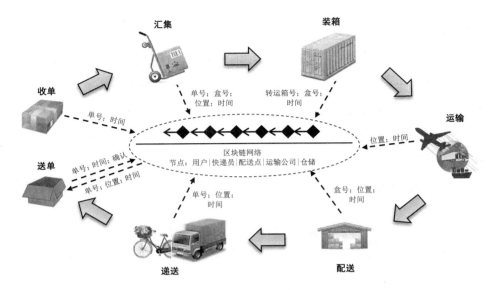

图 8.5　区块链物流信息系统示意图

可见，"区块链+供应链"颇有"双'链'合璧"的意境。

除了物流、供应链，在电子商务（e-Commerce）领域，区块链技术还有不少用武之地。一是实现去中介化，直接对接C（Customer，消费者）和F（Factory，工厂），缩短产销行程，消灭经销成本，非常利于消费者，还可实现C2F个性化定制；二是固化商品品质承诺，签订多方合约（如团购），实现交易信用的记录、保全、评价机制，并运用代币功能构建会员社区积分体系，激励并留存客户；三是服务于跨境贸易（包括代购、海淘），例如由授权经销商背书进行正品防伪验证、合法销售渠道溯源、多币种支付及退税等。

8.1.3　链改模式

链改是数字化转型的"区块链+"模式。因此，链改应当触及业务流程深度，而不应流于表面，比如只是把区块链当数据库来用，仅仅用于存证数据。

链改并不只有一种模式，当然也不必追求一步到位，可依据内在需求和客观条件等因素循序渐进，逐步逼近和达到较为理想、完美的模式，直至对业务进行颠覆式创新。

以较常见的跨行转账为例，其痛点是转账（到账）速度较慢（特别是通过SWIFT进行跨境转账）。假定Alice和Bob两家企业进行跨境贸易，当Alice通过甲银行付出一笔货款，或许三天后才能到乙银行Bob的账上，Bob收到货款后才发货。对于等待的三天，就是"啥事也干不了"的状态，对双方企业而言就是实实在在的损失。如果相关银行运用区块链技术进行链改，巧妙利用链上代币及支付交易等金融功能，就可以改变现状，为跨境贸易企业排忧解难。如图8.6所示，分别为浅度"旁路式"、中度"嵌入式"、深度"重构式"深化递进的三种链改模式。

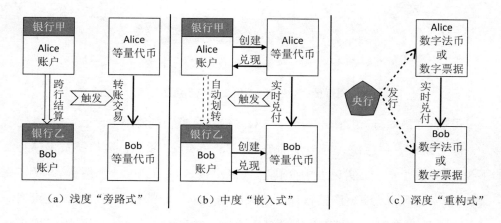

图 8.6　跨行转账业务链改三种模式示例

（1）轻度链改，即浅度"旁路式"。维持原有业务流程不变，运用区块链提升用户体验。

跨行转账涉及银行间结算，跨境转账需通过SWIFT及清算机构，到账时间以工作日计。在业务流程暂时难以更改的情况下，建立跨银行的区块链网络，形成旁路式架构。当Alice发起转账后，在区块链上创建转账金额的等量代币，由转账事务触发，向区块链提交这些等量代币从Alice到Bob在乙银行账号的转账交易。区块链交易迅速确认，意味着代币已从Alice转给Bob，可是实际转账并未真的到达收款账户，还在按原来节奏走流程，似乎区块链并没有起到什么实质性作用。但是收款方Bob观察到交易上链，说明资金已经在途，到款只是时间问题，链上已确认交易不可撤销，Bob就可以放心地立刻发货，双方贸易中原来的"干等"时间被消除掉，业务效率事实上得到提升，说明这种轻度链改也是有价值的。区块链交易因具有很高的可信度，在这一应用场景中相当于两家银行给出了一份"到账保证书"，使Bob不会因"发货抢跑"承担不必要的风险，甚至可能以此架构实现Bob将该交易中的部分代币直接转账给供应商，即使这笔钱尚未入账。

（2）中度链改，即中度"嵌入式"。用区块链改造和优化业务流程，进一步提升应用成效。

改造转账操作业务流程为：当Alice发起转账时，付款银行用Alice的资金在区块链上创建等量代币，并生成转账交易（代币交易实际起到消息传递作用）；交易上链生效后，触发收款银行将链上代币兑现为Bob的账户资金。由于区块链操作嵌入式参与进业务流程，转账速度几乎等同于区块链交易确认速度，真正实现了银行业务加速。在这一模式中，各家银行只要加入区块链网络即可（或共同发起区块链网络），不需要相互间签订繁复的双边协议，并且不需要依赖SWIFT提供中介服务（不易遭受剔除制裁），也可节省一大笔中介费及对接系统和运行的成本等。区块链在这种链改体系中成为必不可少的组成部分，而不再是附属品。

（3）重度链改，即深度"重构式"。基于区块链的业务流程彻底重构，创建新业务模式。

如果采用央行发行的数字人民币（简称"数币"，央行在数币使用阶段不直接参与）建立跨境贸易区块链，数币直接上链或在运营机构支撑下转换为链上虚币。当Alice发起转账时，自行在链上创建到Bob的转账交易即可。Bob的转账收入可以继续在链上使用，也可随时兑现。这种基于区块链的点对点转账操作，不仅没有额外延迟，而且没有中间环节（甚至不需银行参与），转账成本进一步减少，成为一种全新的金融业务模式。

链改不只是针对业务层面进行，数据资源等基础层面也需要进行链改。例如，虽然已经建成了大数据中心，数据已完成集中存储和管控，可支持数据共享利用等数字化应用，但链改依然是十分必要的。首先，数据资产化是大趋势，无权属关系的数据无法担当新型生产力的数据要素；其次，随着法律法规进一步细化和完善，数据加工、流通和利用都需要实现主体行权，传统信息系统难以在技术上充分支撑；再次，为实现隐私计算以保障数据资源安全，需要区块链技术深度参与；最后，由于大数据中心不可能对所有数据进行物理集中，相当多的动态业务数据实际上位于各职能系统，区块链既可以实现数据资产目录生成和发布，又可以承担跨异构系统数据访问安全底座的角色。

8.2 区块链金融科技

充分发挥区块链金融科技能力，对于行业链改具有关键性作用。要发展数字经济，金融是核心支撑力。在依法合规前提下，区块链金融将有助于各行各业数字化进程中推进业务融合与创新，以创造更大价值。

区块链金融能力建立在可信计算基础上，主要体现为五个方面：资产确权、流通记账、对等交易、智能合约、数字代币。其中，经常被误读误解、最易引起争议的是区块链数字代币，即虚拟币、Token。

区块链数字代币并非主权货币，既非流通现金M0，也非叠加活期存款的狭义货币M1或再叠加定期储蓄的广义货币M2，不具有法偿性、通用性，而是一种可持有、可流通、可量化的特殊等价物，可在区块链网络中进行安全、可信的操作。

依照现行《中华人民共和国公司法》和《中华人民共和国证券法》，区块链数字代币也不属于证券，但毫无疑问需要被监管。参考美国判断一种金融产品属于证券所采用的豪威测试（Howey Test），即一种金融产品及其交易是否具有（同时满足）如下四个特征：

- 涉及资金投入，可包括金钱、物品、产权、技术、劳务等一切有价值的东西的投入；
- 期待能够从该投资中获取利润；
- 资金投入一个共同事业；
- 投资回报是仅凭借发起人或第三方的努力，这一条很关键，即投资者不掌握经营权、管理权，完全依靠他人。

比如催生出豪威测试的案例：1946年豪威公司将柑橘园出售给买家，买家（即业主、投资人）再将土地回租给豪威，豪威负责种植和经营果园，与业主分享收入。业主以"租金"的名义获得投资回报。豪威公司的商业模式全部符合以上四个特征（或许特征就是从该案例中抽象出来的），被判定为证券投资。按豪威测试来衡量，美国同样认为虚拟币交易平台交易的虚拟币应按证券来监管。

对于区块链代币的立法和管理必然趋于细化，而从技术和产业的各个角度综合考量，如果遵循以下原则进行操作，则法律风险可控，能够保障业务开展的可持续性。

（1）代币不作为通用型货币流通使用，无论是在线下还是线上（如社交平台）。代币应限于所在区块链网络范围内，且专用于指定业务的资金流转所需。

（2）不以资源消耗为代价（如算力挖矿）生成代币。金融能力和服务理应是资源友好型的，而不是每一枚代币背后是成吨的碳排放。

（3）代币始终保持与法定货币兑换率恒定，且无利息。锚定兑换率本质上是使代币充当"化身"而非可以"追涨"的标的物，无利息使代币无法作为投资工具，当单纯的持币变得毫无意义（甚至兑换代币还需要支付一定的手续费），那么就不会滋生炒币行为。从更严格管控的角度来看，可进一步要求代币提现应为同一种法定货币，以防止其成为逃避外汇管理的途径。

（4）链上代币总量等于法定货币资金池存款总额。其意义在于：一是在实现方式上响应了原则（2），即代币基于在资金池中"冻结"的法定货币来等量生成；二是在保障措施上落实了原则（3），即不存在代币溢价的可利用机制。

根据这些原则来设计产业链、供应链的金融服务支撑系统，链上代币的价值脱虚向实，屯币炒币等违规操作的可能性被排除，真正的金融能力将得以发挥出来，好比驯服一匹充满力量的野马，将狂暴和无序的能量转化为听从指挥的、指向目标的驱动力。

以供应链金融为例，如图8.7所示，设立兑换链上代币的资金存管中心，配置资金池机制，法定货币资金到位即按1∶1比例生成等量代币上链确权，若需要将代币兑换回法定货币,则同时在区块链上销毁该主体持有的等量代币。不用担心存管中心的中心化架构是否会带来负面影响,该中心只发起代币上链和下链交易,因此可视为区块链网络的参与成员之一。

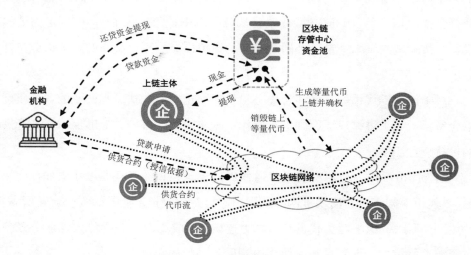

图 8.7 链上代币生成与操作示意图

供应链上链主体(如各个企业)之间的供求合同可通过智能合约实现,支付的货款由链上代币转账实现。参与供应链的金融机构可依据实体签订的供货合约向实体授信贷款,免除繁复的征信评估和财产抵押,通过资金池以代币形式发放贷款,实体可使用贷款签订购货合约支付再生产所需的原材料货款,金融机构可监管专款专用的代币流向,并可直接接收关联的供货合约的收入作为还贷(包括利息)额。金融机构收取并持有的代币可以通过资金池提现,或保留在链上进行下一笔放贷业务。在这一系统中,产业主体与金融机构间的资金操作,都可在链上通过智能合约全程、可信、循环往复地完成,只有需要提取经营利润时,才需要通过资金池提现。

8.3 数字化监管

金融监管是特定的机构(如职能部门)依法对金融交易主体及其行为进行

制约，以达到合法合规的目的。金融监管分为金融监督与金融管理。金融监督指通过检查和督促以保障市场主体稳健经营、金融市场有序发展；金融管理指主管机构对市场主体执行的组织、协调和控制等措施。监管可扩展到上级对下属企业或部门、联盟对成员单位等。金融监管可为主动式，如完善法律法规、制定"负面清单"、分析运行态势；也可为响应式，如针对暴露和发现的违法违规行为进行处置、阻断及惩戒。

数字技术的进步为金融监管带来了信息采集和处理能力的增强，也对监管的全面性和深入性带来了提升，改进了掌握信息的及时性和动态性，但给监管工作带来了困难，如身份隐藏、信息扰乱、加密屏障等，现实世界的监管与反监管这对矛盾和斗争同样延伸到数字空间。

以比特币系统为例。比特币及各种虚拟货币都有保护个人隐私的措施，以防止个人信息、资产信息、交易信息的泄露。如比特币地址，完全匿名且可以持有多个，并能经常更换，难以追踪。但如果监管部门运用大数据技术分析所掌握的各种信息，如在其他平台或商店的购物记录，或已知某几个人之间发生的交易，进行交叉比对后，侦查相关资金踪迹是可能的。例如，发生在2021年的美东输油管道遭受病毒攻击事件的后续发展中，执法机构声称追回了输油管道运营公司支付的部分勒索金，但不是通过追缴或销毁比特币赃款（技术上难以实现），而是监视接收勒索金的比特币地址的关联交易，并由各虚拟币交易平台配合，一旦相关比特币（即使经过多次拆分和转账）卖出套现，就可顺藤摸瓜关联到对应的交易平台账号，进一步关联开设账号的手机号、曾使用的银行账户、历史交易情况等信息，并可同时实施冻结账号及其资金的强制措施。

规避隐私数据被分析、揭示的常用手段是信息混淆，例如用新生成的地址作为交易的找零地址，起到迷惑数据分析者的作用。另一种思路是交易合并（Coin Join）方法，如图8.8所示，将两个或多个完全不相干的交易拼成一个交易在发布到网络上，根据交易技术原理这对原交易几乎没有影响，而合并交易掺杂了许多干扰信息，有利于隐藏原始交易。但利用原交易输入输出总和完全或接近相等的规律，比较容易从合并交易拆解并复原出原交易，因此应尽量选择合并有相同输入或输出项的交易，不过需要运气或等待。此外，为了进行交易合并，往往需要通过某些中心化平台来提供服务，而这可能会引入其他方面的安全风险。

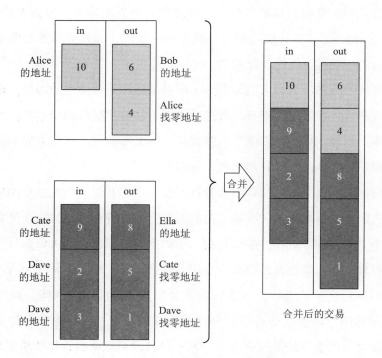

图 8.8　区块链交易合并原理示意图

运用数字技术可织就层层伪装，变换种种面具，因此，也要充分用好数字技术才会尽可能减少监管死角。金融监管是对利用金融工具实施违法犯罪活动的有力威慑，否则金融领域必然成为蛮荒之地。数字化监管的第一步是在线审计，即不断采集动态变化的交易信息并进行分析，如运用行为模式识别方法，初步判别交易异动，为深入分析提供线索。在区块链应用中，在线审计可采用两种模式：旁路式、介入式。

（1）旁路式审计属于弱监管方法，审计系统相当于一名隐形参与者，不从事区块链记账、共识、检验、路由、交易等活动，区块链网络和各方参与者对审计系统完全无感知，从任一区块链节点即可持续获取最新交易记录，从而可掌握所有交易数据。旁路式审计对应用不做干预，没有干扰，是一位安静的观察员,但受制于缺少交易者身份等信息,可能因为交易方故意采用多地址、多时段、多交易的分散操作等手法,所以难以察觉大额转移、关联交易、资本外逃等异常情况。模式识别方式理论上易被恶意数据进行训练,如逐步提升交易频率和交易额,成为高阈值的活跃用户,从而使真正到来的作恶行为变成识别的盲点。

(2)介入式审计属于强监管方法。介入操作仅限于身份鉴别、密钥生成阶段,并不介入之后的交易过程,因此不会对金融业务产生效率、时延等不利影响。首先,实现介入式审计要求所有参与交易的实体通过实名身份的认证,保证每个实体数字身份的唯一性,在审计中心或监管中心后台记录真实的身份信息;其次,通过密钥管理中心为提交申请的实体生成密钥,私钥安全交由实体自行保管(也可按需托管),公钥及交易地址后台绑定到实体身份,可支持每个实体多地址操作方式,其他交易对象无法了解,保持隐私保护机制仍然有效,但审计中心实际掌握各实体所有"化身"及交易情况,例如甄别是否存在非法募资等嫌疑。

8.4 数字空间法律保障

虽然我国目前尚未针对数字资产、数字金融专门立法,但是已经发布多部数字空间相关的法律,虚拟世界业已不是可以任意妄为的法外之地。

早在2005年4月1日起即开始施行《中华人民共和国电子签名法》(以下简称《电子签名法》),这是中国首部电子商务领域的立法,也被认为是首部真正意义上的信息化法律,自此电子签名与传统手写签名和盖章具有同等的法律效力,为扫除电子商务等在线交易的发展障碍迈出关键一步,同时成为网络应用安全、规范的有力保障。现在《电子签名法》已经普遍应用于政务、司法、经济、金融、生活、服务等各种数字化场景。

2017年6月1日起施行《中华人民共和国网络安全法》(以下简称《网络安全法》),这是我国第一部全面规范网络空间安全管理方面问题的基础性法律,是我国网络空间法治建设的一座里程碑,是依法治网、化解网络风险的法律重器。《网络安全法》要求监测、防御、处置来源于境内外的网络安全风险和威胁，保护关键信息基础设施免受攻击、侵入、干扰和破坏，依法惩治网络违法犯罪活动，维护网络空间主权、安全和秩序，包括国家安全、社会公共利益，保护公民、法人和其他组织的合法权益。

2021年9月1日起施行《中华人民共和国数据安全法》（以下简称《数据安全法》），规范了境内进行的数据收集、存储、使用、加工、传输、提供、公开等处理活动，保障了数据安全，促进了数据开发利用，保护了个人、组织的合法权益，并维护了国家主权、安全和发展利益。数据是指任何以电子或者其他方式对信息的记录，包括纸张、录音带、胶片等记录。由于数据可采用加密、压缩、分片等手段进行处理，在网络上传输很难被察觉，极易发生泄露秘密、侵犯隐私等案件，所以《数据安全法》更显必要，是从源头和根本上落实对数据的风险防范和严格保护，违法犯罪者可入刑，对那些企图对数据下黑手、谋暴利者必然产生很强的威慑力。

2021年11月1日起施行《中华人民共和国个人信息保护法》（以下简称《个人信息保护法》），在数据安全保障的基础上更进一步，指向目标更为具体、更为精准，在寻求个人信息安全的基础上，促进信息的合理流通与利用，体现了不是为管而管而是为用而管的理念。《个人信息保护法》侧重于私人权益，是为了切实维护公民个人的隐私、人格、财产等利益。

数字技术发展日新月异，网络界、司法界对新技术都有逐渐准确、全面、深入、细致的认识过程，由此会造成立法滞后的现象。数字空间产品和服务创新层出不穷，只要不违反现行法律法规，即使存在一些小瑕疵、小疑问，也需要给予宽容期、尝试期，有些缺陷可以通过完善技术、系统和制度加以弥补、修正，有些问题则充分暴露并厘清根源后再研究是否需要进入立法程序，这是对科技创新的鼓励，故立法滞后并非国家立法机构对问题的轻视或忽视，而是科学、严谨的作为。随着数字空间应用的扩展，尤其是数字经济发展中数字资产比重越来越大、应用场景越来越多，相关法律必将逐一面世。

第 9 章 数字金融安全——谁在觊觎奶酪

只要有奶酪,就会有人惦记。不论把奶酪藏在哪里,不论怎么费尽心思地藏,都会有人千方百计想要占为己有。

根据网络与信息安全相对性原理,系统中包含信息的价值越高则越容易遭受安全攻击。信息的价值包括但不限于虚拟货币、数字资产、加密密钥、访问授权等,要不就是财富或隐私,要不就是打开密室的钥匙。因此,无论是区块链本身,还是区块链所赋能的信息系统,要保护好美味的奶酪不被偷走,必须关注各个部分、各个层次、各个环节的安全风险。

9.1 区块链金融安全框架

区块链金融安全包含区块链网络和系统安全、基于区块链的金融能力与服务安全两个方面,而两个方面又是相互支撑、相互影响、紧密关联的。因此,既要运用全局思维把握整体态势,又要从细节入手进行防微杜渐。不妨通过宏观、中观、微观三种"景深"来审视区块链金融安全。

9.1.1 宏观安全

区块链金融不同于云计算、物联网等专项技术，其安全风险可以触达国家战略层面，如金融主权、国民经济、能源供应等，甚至波及全球，具有宏观性影响力。

2021年5月7日，美国科洛尼尔输油管道运输公司遭到了勒索软件的攻击，被勒索价值数百万美元的比特币，因关键数据被加密导致控制系统无法运行，美国东部四条主干成品油管道停摆。受此事件影响，全球原油价格大幅波动。5月15日，科洛尼尔公司表示输油管道恢复正常营运。6月7日，美国司法部表示追回了科洛尼尔公司付给勒索者的部分赎金，价值约230万美元。但此消息一出，比特币等虚拟币价格随之断崖式下跌，因为投资者以为美国政府可以轻松破解比特币密钥，虚拟币资产不再安全，恐慌下纷纷抛售。可见虚拟币交易市场十分脆弱，资本对虚拟币的安全性并无充分信心。

曾有极少数国家想用比特币作为主权货币，如果真的付诸实施，不但相当于将国家金融主权拱手相让，交给虚拟币市场投机者来操控，而且如过山车般大起大落的币值将使广大民众难以承受。同样关乎主权货币安全，动了美元奶酪的2019年的Libra币事件也给全球各国敲响了警钟。

区块链金融科技有潜能成为各国与国际的金融、贸易的关键基础设施，就像国际结算货币及跨境支付所需的SWIFT系统，谁掌握了新一代数字金融核心技术和资源，谁就掌握了国际金融秩序话语权，无疑关系到国家金融和经济体系安全，且影响深远。

9.1.2 中观安全

区块链金融体系建立在网络空间里，对互联网及区块链系统的安全威胁和攻击可以造成大面积动荡乃至瘫痪，相当于引发一次区域性大规模战役，危害巨大。

互联网的组网方式虽然具有很强的容灾能力，但也存在一些薄弱环节使其可能成为"阿喀琉斯之踵"，若被恶意利用将会产生牵一发而动全身的放大效应。

一是互联网域名解析服务的弊端。域名解析是将 fudan.edu.cn 等易理解、易记忆的域名翻译为网络协议需要的 IP 地址，是一种方便互联网访问的方法。用户在上网时已习惯使用域名，网站及各种信息系统的开发也几乎都采用域名链接，对域名解析的依赖性极强。互联网上建立了独立的层次化构造的域名解析系统，为全网提供服务。若某个域名解析被替换成钓鱼网站地址，固然是一种安全威胁，但一般影响较为局部。如果域名解析系统遭受诸如拒绝服务攻击而停摆，即使网络十分通畅，也无法打开网站、无法访问服务，大片区域的网络应用会因此受阻。一些区块链系统在底层代码中会尽可能避免使用域名，主要就是出于防范 DNS 崩溃的风险。

二是互联网底层安全措施的松懈。互联网基本面是"不设防"，IP 网络可以传输任何有用或有害的信息，如果不加以防范，攻击代码、病毒等恶意代码等就会乘虚而入。1988 年莫里斯通过电子邮件发布了一段专门攻击 UNIX 操作系统缺陷的代码，被称为蠕虫（Worm），毫无戒备的用户打开邮件即中招，蠕虫会自动发送邮件进行一轮又一轮复制、传播，据统计，在短短数小时内，当时 Internet 上全网约 8 万台计算机的 20% 陷于瘫痪，损失惨重。2017 年 5 月 12 日，一种攻击力极为强悍的 WannaCry 病毒暴发，其变种就是攻击美东输油管道的元凶，该病毒使用了 NSA 泄露的攻击工具 EternalBlue（永恒之蓝），通过蠕虫进行传播，一旦蠕虫被激活，立刻在内网自动发起攻击，对侵入计算机上的重要文件进行加密，并弹出勒索比特币对话框，受害者支付赎金后才有可能收到解密密钥，造成全球大量网络和系统被攻陷，直接或间接的损失无法估算。区块链系统本质上是运行在计算机上的一个应用程序，一旦区块链网络节点计算机遭受类似攻击，区块链网络及其 Dapp 应用都会整体瘫痪。

三是互联网基础设施的集中部署。如今互联网资源大多汇集在大型云计算中心，具有专业化管理、高效率利用的优势，然而也给攻击者带来了可乘之机。因为集中部署事实上形成了物理上的中心化，如集聚了大量应用系统，保存了"一家一当"的数据，若被攻占就可能遭到一网打尽，遭受灭顶之灾，如数据被拖库（指整个数据库被盗取）、重要信息被删除、应用系统被关停。区块链币圈的虚拟币交易平台也是受攻击者"青睐"的目标，因为中心化系统的攻击效果更好，且沉淀了巨额财富，防范能力又不及银行系统，可以从多个角度实施打击，如用网络技术盗取交易账号，用金融手段哄抬或打压币价等。

9.1.3 微观安全

网络空间安全的攻防之争更多发生在无处不在、无时不有的战斗中，因而战术层面的重要性不言而喻。信息系统在明处、攻击者在暗处，攻击手段千变万化、不断升级，俗话说"一着不慎，满盘皆输"，只要防范体系有所疏漏、存在短板，其他方面再强也于事无补。

如图9.1所示，在典型的互联网基础设施和应用系统中，安全威胁存在于内部网络、外部网络及互联设备中，存在于用户终端、服务器等各种主机中，存在于操作系统和应用系统中，还存在于网络开放系统协议栈各个层次中。

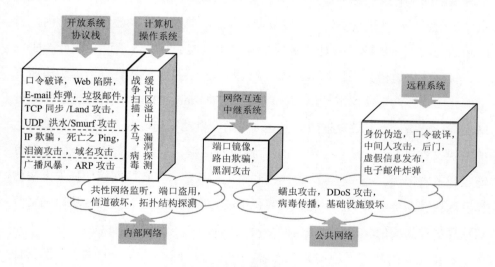

图 9.1　互联网安全威胁分析示意图

信息监听、漏洞扫描、网络探测等是为进一步攻击做准备；身份伪造、口令破译、中间人攻击等用于窃取资产、伪造数据；DDoS、邮件炸弹、广播风暴等破坏正常的系统运行和服务提供；病毒、木马、蠕虫等恶意软件侵害系统并可成为攻击载体。例如，通过病毒感染方式将木马植入用户终端或服务器，并远程控制这些僵尸主机进行虚拟币挖矿。

面对危机四伏的Internet，应该辩证地看待网络与信息安全。

首先，应当承认并直面网络安全威胁的客观存在，而不是去否认或回避。网络安全威胁并非初来乍到，而是伴随网络诞生一直存在的，有些威胁甚至比互联网普及的历史还要悠久，例如病毒。从来就没有绝对安全的网络，今后也不会有。因为只要信息在网络上流动，就有可能被监听、窃取、篡改和伪造；只要计算机连接在网络上，就有可能被攻击、盗用、窥视和毁坏；只要数据和内容是有价值的，就有可能不知不觉中遭遇黑手；只要系统存在破绽，就有可能被入侵者利用；只要用户心存侥幸或偶尔疏忽，就有可能因此酿成大灾难。

其次，应当使用有效的手段来抵抗安全威胁，保护网络与信息系统安全。指望未来网络变得越来越安全是不现实的。就像人们无法生活在真空中，要想在弥漫着病菌的空气里努力地健康生活，就要提高免疫力、接种疫苗等。指望未来网络变得越来越安全是不现实的，网络与信息系统也需要采用合理有效的防范技术来构筑安全的屏障。

最后，需要技防与人防紧密结合，完善安全管理制度、加强安全防范意识，避免人成为安全攻击的突破口。有某国核设施遭到震网病毒攻击而损毁的案例，攻击软件之所以能潜入与互联网隔离的内部系统，就是利用了人的大意。许多数据库被盗的案件追查下来并非破解者入侵，而是内部人员监守自盗，或是有不良企图的工程师留下访问后门，或是没有修改离职人员用过的账号密码。曾有号称安全防范技术体系构成"铜墙铁壁"的公司，自信地邀请专业测评公司去攻击，而测评人员只花了几分钟就得手了，实际上并没有采用高精尖的秘密武器，也没有令人眼花缭乱的攻击操作，测评人员进入公司后只是打了几个内部电话，通知员工因测评需要交出个人账号密码，就有员工信以为真，于是测评人员不费吹灰之力就"破解"了安全防护并进入公司内网。

9.2 区块链安全风险

区块链系统采用了最先进的密码技术、算法技术构建，然而并不意味着更安全。据专业机构分析,从易受攻击的角度,区块链安全攻击事件带来的经济损失主要集中于智能合约、共识机制、交易平台、用户自身、矿工节点等方面。从2011年至2018年,智能合约层面发生的安全事件累计损失为14.09亿美元,占比42.04%;交易平台安全事件损失13.45亿美元,占比40.15%;普通用户安全事件损失4.37亿美元,占比13.03%。可见安全形势不容乐观。由于区块链技术还没有达到比较成熟的阶段,缺少完善的安全评估体系,因此其最大的安全风险其实是安全的不可预测性。

如图9.2所示,区块链安全保障从技术底层向上可分为四个层次,包括基础算法安全性、底层系统安全性、网络设施安全性和应用体系安全性。

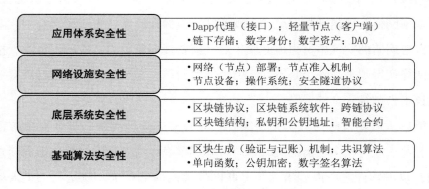

图9.2 区块链安全四层模型

2010年8月15日,有人在比特币系统第74638高度的区块上发布一笔交易,包含了1844亿BTC。这个数字不仅本身大得离谱,而且大大突破了比特币发行总量的"天花板"。这一问题随后被开发人员发现是比特币代码存在的一个"负值输出"BUG(软件缺陷),幸亏是在测试链上,没有造成事实危害。如图9.3所示,攻击技术原理简单得匪夷所思:由于在交易验证时原来只检查

图9.3 比特币系统负值输出漏洞原理示意图

输出总额不大于输入总额，而没有检查单一输出值是否为负数，这样就可故意构造两个输出，一个为大正数，另一个为大负数，只要两者之和为正且不大于输入即可通过检查。

区区几个字节爆发的能量犹如比特币空间的核弹，足以摧毁整个体系。虽然漏洞及时得到了修补，但考虑比特币系统的金融性质，这一事件就显得相当惊人，给后来的区块链技术和应用以警示：倘若系统软件或业务逻辑漏洞百出，再坚固的安全防范也是枉然；倘若系统没有经过严密的测试和考验，再强大的密码算法也无力回天。

再比如早期的比特币交易输出包含签名作为见证（Witness），而签名不可能对其自身进行见证，造成了在没有交易双方同意下任何人都可以去修改签名及见证，2014年曾有人利用这一漏洞大规模地攻击比特币网络。

对等网络共识机制可以说是区块链系统最关键的技术之一，但针对共识机制恰恰是安全攻击的重灾区。以比特币系统为例，算力垄断是共识机制的噩梦，算力过分集中会引发共谋攻击的隐患，将严重损害区块链系统的安全性。比特币PoW算力与挖矿成功概率成正比：若算力达到全网10%，则挖到1个新块的成功率为10%，连续挖到2个新块的成功率为1%；若算力达到30%，连续挖到4个块的成功率为0.0081，接近1%，可能性变得相当大。一些大矿场的算力已达到这个程度，曾经全球矿场排名前四的合计算力超过50%，前7家合计接近80%，使共识的可信度"摇摇欲坠"。

比特币与其他公链的分叉风险也不可忽视。产生分叉是区块链固有的现象，比特币系统所设计的共识机制就是为了解决这一问题，以便在产生分叉后遵从大多数节点意愿，最终保留并保持一条单链。

在区块链系统运行过程中，难免会产生软件修改和升级的需要，如协议修订、功能扩展、空间扩容、结构优化等，有些改变可能比较大，造成前后两个版本不完全兼容的状况，而在大规模系统中，难以做到所有节点完全步调一致、同时更新版本，必然会发生有些节点没有及时升级为最新版本的情况。于是，可能发生旧版本的节点不接受新版本节点产生的新交易、新区块，从而产生分叉。例如，2012年对比特币交易签名中增加了脚本支付（P2SH）类型，

2016年进行的一次比特币交易"CSV"升级,将产出交易Coinbase的Sequence和Version字段取值规则进行了重新定义。这些较大幅度的升级都会导致区块链体系暂时分裂为两个阵营,而主链只有一条,则最终肯定会对一方(往往是算力较弱一方)造成损失。

区块链分叉具体又可分为两种类型:硬分叉(Hard Fork)和软分叉(Soft Fork)。硬分叉是指区块链发生永久性分歧(Permanent Divergence),在新规则(新版本)发布后,部分没有升级的节点无法验证已经升级的节点生产的区块而产生的分叉。软分叉是指没有升级的节点会因为不知道新共识规则,从而生产不合法的区块所导致的临时性分叉。

然而硬分叉定义所说的"永久性分歧"不能理解为"永久性分叉",而是如图9.4所示,旧版本节点不能理解新版本产生的区块,认为是错误的而丢弃这些区块,继续在自己认为"正确"的区块后挖掘新区块,从而导致分叉。要解决硬分叉只能通过版本升级来完成。如果旧版本节点阵营的规模较小(算力较弱),肯定竞争不过新版本节点阵营,那么时间拖得越久,损失就越大。

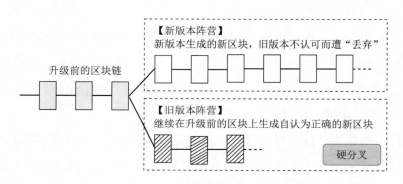

图9.4 比特币硬分叉原理示意图

软分叉的定义看上去似乎与硬分叉没有太大差别,都是新、旧版本节点间产生的矛盾,但如图9.5所示,情况其实并不相同。

在软分叉发生时,旧版本节点可以验证通过新版本节点产生的新区块或交易,例如旧版本并不检查某个字段,而这个字段在新版本中被重新定义了(规则更严格了),所以这些新区块在旧版本节点看来完全没问题,但反过来问题就严重了,旧版本节点可能在这些"不用的"字段里随意填写了内容或另作

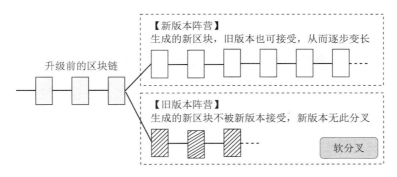

图 9.5　比特币软分叉原理示意图

他用，结果这些字段在新版本节点看来就是不合规则的（也有可能碰巧是符合规则的，例如正好没有越界）。假定新版本节点阵营较大，那么旧版本节点产生的区块有很大概率会被否定掉；假定新版本节点阵营一开始较弱，则这些新版本节点会抛弃旧版本的区块，去构建一条新的分叉，有趣的是旧版本节点是可以接受这些新区块的，可导致新版本区块链逐步变长，只不过很不幸，旧版本无法在新分叉上产生合法的新区块。要彻底解决软分叉同样只能通过版本升级来完成。

不论是硬分叉还是软分叉，都需要在区块链软件的升级中加以重视，尽可能得到绝大部分节点的支持而同步升级，否则有可能会造成因既得利益关系互不相让的困境，使系统永久分裂为两个阵营，未来完全有可能继续分裂为更多阵营，则这一区块链系统就逐步被撕裂为碎片。对一般信息系统而言再正常不过的升级更新，对区块链系统来说或许就存在"生死存亡"级别的安全风险。

此外，针对区块链系统，还存在时间戳攻击、时间劫持攻击、密钥字典攻击、智能合约代码漏洞攻击、恶意共识节点攻击、垃圾交易DoS攻击等。

9.3　数字资产风险

区块链等数字化系统、密码学算法的安全性都不是绝对的，而是具有相对性，主要包括时间、技术、价值和规模四个方面。

- 时间相对性。判定一个系统很安全，实际上说的是"到目前为止很安全"，而真正的含义其实是"到目前为止还没有出事"，没有出事说不定是出了事还没被发现，或者是有问题但尚未被人注意到。今天看上去系统安全稳定，绝不等于明天依然如此。安全性存在随时间衰减的趋势，例如一个长期不变的密钥或密码、一段被截获的密文，或许下一秒钟就被人破解了。因此，没有一劳永逸的安全防范体系。

- 技术相对性。密码体系的安全一般建立在"数学计算困难性"之上，例如大整数的质数因子分解困难性，由于没有数学方法支撑，目前要破解只能依赖暴力计算，因此只要当下的计算机运算能力难以在短时间内得逞，就认为是安全的。但没人知道解密者是否已经研究出了质数因子分解算法，或者手中是否掌握着超级计算机，更何况量子计算机将来也会问世。推广到其他方面也是如此，一项安全技术措施很可能会被另一项更先进的技术所突破。

- 价值相对性。价值包括金融资产、个人隐私、商业机密、军事秘密等。价值越高，受到安全攻击的概率就越大。如果攻击成本明显超过目标的价值，那么也许可以"高枕无忧"；如果是像银行、证券、保险等金融系统，或人口、财税、卫生等政务系统，必然是攻击者的重点攻击对象。

- 规模相对性。当系统尚处在"花开山中无人识"的阶段，攻击者会和用户一样稀少；随着用户规模膨胀，安全攻击数量自然也会增加。系统规模越大则目标越大，有的攻击者不一定想从攻击中牟利，而是想借攻破知名系统而"扬名立万"。所以大型系统不仅要防数据和资产盗窃，还要能抵抗拒绝服务等暴力攻击。

根据相对性原理，具有经济价值的数字资产遭受攻击的概率必然很高。由于数字资产是人所拥有和操作的，那么安全防范就必须综合考量人的因素，而不能单纯依靠技术性防御手段。犯罪分子早就在现实生活中"熟练"运用技术与人性结合的手法来实施违法活动，最典型的例子就是网络诈骗、电话诈骗（有别于早期打电话诈骗，故现在常称为电信诈骗），类似的还有钓鱼网站诈骗，往往从一通电话、一则短信、一封邮件开始，或以利诱人或威胁恐吓，配合假手机基站、假主呼号码等技术手段，各种"角色"轮流登场，使受害人从将信将疑到深信不疑，从而骗取钱财或账号。这种融合了社会工程的网络犯罪手段使人更容易掉进陷阱，危害性极大。由于对电信诈骗案高发束手无策，英国政府无奈禁止了移动通信群发手机短信的功能（失去了应急通告的有效渠道）。

社会工程学攻击是由米特尼克在《欺骗的艺术》中提出的，指的是一种在线上、线下场景中，利用"人性"的心理弱点、本能反应、好奇心、同情心、信任、天真、偏执、贪婪、恐惧等设置陷阱，实施欺骗、胁迫、伤害等手段以获取利益。不同于一般的欺骗手法，社会工程学攻击更为复杂、更加隐蔽，甚至不惜投入很长的周期，即使自认为很警惕、够小心的人，也有可能会被高明的社会工程学手段欺骗。

综合运用金融工具与社会工程学，实施专业性较强的、设计精巧的数字化攻击是不可忽视的趋势。例如：一个组织采用常规的钓鱼网站、病毒木马、口令破解等手法，窃取某虚拟币交易平台的大量用户账号，一般的安全攻击会到此为止，因为已经盗取到账号里的钱财，但这次攻击并没有结束，而是又开设了一些账号，并注入一定资金，同时利用交易平台提供的API接口开发了自动操作挂单交易的软件，在某个特定的时刻，交易软件启动操作，控制这些账号对一种虚拟币实施疯狂砸盘。随后预计中的效果显现了，其他投资者眼看大事不妙，不论自己持有何种虚拟币，都开始恐慌式抛售（市场中从众心理），而攻击者趁机用自己的账号抄底买入。按理说攻击似乎达到了满意的结果，然而还没有画上句号，而且风云突变，交易平台意识到有人在操纵市场，冻结了涉嫌违规操作的账号，看上去攻击者竹篮打水一场空，但其实在另一个交易市场，组织成员事先挂了空单（卖空手法），由于目标虚拟币"如愿"大跳水，因此斩获了巨大利润。攻击者使用声东击西战术，很难及时发现其真正的目标（隐藏行为逻辑）；即使发现了行动轨迹，也难以追踪到操作者（利用匿名性隐藏身份）；即使追查到操作账号，也无法追回赃款，因为利润早就被提现离场了（卖空的特点）。

下面的案例从不同的角度反映出网络空间里个人数字资产面临的风险。一位安全行业从业者（专业人士）自述其经历：发现手机被盗后，未第一时间办理SIM卡挂失（且SIM卡未设置PIN码），结果错过网点营业时间，手机网上营业厅登录密码被更换，通过客服电话挂失SIM卡反复被恢复；虽然及时转移了银行主要存款，但仍然遗漏了不常用的银行卡（金融账户碎片化）；手机被解锁，部分App的登录账号被盗用，利用绑定银行卡进行购卡、充值等造成了一些损失。假如换成毫无经验之人，惊慌失措下很可能会失去全部资产。

9.4 隐私计算

数据利用绝不是简单化地和盘托出、放任自流，而是应当遵循数据最小化原则，即非必要不提供。如果脱敏数据就够了，则不提供原始数据；如果一个字段就能解决问题，就不用两个字段；如果可以用状态表示（例如已婚），就不必给出详细数据（例如某年某月某日结婚）；如果使用取值范围即可（例如18岁以下），就不必具体到准确数值（例如12岁）；如果需要群体特征的，就不应涉及个体数据。

隐私计算（Privacy Computing）是指在保护数据本身不对外泄露的前提下实现数据分析计算的技术，如图9.6所示为数据隐私计算体系的基本原理。如果数据按规定不能离开相关区域，则一是无法共享利用，二是无法与其他数据汇集处理，不利于数据价值的发挥。隐私计算技术就是为了解决数据保护和数

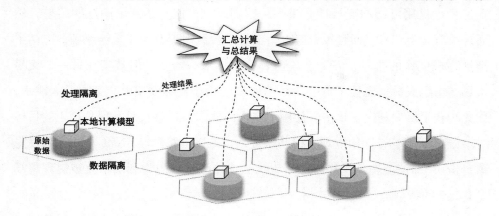

图 9.6　数据隐私计算体系原理图

据利用的矛盾，以达到两全其美的目的。隐私计算就像是对数据先进行"蒸馏"或"提炼"，从原始数据中获取所需的信息为中间结果，好比各个农庄分别从各种植物和花朵中提取香精，汇集到香水公司，根据计算模型——特定配方和工艺来制备出不同的香水——获得所需的最终结果。

隐私计算技术主要分为四大类：第一类是以多方安全计算（Secure Multi-party Computation，MPC）为代表的基于密码学的隐私计算技术，在无可信第三方的情况下，多个参与方共同计算一个目标函数，并且保证每一方仅获取自己的计算结果，无法通过计算过程中的交互数据推测出其他任意一方的输入数据；第二类是以联邦学习（Federated Learning，FL）（又称联邦机器学习）为代表的人工智能与隐私保护技术融合并衍生的技术；第三类是以可信执行环境（Trusted Execution Environment，TEE）为代表的基于可信硬件的隐私计算技术；第四类是以多方中介计算（Multi-party Intermediary Computation，MPIC）为代表的隐私计算架构，指多方数据在独立于数据方和用户的受监管的中介计算环境内，通过安全可信的机制实现分析计算和匿名化结果输出的数据处理方式。

比特币系统并非为隐私计算目的而实现，但比特币及后续的区块链系统所采用的基于密码学的匿名持币与零知识证明机制，可以隐藏用户身份信息及资产隐私信息，就是一种隐私计算的成功实现案例。但由于SPV节点（轻量化钱包客户端）只读取所需的特定交易、选择性地验证交易，造成查询操作会透露比特币钱包中的地址信息，因此还是可能产生隐私泄露风险。例如，监控网络的攻击者可以跟踪某个SPV节点上的钱包所请求的全部交易信息，并且利用这些交易信息把比特币地址和钱包的用户关联起来，从而掌握用户真实身份及其交易记录等隐私信息。因此，还需要进行改进，在操作中进一步隐藏查询信息。

布隆过滤器（Bloom Filter）是1970年由布隆（Bloom）所提出的方法，由二进制向量和一系列随机映射函数组成，可以用于模糊检索一个元素是否在一个集合中，与链表、树查询等方法相比，用一定的错误率换取空间的节省、查询的高效，适用于容忍低误判的场合（例如拼写检查）。布隆过滤器允许用户描述特定的关键词组合而不必精确表述，并基于概率进行过滤，能让用户在有效搜索关键词的同时保护隐私。在SPV节点查询中,这一方法被用来向对等节点发送交易信息查询请求,同时交易地址却不会被暴露。

布隆过滤器的工作流程如图9.7所示。

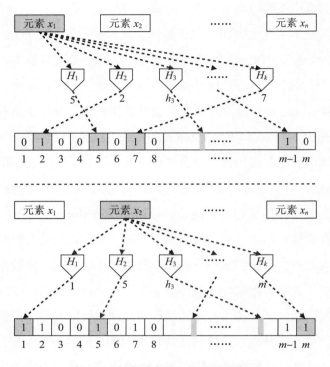

图9.7 布隆过滤器工作原理示意图

(1)初始状态,将m比特的布隆过滤数组$A=a_1a_2\cdots a_m$的所有比特置0。

(2)对于n个元素的集合$S=\{x_1, x_2,\cdots, x_n\}$,设有$k$个相互独立的映射函数(例如一种单向函数)$H_i$($1 \leqslant i \leqslant k$),要求计算的哈希值$h$满足$1 \leqslant h \leqslant m$。

(3)如图9.7所示,分别将集合中的每个元素映射到数组A中,即对每一个元素x_t,第j个单向函数的哈希值$h_j=H_j(x_t)$所表示的数组中的比特位置被置1,即$A[h_j-1]=a_{hj}=1$。每个元素都要计算k次哈希,最多置位k个1(考虑到有哈希值重复),相当于形成元素独特的"比特指纹";不同的元素相互间在某些节点上有重叠,就将单一元素的"比特指纹"隐藏起来了(同时也是检索时可能存在误判的原因)。

（4）要判断 y 是否属于集合，则可计算 $h_i=H_i(y)$ 以生成映射的比特位置，如果每个位置上数组 A 的比特均为 1，就说明 y 属于集合（"比特指纹"完全吻合），否则只要有比特为 0，就说明 y 不属于集合（"比特指纹"不吻合）。

SPV 节点以一个钱包中所有比特币地址（公钥）为元素的集合，并定义与地址（公钥）相对应的搜索对象，通常这种搜索对象是一个向公钥或哈希地址付款的锁定脚本。如果 SPV 节点需要追踪 P2SH 地址，搜索对象就会基于 P2SH 脚本。这样，只要地址或公钥"关键词"出现在交易中，就能够被布隆过滤器识别出来。对等节点收到布隆过滤器，包括已置位的过滤数组和一组映射函数，以此去搜索交易，并将匹配到的交易传送给 SPV 节点。在这个过程中，SPV 节点不会暴露钱包中的比特币地址信息。因为有其他元素的特征比特的影响，布隆过滤器匹配到的交易可能并不是 SPV 节点所要的，但是，好在 SPV 节点需要的交易一定会匹配到，它会丢弃不需要的交易，只要能维持误判率不要太高即可。为防止监控者根据从其他节点的回复搜索到的交易来判断 SPV 节点的地址，一是交易中可以包含多重收款地址信息，监控者比较难定位；二是因布隆过滤器误判而传送的交易反而变成一件"好事"，相当于加了噪声干扰，让监控者从多个交易中寻找共同点变得更困难。

为了提升比特币网络的运行效率，我们分析下比特币交易的共识确认过程：最初新形成的交易会被广播到网络上，由矿工节点验证后进入节点维护的交易池中；接着矿工会从交易池中取出这些交易进行挖矿，如果挖矿成功将广播新区块。从中可以发现，一条交易记录相当于在网络上被广播了两次，一次是作为一笔交易，另一次是作为区块的一部分，那么在区块中的传播就具有冗余性，可以进行"压缩"以降低传输数据量。

为此，比特币社区开发者之一加文·安德烈森（Gavin Andresen）提出一种可逆式布隆查找表（Invertible Bloom Lookup Table，IBLT）改进技术，如图 9.8 所示。与 SPV 节点采用的布隆过滤器技术相同，IBLT 技术运用哈希算法将一系列交易映射为一张位图（Bit Map），这样，挖到新区块的矿工可用纳入区块的交易所形成的 IBLT 替代完整的交易记录列表，得到数据量大大减少的"压缩版"区块，取代完整的区块进行广播。

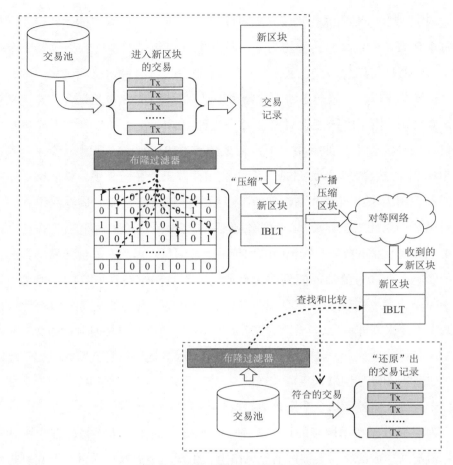

图 9.8　区块压缩 IBLT 技术示意图

其他矿工节点收到IBLT新区块后，只需从自身的交易池中提取交易记录，用同样的布隆过滤器进行筛选。如果符合IBLT比特指纹的特征，说明就是被纳入区块的记录之一，遍历交易池，就可基本完整地"还原"出收录的交易列表。这也是IBLT称为"可逆式"的原因，并不是布隆过滤器发生"逆转"（那是不可能的），而是以矿工节点已经保存着这些交易记录为前提，结果就像被反向"恢复"出来一样。

虽然各个矿工节点的交易池中的记录大致相同，但是很可能有差异，同时布隆过滤器存在一定误判率，都会导致部分交易记录不一致的问题，需要通过协议来纠正偏差。IBLT是用节点的计算能力换取网络通信效率的方法，不影响区块链安全性等特性，因此具有很强的实际意义，也是实现隐私计算的一种技术思路。

区块链可与安全多方计算等隐私计算技术结合，实现支持链上链下协同的数据共享系统，满足隐私保护需求下的数据价值传递，打破数据孤岛，实现数据"可用不可见，可控可计量"的目标。

以保险类金融产品销售与服务为例。医疗健康类保险产品在用户购买前需要评估其遗传疾病、过往病史、身体现状，用于判定是否符合购买条件、确定保额和保费定档。最可靠的数据来源是医疗机构提供的个人医疗健康档案，但可能依规无法传输原始档案数据。实际上，保险公司需要获得的，一是是否患有不可投保的清单上的疾病，二是属于可投保的疾病中的哪一类（或哪一级）。因此，运用隐私计算方法，保险公司可将计算引擎部署到医疗机构的系统中，由计算引擎根据疾病清单对两种需求进行分析计算，对第一种分析结果只要回复是或否，对第二种分析结果只要回复类别（或级别）编号，既不需要披露用户的更多隐私（如患过哪种病），又可实现保险产品销售业务的数字化转型。同理，隐私计算还可用于保险产品后续的理赔过程中，如对警方出具的事故报告进行本地化分析计算，结果只需对条款设定的免赔范围回复是或否，警方或当事人不用披露事故详细信息及可能连带暴露其他当事方的隐私，而且可实现全程网上理赔的业务流程。

在新型冠状病毒感染期间，各地采用的"健康码"是隐私计算、物联网、大数据等数字化技术在城市治理与公共服务中的有效运用，如图9.9所示。设想不用健康码，各个管理部门就需要各自为政，单独制定管理规定，各自开发管控系统，分别采集市民信息，独立分析自有数据，自行组织执行队伍，造成管理重叠、资源浪费，市民需要应对重重"关隘"，而由于每个部门所掌握的数据并不全面，分析判断容易产生偏差。健康码的生成是对公卫、医疗、治安、交通、通信等各部门数据进行大数据综合研判的结果，能较为及时地反映个体的当前状态：绿色（低风险，可通行）、黄色（中风险，需限制）、红色（高风险，应隔离），满足信息最小化暴露原则，容易识别且人机兼容（可目视、可扫码），市民容易理解、容易操作（有助于提升配合度），各部门可以统一调度、一致行动,有利于有条不紊地开展超大规模、超大范围的应急处置行动。

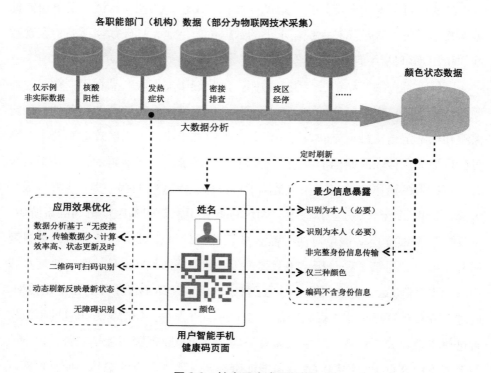

图 9.9　健康码生成原理图

比如一位市民健康码呈现黄色,菜场和超市门禁可以放行,地铁和学校道闸则可依规禁行,但各场所无须具体了解该市民(黄码)是去过哪个疫区、有过哪些密接等隐私信息,黄色状态就是需要暴露的充分和必要的数据。

9.5　区块链技术与安全评估

一家从事区块链业务的企业,在一次项目评议中是这样描述其技术产品的:虽然采用PoW共识构建公有链,但承诺不做挖矿和虚拟币产出与交易。这句说辞可以从两个方面来推断分析:首先,既然采用比特币PoW算法,新区块生成必然要运行挖矿程序,就一定要有挖矿节点;其次,公有链是各方自愿、无条件加入的,但因为不做虚拟币产出与交易,没有预期收益的激励,所以也就不会有人愿意无偿投入挖矿节点。显然产生了自相矛盾的情况。可见,要么这家企业没有全部说实话,要么所有的挖矿(记账)节点都是由这家企业自行部署的。如果是后者,相当于这家企业控制了所有记账节点,逻辑上等同于中心化系统,与区块链多方参与记账的基本要求产生冲突,使公链失去了可信度。

另一个例子是一家开发商为客户开发了一套基于区块链的应用系统。项目建成后,在验收审核过程中,开发商提供的技术报告中描绘了一张区块链网络部署示意图,包含三个节点,IP地址分别为10.0.0.3、10.0.0.4、10.0.0.5。从这些信息中可以得出三个结论:一是区块链为私链,仅服务于该客户的一个小应用;二是节点数过少,即使都是记账节点,数量也过少(并非完全不可);三是最大的问题,即所有节点都在同一个子网中(很可能就安装在同一个机架上),单点故障发生概率较高,且很容易进行操控,比如先关闭两个节点,篡改唯一记账节点的数据,再开启节点自动同步。如此部署的系统实际上失去了使用区块链技术的意义,与中心化系统无异,是一个"为区块链而区块链"的典型案例。

可见,对于一个区块链系统或Dapp区块链应用系统,如何进行全面和有效的评估就显得十分重要。在一些失败案例中,选择错误的建设方向,受到有意或无意的误导,或采取不合理的技术措施等,都可能造成投入的浪费,不仅无法达到预期的应用效果,而且容易陷入不得不推倒重来的窘境。

区块链系统有一个关键的技术性能指标,就是交易吞吐量,以每秒钟上链确认的交易笔数(Transactions Per Second,TPS)来计。简单做个算术题:假设比特币系统平均每笔交易记录为200B,每个区块为1MB,则每个区块可记账5000笔交易;由于比特币10分钟左右产生一个新区块,所以比特币系统的交易吞吐量理论值仅为$5000 \div (10 \times 60) \approx 8(TPS)$。假设有个比较活跃的市场,每天从早到晚保持每秒钟10笔以上的交易,那么比特币系统就无法胜任。因此,应对区块链系统进行压力测试,获得支撑持续流量(非突发流量)的极限值,以评估其能否满足特定的应用需求。

此外，一些区块链系统常常突出宣传自身的技术先进性，强调掌握知识产权与核心技术，着力展示丰富的功能、出众的性能，但是没有人知道软件代码是否存在严重缺陷，共识机制是否会被挟持利用，交易验证是否遗漏重要规则，智能合约是否会被绕过签名等。区块链系统不同于传统信息系统，有其特殊性、复杂性，比如很难保证所有节点都处在安全体系防护范围内，输入数据中可包含可执行代码等，呈现出如图9.10所示的区块链技术与安全不等式，即技术实现上比较"完美"的系统未必具备充分的安全性。有些区块链系统虽然在正常情况下运行状况相当出色，但是十分脆弱，无法适应实际网络环境。

图 9.10　区块链技术与安全不等式示意图

如图9.11所示，对于一个区块链网络和系统，可以从技术性、安全性、应用性、扩展性四个维度及其下属多个指标项进行评价。

区块链系统的各项技术乃至各个参数间都有非常紧密的关联性，并非某个指标越高越好，而是需要统筹兼顾，比如安全性、分布性和高效性三者的合理规划。在指标项中，应区分交易吞吐量与确认时间（速度），如交易吞吐量较高但确认时间过长；也要区分交易吞吐量与交易存储容量，如交易存储控制限制过大导致应用数据无法上链。由于只有记账节点才能参与共识，因此不能被单纯的节点数量所误导，非记账节点再多也无助于提升区块链网络可信度，必须确定记账节点类型，再来考察数量和分布情况。假如区块链网络仅部署了一两个记账节点，中心化很明显、可靠性很差、抗干扰性很弱、可信度很低，那么再完美的技术指标也毫无意义。

技术性要素			安全性要素		
可信账本	可信计算能力	防伪造、防篡改	密码算法	数据完整性	哈希算法及强度
	数据记账能力	多类型数据存证		数据归属性	公钥算法及强度
	数据吞吐能力	交易吞吐量（TPS）		数据保密性	私钥算法及强度
	数据存储能力	交易存储容量		随机数安全性	随机数生成方法
	数据审计能力	数据可追溯性	身份识别	用户身份编码	用户地址生成
共识机制	共识算法	共识方法和效率		用户识别依据	用户私钥生成与保存
	出块机制	新区块生成方式		节点准入认证	节点许可方法
	交易确认能力	共识确认速度	隐私保护	零知识证明	签名和验签算法
	区块链协议	协议功能与效率		最小化披露	隐私保护机制
	网络分片	分片与否和类型			
应用性要素			安全性要素		
网络部署	区块链网络	部署网络类型	攻击防御	系统自我防护	合法系统识别
	记账节点部署	数量与分布性		规则完善性	抗违规数据 DoS
	区块链节点类型	节点功能差异性		交易有效性	抗双花攻击
				全网共识安全	抗分叉攻击
	轻量化节点	区块链客户端		网络可靠性	避免单点故障
应用支持	区块链类型	所属类型与特性	扩展性要素		
	应用领域覆盖	支撑行业应用	智能合约	智能合约运行	合约虚拟机
	应用开发能力	Dapp 开发系统		智能合约开发	合约开发系统
	应用支撑能力	区块链 BaaS 平台		智能合约运用	合约模板库
数字资产	数字资产确权	资产权属关系	跨链协作	跨链数据和事务	数据跨链合约
	数字资产流通	资产权属流转		跨链身份	用户身份映射
	非同质化资产	NFT 资产应用		侧链部署	侧链及业务协同
组织架构	技术支撑团队	企业或开源社区	脱链操作	链下数据保全	链下数据上链
	组织决策机制	DAO 共识决策		链下存储	分布式存储方法
自主可控	基础技术可控性	掌握关键技术和设施		链下数据访问	数据安全访问
			技术升级	基础链技术改进	支持兼容性升级
	核心技术自主性	创新与国密标准运用		区块链性能扩展	规模和存储扩容

图 9.11　区块链技术和系统评价指标表

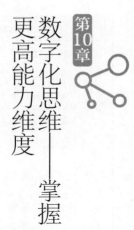

第10章 数字化思维——掌握更高能力维度

在工业革命之前，人类社会经历了漫长而缓慢的发展，因为土地束缚了人们，农产品丰收所需要的好天气也不以人的意志为转移，直到蒸汽机等机械化作业设备的出现，才提高了生产力，逐步解放了劳动力，从此人类一路"开挂"，从电力到电子，从电话到计算机，技术发展越来越快，技术能力越来越强，科技逐步成为关键的生产要素。

当今最重要的科技无疑是数字技术。

10.1 数字化进阶

ENIAC是图灵完备（Turing Completeness）的机器，能够根据需要进行编程以解决各种计算问题。ENIAC是个巨无霸，长宽高为30.48米×6米×2.4米（占地面积约180平方米），分30个操作台，重达30吨，耗电量150千瓦，造价48万美元。ENIAC的制造用了17468根真空管（电子管）、7200根晶体二极管、70000个电阻器、10000个电容器、1500个继电器、6000多个开关等分立原件，计算速度是每秒5000次加法或400次乘法，达到手工计算的20万倍。

当然，如今已不可同日而语，不用说台式计算机（Desktop Computer）、笔记本电脑、智能手机（Smart Phone），就连家用电器里嵌入的微处理器单元小芯片也具备每秒上亿次的运算，再对比我国的"神威·太湖之光"超级计算机，具备每秒12.5亿亿次的峰值计算能力。

台式计算机或称个人计算机（Personal Computer）的出现是一个里程碑。看上去台式计算机个头不大、运算能力不如大型计算机，似乎在性能上会开倒车。然而台式计算机将计算机搬上了桌面，能供个人独享，通过它自由自在、随心所欲地写文章、做计算、玩游戏，台式计算机也因此成为个人数字助理，开创了计算机普及的时代。

智能手机则是另一个里程碑，它"无牵无挂"（指无网络线、无电源线），用户随时、随地、随心、随手指点就能进出虚拟世界。

回顾计算机和网络的发展历程（如图10.1所示），可清晰地看到一条计算模式更迭的轨迹：从离线到联网，从孤立到合作，从独占到共享，从简单到复杂，从集中到分布，计算能力不断提高。在一次次的进步中，从最初的瘦客户机（简单终端）到瘦服务器（C/S模式），再到瘦客户机（B/S模式），最终又回到简单终端上，经历了螺旋式上升的发展曲线。

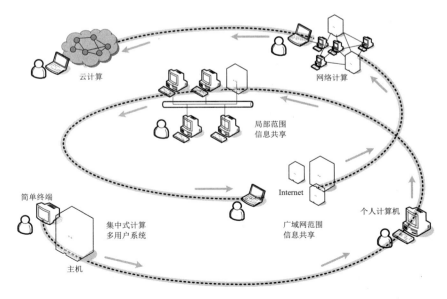

图 10.1　计算技术发展轨迹示意图

从基础设施、支撑技术、核心价值等更多维度、更多要素来考察，如图10.2所示，围绕计算机和网络技术的飞速改进，数字科技可以划分为计算机化、网络化、信息化、虚拟化（数字化）和未来的智能化等不同阶段。虽然同属于数字科技，但每个阶段的技术和应用的基础不同，故目标与重点就有所不同。

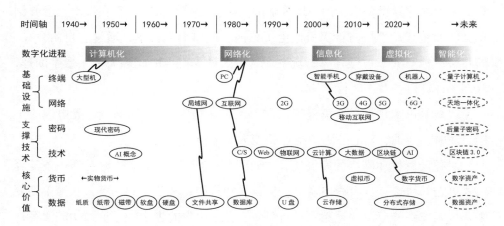

图10.2　数字化进程各阶段各要素发展及关系示意图

人类与数字科技是相互促进、相互帮衬并相互依赖的关系——人类发明了计算机和网络，数字化提升了人类的能力，人类不断改进数字技术，使人类获得越来越强大的力量。从以下发展历程中可以明显看到，人类与数字科技——分别代表了现实世界和数字空间——逐步变得密不可分。

（1）计算机化：将个体的部分手工劳动交给计算机完成，如计算、排版、打印、制图、搜索，工作效率得以提升。

（2）网络化：主要实现信息共享、交流、沟通和少量协作，从局域网到广域网，时间、空间的限制逐渐被打破。虽然人类没有翅膀，但是网络可以让人类光速翱翔，变得更自由。

（3）信息化：将现实世界的复杂业务交由网络信息系统来实现，人类可以专注于更为擅长的事，如哲学思考、发明创造。到这一阶段为止，数字科技主要用于帮助现实世界的人们解放双手，所以还是以现实世界为主体，数字技术是辅助工具，数字空间是辅助场所。

（4）虚拟化：运用数字技术赋能，采用数据驱动实现核心业务转型升级、创新创业。从这一阶段开始，数字空间不再是现实世界的"附属品"，而逐步成为"平行空间"，有些产品、服务、体验甚至为数字空间所独有。

（5）智能化：在数字化基础上更进一步展望未来，物理世界或许只是数字空间的"供能器"（提供能源和基础设施，人们吃饭获取能量，睡觉养足精神），主要生产和生活都在数字空间里。在2022年人工智能成就突飞猛进之时，有人受到震撼而怀疑：人类或许才是"智能生灵"的工具、土壤或过渡阶段。

从数字化进程的时间跨度来看，从农业社会到工业社会，再到数字时代，蕴含的规律是变化周期越来越短、迭代频率越来越高，意味着发展速度在加快。因此，如果不能投身其中、善用数字科技手段，就很容易被时代洪流所淹没。

在自然科学领域，数字化也在推动研究体系和方法的革新。以牛顿和爱因斯坦为代表人物的科学先驱开创了第一范式实证范式（Empirical Paradigm）和第二范式理论范式（Theoretical Paradigm），计算机催生了第三范式计算范式（Computational Paradigm），而现在第四范式数据驱动范式（Data-Intensive Paradigm）已崭露头角。前三个范式属于传统自然科学的范式，主要研究物质现象，数据则是人类对客观世界的认知结果在虚拟世界中的表示，从这个意义上来说，数据驱动范式突破了传统的自然科学的边界，进入了一个崭新的空间，未来机器智能可为人类探索并开拓科学领域更多的未知疆界。

10.2　互联网思维

互联网思维是指从互联网技术和特点出发，创造出不同于现实世界的商业模式、治理模式和生活模式。互联网背后是全球的用户群体，互联网汇集了所有数字化资源，是"放大镜"和"聚宝盆"，用好放大效应，业务会快速膨胀，对接好适销对路的资源，将会事半功倍。在互联网上，不一定依赖庞大的资本作后盾，一款小应用只需极短的时间，可能就会引爆市场，获取巨额收益。互联网思维就是要想方设法把这些互联网特质发挥到极致，达到驱动业务增长的目的。

互联网思维推动互联网经济衍生出多种新经济形态，比如创新经济、流量经济、共享经济、众包经济、生态经济等。

10.2.1 创新经济

表面上看，互联网思维无非就是技术创新、快速迭代、允许试错等，其实隐藏的逻辑是用户选择。互联网产品和服务的唯一使命是千方百计"讨好"用户，挖空心思优化产品，把用户体验做到极致。对于用户选择，反过来看就是满足用户需求，可以分为两个层次。

- 较低的层次是"用户有需求就满足需求"。即根据用户痛点有针对性地构建产品，例如：用户找不到网上信息，就提供搜索引擎；用户担心到了旅行目的地找不到宾馆，就提供在线预约等。
- 较高的层次是"用户无需求就创造需求"。就是用创新的模式、产品、服务来引导用户需求、养成习惯，例如网上购物，刚开始出现时许多人甚是担心和抗拒，如今已然"培养"成日常生活之必需。

因此，"需求创新"是互联网创业者的惯用手法。一味跟随用户需求往往会陷入残酷的"红海"竞争中导致迷失自我，或碰到"玻璃天花板"难以突破。而且网络用户并不会时不时冒出"新点子"，刚好相反，用户通常具有使用惯性，不喜欢功能越弄越复杂、界面越来越花哨，但是看到一个新应用、新创意，倒是会好奇地蜂拥而上。因此，需求创新思维推动的技术和产品创新，可以开辟新赛道，开拓出一片"蓝海"，从而拥有更大的腾挪空间，掌握持续发展主导权。

"模式创新"也充分发挥数字技术优势，基于实体或虚拟资源但超越这些资源本身的功能，在产品能力上形成"降维式打击"。例如，考察均为腾讯旗下的微信与QQ的差异，功能上大同小异，但主要使用计算机的QQ只是千万个"普普通通"的互联网应用之一，而以手机为主要载体的微信则是"凌驾于"移动通信运营商之上的互联网应用，两者的"落差"由此造成——移动通信运营商所提供的语音通话、短消息收发是人们日常沟通的必需品，用户所做的选择只是用这家运营商还是那家运营商，并没有觉得有什么不妥，直到微信横空出世，跨运营商实现了运营商业务，而且体验更好、能力更强。

进一步探究，除了微信，同样诞生在互联网浪潮中的支付宝、携程、美团、滴滴等，它们有何共同点？最显著的特点无一例外是轻资产运营模式，就是通过互联网把已有的、分散的功能性重资产，变成自己的、集中的服务资源，达到四两拨千斤式的商业效果，并为用户提供了全新的服务，解决了碎片资源难以触达的痛点，必然受到用户青睐。例如：微信将通信运营商变成自己业务的移动互联网流量提供者；支付宝将银行变成自己用户的储钱箱、记账员；携程将全球各地的宾馆变成自己迎客入住的带管家的房产；美团将大街小巷的餐馆变成自己统一号令的餐厅；滴滴不需要购买汽车、不需要申请运营牌照、不需要招聘驾驶员，却能指挥调度各城市的所有出租车。

10.2.2 流量经济

互联网经济流量为王。这里流量指的是用户访问量、活跃度，而且促成大流量的业务大多是免费的，例如搜索引擎服务、即时通信服务、微博发布（浏览）服务等。也就是说，流量并不直接给网络服务商带来经济收入，相反先要有巨大的投入，而一旦实现获得了巨大的访问量，则通过开展广告、带货、打赏等基于流量的业务来获利。比如开设公众号写高质量的美食文章，文章阅读免费，当拥有可观粉丝后，就会有广告商或食品厂商找上门来进行推广合作。所以，流量经济还有生动的同义词"眼球经济"（有时带有贬义），就是想方设法博取用户注意力，目的就是提升流量（用负面新闻吸引眼球是饮鸩止渴，而且是不道德的）。好比现实生活中上海的南京路步行街，霓虹闪烁、招幌林立，游客摩肩接踵，逛街自然是免费的，而巨大的人流量让沿街的商店生意兴隆，使这条街的商业销售额居高不下。

流量经济具有很有意思的长尾效应，如图10.3所示，如果能有意识地对其加以有效运用，将会源源不断地产生价值。

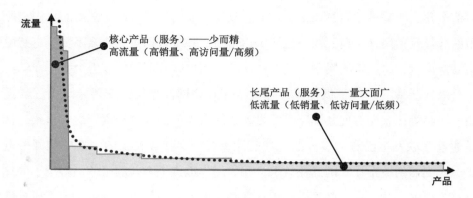

图 10.3 互联网经济长尾效应示意图

成功的互联网企业一定有其"必杀技",即特别优秀的一两项主打功能或服务,或为刚需,或为高频,通常是永久免费的,从而赢得高企但狭窄的流量曲线。而后会在平台上向用户提供类型多样、数量极大的商品,需购买获得(或由发布方付费)。与精品服务的头部流量高台相比,这些商品每一种的销量(流量)看上去可有可无,在坐标系底部呈现出一条长长的尾巴,然而若用微积分来求面积——业务含义是总流量,则长尾的面积很可能超过头部,其价值更为显著。

互联网资本经常会对一个高流量平台给出很高估值,尽管尚未有高收入(甚至处于猛烈"烧钱"的亏本运行状态),也愿意候选考察,就是看流量后面有没有拖着一条长尾巴,实际是评估是否存在后续的商业操作空间,如果尾巴不明显,说明发展已经见顶,预期增长能看得到天花板,就不值得投资,如果尾巴够长,等于有了长远的发展空间,那么就可以进行大手笔投资。

10.2.3 共享经济

互联网擅长连接、沟通,为各种资源的共享利用创造了极佳的条件,形成互联网共享经济模式。共享经济很容易让人联想到共享单车,确实是城市出行的绝妙配置,相当方便实用,广受用户欢迎,类似的还有共享充电宝、共享雨伞等。

但是,共享单车其实不属于互联网共享经济。共享单车的创新服务模式诞生于互联网时代,用了互联网工具,在名称上又有共享二字,称为互联网共享经济似乎顺理成章。实际上，共享单车属于租赁业务，与常见的租车公司的性质和商业模式完全相同，只是更多地采用数字技术，如智能手机App、物联网（远程控制开锁、车辆定位）、电子支付，使用户使用更方便而已。共享充电宝、共享雨伞也是如此，同属租赁业务，如图10.4（a）所示，其共同点是重资产、大投入，互联网只是辅助手段，可以实现无人化管理，但离开互联网几乎照样可以运行。

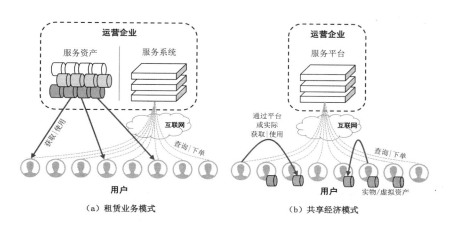

图 10.4　两种商业模式运行原理比较示意图

互联网共享经济所共享的应当是参与方的资源，如图10.4（b）所示，互联网企业一般只负责开发和运营平台，平台提供服务功能，而共享所需的资源都是由用户所提供（发布），即"人人为我，我为人人"的互通有无方式。服务平台可以通过互联网把用户手中的碎片化资源搜集起来、展示出来，让潜在的需求者（其他用户）能够搜索到，并可有偿获取这些资源，即Web2.0分析中的"平台经济"。故微博、短视频等平台接近于共享经济，因为平台上的内容都是由用户创作、分享给其他用户，只是因为共享信息本身是无偿的，不是直接盈利来源，所以称之为共享经济又有些勉为其难。因其商业模式（获利方式）是广告等，故归为流量经济比较恰当。在前面的资产确权案例中，祖父和邻居们将碗刻上名字相互借用办家宴之风俗，也挺符合共享经济理念，当然彼时尚无互联网，也不会收取报酬（或许会送一两个馒头礼尚往来），可称为睦邻共享模式。

共享停车位是一种典型的互联网共享经济模式服务平台。大型城市通常都存在停车位紧张问题，细致分析会发现属于结构化短缺，而非总量不足，具体表现为白天（上班时间）商务区停车位不够、晚上（下班时间）居民区停车位紧缺。反过来看，白天居民区腾出了很多位置，晚上商务区停车场空空荡荡。如果能够交叉利用起来，既可缓解停车难，又使业主增加了一项收入。

由于停车位属于不同业主，尤其是私人停车位，资产归属非常分散，资源位置分布各处，可用时段不尽相同，集中化系统运营者无法实时掌握及核实所有车位的动态状况，使服务方责任形同虚设。因此，如"周末集市"式的个体对个体交易模式更能体现主体责任与义务。如图10.5所示为共享停车位应用的实现原理，能够发挥区块链系统技术长处，由业主通过区块链客户端自主管理资源、自主发布信息，需求者按位置搜索匹配停车空位，可利用链上代币实现支付，并可运用智能合约实现占位、付费的自动操作。为维护基础链和系统的正常运行，区块链技术的提供方可收取一定的上链记账费（即GAS费，可在交易合约中体现）。

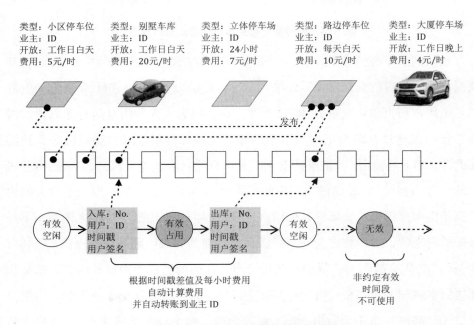

图10.5 共享停车位应用实现原理示意图

与共享停车位类似，在不考虑运营管理缺位、较难处置不当行为等问题的情况下，运用区块链技术支撑可实现共享度假屋、共享通勤车等共享经济应用，不同城市的居民相互交换住房可以免除短期度假住宿成本，上班时可以利用私家车空座顺路载运其他人，都是非互联网时代无法想象的资源共享模式。

在具备严格监管的前提下，小额互助式网贷（俗称P2P网贷）其实是一种不错的互联网金融产品，属于互联网共享经济形态。众人"闲置"的小资金有了可产生回报收益的投资渠道，让急需资金却难以从银行获得贷款的用户有了合理利率的便捷融资渠道，实现互惠互利。相似的还有互助保，与保险公司相比，其保险产品门槛设定较低，平时用极少的钱投保，出险时即可获得一定额度的理赔。

10.2.4　众包经济

互联网上可点滴汇聚并共享利用的资源除了资产、资金，还有智慧，包括人类智慧、机器智慧（算力）。滴水成河，聚沙成塔，合力效应会非常显著。如图10.6所示，众包经济即是发挥互联网环境的动员能力，将任务进行悬赏或分解，由用户认领完成。有别于共享经济，众包经济的资源是单向流动输出的，需求方获得成果，贡献方获得收益。例如，企业需要LOGO（标识图形）设计，系统需要数据分析的算法，城市的路口需要高峰时段的排堵方案等，任

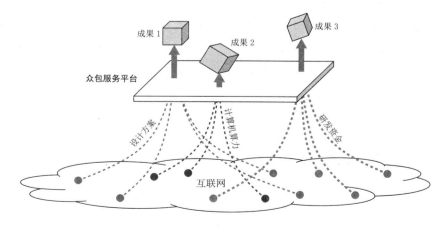

图 10.6　互联网众包经济概念图

务发布后，网络用户可发挥专业技能、聪明才智各自提供解决办法，发标者从中择优选用，中标者即可获得相应报酬（如何公正评判最优解是服务平台需要保障的，否则容易发生质疑等纠纷，毕竟图形美感等见仁见智）。

众包经济体现了互联网智慧，可将整个网络看作无所不包、无所不能的超级大脑，用户遇到难题就可以交付给这个超级大脑来思考和解决。有些人索性以此为业，到处接众包订单，专注做"赏金猎人"的工作，形成互联网"游侠"（自由职业者）的新职业。

区块链虚拟币挖矿者为解决个体矿工算力不足无法挖矿成功的问题，会组成挖矿联盟（矿池），进行组队挖矿，将挖矿（新区块生成）计算任务分解给每个参与者，无论哪位成员挖矿成功，即根据算力贡献大小分配收益。专业计算网格（Grid for Computing）将复杂的任务变成可并行处理的小任务，分发给联网计算机在可贡献时段运算，汇总返回的结果，可用较低的成本完成如天气预测、流体力学等大型计算任务。互联网上曾发起过一个有趣的"寻找外星人"计划，由射电望远镜接收深空电磁波所采集到的海量数据需要进行分析，探查是否存在有规律性的信号源，杂乱无章的信号是宇宙背景噪声，有规律的信号必定是智慧生物所为，但这个工程的缺点是特别"不靠谱"——完成任务的希望趋近于零、任务周期则几乎是无穷长，所以就适合采用众包方法，调动互联网上志愿者计算机的空闲算力，在个人计算机进入屏保（说明不在使用）时激活计算程序，自动下载数据并分析。

众筹是众包经济的一种特殊形式，例如为了研发新产品向互联网用户定向募集资金，投入资金的用户可以低价优先获得新产品。为避免发生非法募资等事件，资金应由众筹平台负责管理，保障募资额度封顶、资金专款专用、产品可按承诺交付给用户等。

10.2.5 生态经济

人类之所以能够在与比自己强悍很多倍的动物的竞争中胜出，站上食物链顶端，社会化组织是关键因素，分工协作能够以智制暴。商场也如大自然，单打独斗就如孤狼，或许可以逞勇一时，却无法长久屹立江湖，不知何时就会遭到碾压。

当苹果公司推出手机时，正值诺基亚等手机专业厂商如日中天之际，苹果作为一家"电脑公司"，到门槛很高的移动通信"殿堂"叩门，业界对此普遍不看好，唱衰声此起彼伏。结果苹果手机不仅赢得了用户，而且开启了智能手机时代。

苹果手机相比于诺基亚等手机专业厂商非常擅长的、后来被区别称呼为"功能手机"的产品，两种手机的硬件、软件差别并不是很大，都是CPU和操作系统加持的"小电脑"，都有大屏幕，都有应用软件和上网功能。苹果手机的触控式操作固然惊艳，却并非唯一的制胜法宝。苹果手机最重要的贡献是软件"应用商店"。功能手机是由一家厂商包办一切：生产手机硬件、开发操作系统、预装应用程序，用户买到什么就用什么，似乎自然而然。然而，手机应用商店打破了这一格局，将应用软件提供者角色分离出来（之后安卓继续分离了操作系统），动员了全网的力量，包括专业软件开发商、网络服务商、个体开发者，为手机提供数以万计的App，手机功能得到了巨大扩展，用户可以自由地选择自己最需要、最喜欢或最热门的软件，开发者在竞争中不断完善产品并获利，移动通信技术在上网带宽需求的刺激下迅速进步迭代，而手机厂商不断推出新产品，以满足用户对屏幕、处理器、存储和摄像头的更强、更快、更大、更好的追求，形成互惠共生的繁荣生态系统。

诺基亚等专业手机厂商从辉煌的顶点快速衰落直至破产，显示出了智能手机对功能手机的压倒性优势，是降维式打击的例子。不过在这个案例中，苹果公司的品牌影响力是不可忽略的因素，其"号召力"在起步阶段起到决定性作用，倘若换一家名不见经传的公司做同样的事，很难出现开发伙伴和用户"蜂拥而入"的盛况，则很难或需要很长周期才能形成规模效应、进入良性循环。

不论是当初的Windows操作系统与外设驱动程序及应用软件，还是如今的微信与公众号及小程序、比特币产业，都是成员相互依存、共同打拼的生态系统，使其行业地位难以撼动。在一个互联网应用生态圈内，核心企业拥有流量优势,负责制定技术标准和运行规则,构建起水草肥美的生存环境,吸引各方游民骑马拉车、拖家带口前来安营扎寨,放牧的放牧、耕田的耕田、打猎的打猎、织布的织布,共同的目标是让生态圈愈加繁荣(人气更旺、订单更多),一旦气候已成,竞争者想复制技术易、打造生态难,因为要说服成熟生态圈中"原住民"去陌生的土地投资兴业,难度可想而知。

互联网生态经济模式的成功,本质上是开放体系对封闭体系的胜出。如图10.7所示,开放体系无疑拥有更强的活力,起决定作用的是用户,因为不知不觉地,用户从单纯的产品使用者、旁观者变成了选择者、投票者,决定哪些成员足够优秀,而哪些差强人意,从而促进生态系统的优胜劣汰。用户不再游离在外,而是成为开放生态系统的一分子。当用户也被如此强绑定,那么这个生态系统就非常稳定。

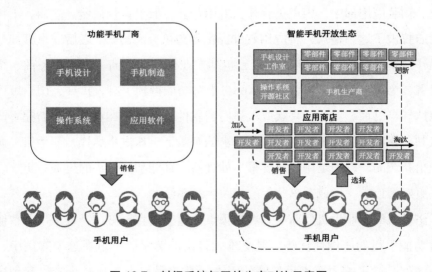

图 10.7 封闭系统与开放生态对比示意图

10.3 区块链思维

老子曰:"人法天,天法地,地法道,道法自然。"(引自《道德经》)短短数语,揭示了人与自然的内在关系和深刻规律,由此可见中国文化的源远流长、博大精深。不妨将这一古代哲学思想投射到现代区块链技术上,考察这项技术是顺应还是悖逆自然法则：用户（人）听从链上代码（天）执行，以法治而去人治，绝徇私而促可信；代码乃契约，链上代码由区块（地）承载，公开可验证；区块生成遵循一致公认的共识规则（道），遂成公信；共识规则及其运行满足区块链应用生态（自然）之要求。

因此，在掌握区块链技术的基础上，有必要建立起符合区块链技术客观规律的区块链思维模式，以区块链视角观察和思考问题，才能正确用好区块链技术手段来实现业务的转型升级和应用的拓展创新。

10.3.1 区块链技术理念

区块链技术有许多优良特性，其技术理念可归纳为"三合三共"，即合作共赢、合力共识、合约共守，是规划和支撑区块链应用的鼎立三足。这些技术理念之所以重要，首先，是因为这三个要素是区块链有别于其他技术的独特之道，予以充分运用就会给应用带来显著改观，有利于达成数字化转型升级的目标；其次，是从解决问题的角度来看，区块链技术并非万能，准确把握技术理念方能人尽其才、物尽所用，有针对性地解决应用之疑难。

1．合作共赢

在比特币系统中，矿工因为有机会挖矿成功获得比特币奖励而来，挖矿成功意味着完成记账，通过多方共识形成全网一致的可信账本，实现交易双方的直接支付，不需要通过第三方机构的中介（降低交易成本），从而买卖双方都被吸引而来。然而交易多了，比特币就更有价值，矿工的参与热情就更高，也鼓励了技术社区贡献者对系统的持续改进，并吸引了芯片、设备及软件研发等供应商的加入。在这个系统中，记账者、交易者、开发者各方形成合作、共赢的关系，实现生态体系的良性循环。

例如，一位供应链核心企业的项目主管遇到一件棘手的事，负责推进的区块链应用项目步履维艰。项目的目的是规范供应链各企业零部件生产和供应渠道，及时掌握产品和物流信息，根据市场行情及时调整生产规模和节奏，保持信息交流准确和畅通，通过反馈机制提升产品质量，由这家核心企业投入资金，运用区块链技术构建了供应链信息共享系统。这一系统理应对上下游企业的产品品质与销量等具有提升及带动作用，但是在实际推动各企业落实该项目时碰了不少"软钉子"，尤其是预想中获益最大、最愿意融入供应链生态的小企业，却纷纷借口内部信息系统不完善、技术实现有难度而迟迟不实施对接。

这位项目主管可能是走入了"有一种冷是妈妈觉得你冷"的误区。就是出于爱心、好心、关心，将自身感受和需求直接投射到其他方身上，而实际上"孩子"并不冷，或许是饿了。站在这位主管的立场，供应链核心企业最关注的无疑是产品质量、供应时效、成本控制等指标，该供应链系统即以此为唯一目的而建立，但误以为别人也感同身受。存在偏差的目标导致他人难以"共情"，合作方反而觉得这项工作平白无故增加了工作量和成本，自己只是贡献者而已，自然打心底里一万个不情愿。

其实最为困扰中小微企业的并非质量、信息或订单，而大多是资金流。如果光凭存量资金，生产型企业很难提升资金周转率。即使市场红利到来，销量猛增，也会轻易达到生产极限。主要问题是小企业融资困难，因规模小、资信低、历史短等不利因素，不易取信和打动金融机构，很难及时筹措到所需的再生产资金。如果供应链系统并没有解决这一痛点，那么没有明显感觉到"赢"的企业参与积极性一定不会太高。

合作达成共赢，是任何多方参与类项目有效推进、长效运行的前提。

认识到这一点，供应链信息系统就应该修正方向，调整为供应链产业金融系统，充分发挥核心企业引领作用，尤其是品牌、地位、规模和信誉等各方面优势，引入金融机构等新的生态伙伴。如图10.8所示，基于区块链技术实现订单资产化，核心企业据此掌握全局信息，小企业可凭链上订单从金融机构获取快速融资，贷款资金以代币形式发放，可直接用于采购上游企业原材料，金融机构可监管资金流向，保证专款专用于生产活动，在安全可控的环境下不断获取创新金融产品的收益。表面上这个改进版的系统只是为了解决一方融资难题，而本质上是以金融为纽带建立了一种多方合作机制，且通过机制的运行各方都有利可图，真正实现多赢局面，各企业的上链积极性问题也会迎刃而解。

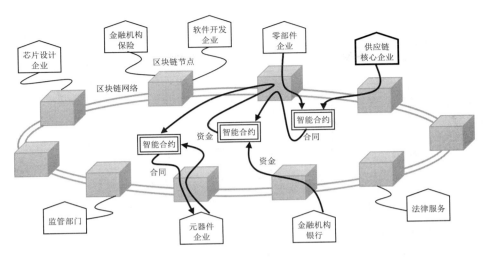

图 10.8　供应链金融生态示例

2. 合力共识

中心化系统有运作高效、管控有力的优势，比较适合于单一机构，与集权化的组织管理方式比较匹配。在多方协同环境中，中心化架构在另一些方面的弊端就会变得比较明显，比如管控地位确定的难度、决策垄断性、流程执行瓶颈效应、责任边界不清等，严重的话会使协作业务推进乏力。

以区块链技术为代表的对等网络架构为多方协同事务和系统开辟了另一条途径，参与实体与管控机制分离，形成松耦合关系，各参与方不区分主从属性，而是通过共识协商方式达成一致，合力实现业务目标。例如多职能部门审批业务，不论是串联审批，还是并联审批，实际上各部门只有关注范围（重点）及其角色之分，而无"最终裁决者"或"统一协调者"之分，显然平等、平权的系统构建方式更符合业务逻辑。

如图 10.9 所示，区块链对等网络在抵御故障或攻击造成的风险方面具有优势。

当网络发生连接（信道）中断、节点宕机或下线、局部网络受损等异常状况时，节点间的连接关系可以自发重建，区块链系统（在一定规模和分布性前提下）仍然是完整的体系，不会因受到干扰而瘫痪，可持续提供正常服务。

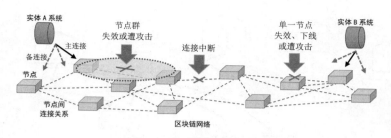

图 10.9　区块链网络合力抵御风险示意图

可见，参与实体与区块链节点也是一种松耦合关系，并非实体必须拥有并维护一个节点，而是可以部署本地化节点和多个节点（如果实体有实力），也可以选择不部署节点。虽然实体的系统总是需要通过一个节点来连接区块链网络，但是支撑力是由整体网络来提供的，换句话说，即使实体通常连接的节点（如本地部署的节点）发生故障，也可以连接其他任何正常运行的节点，对业务的开展没有任何影响。

除了各参与方在业务上合力执行、支撑网络各节点合力容灾，链上数据记录也是合力结果，由多方共识所生成，可保障全网账本一致，且不可篡改、不可伪造，实现中心化系统难以做到的可信计算和可信网络体系。这就能回答一个问题：为何政府部门也需要用区块链网络，难道政府部门还不可信吗？——原因不是取决于实体的可信度，而是系统。假如人为可以操纵数据而可以不被发现，比如对数据库进行修改并删除日志（抹去痕迹），则就有被利用来谋取利益的可能性，数据及其操作的可信性、安全性就会存在瑕疵。

3. 合约共守

对于合约共守，下面通过例子来进行讲解。身为供应链上游企业主管业务的副总裁，Bob 又深陷苦恼之中，下游企业前两个订单的货款已超期很久，对方说自己也没有收到总装公司的货款，实在无力支付，而又马上需要为下一批产品备货，希望与 Bob 签订新的供货合同。Bob 当然不愿意放弃好不容易建立的合作关系，维持自身产品的市场份额是第一要务，然而资金十分紧张、贷款周期漫长，生产所需的原材料厂商却相当强势，必须见款发货，于是 Bob 处在了左右为难的境地。

在现实中，Bob 的困境会经常发生，虽然都有白纸黑字、盖章签字的合同,并不能轻易选择去跟对方对簿公堂,否则就意味着合作关系的永久性终结。合同是应当要不打折扣履行的,对甲乙双方都是,不存在"弱势甲(乙)方"的情况。然而,合同以外的"其他因素",包括"经理出差了""财务生病了"等"不可抗力",使承诺的兑现充满不确定性,就完全违背了签订合同的本意。

合同即规则,规则是用来遵守的。好比大家一起玩游戏,约定了游戏规则,大家都要遵守,否则娱乐活动可能演变为打斗事件,友谊的小船瞬间倾覆,显然谁也不想看到这种结局。因此,对于任何规则(合同)都不能轻易违背。人言为信,并不是拆字之法。诚信是人类所拥有的一种美德,尊为立身处世之本,需共同守护。宋代理学家朱熹认为:"诚者,真实无妄之谓"。故应以真诚之心,行信义之事。明清时期盛极一时的徽商、晋商,皆为诚信经营的典范,造就诸多传奇的同时创造了巨大财富。

不妨以技术之道,辅佐契约的忠实履行。对于简单的交易、承诺、指南、计划、备忘,以及复杂的协议、合同、制度、规范、标准、章程,乃至严谨的法律、法规,技术上可以用计算机语言编程,实现条件描述、佐证判决,并由计算机自动执行,若配合使用金融工具,可实现资金预留、按期划转。如图 10.10 所示,运用区块链智能合约功能,可完成甲乙双方的数字化签约,并

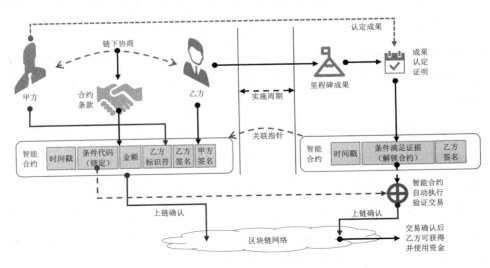

图 10.10 基于智能合约的合同执行示意图

包含约定的合同条款的可执行代码，描述预期条件以锁定资金，代码公开可审计。当乙方完成甲方期望成果并得到认定后，只需提供充分的电子证据，即可通过区块链节点的智能合约自动运行检验，从而解锁约定的资金，合同履约完毕。若能借助人工智能进行成果认定，则在达成履约的过程中可进一步减少人为干预成分。

智能合约的"智能"指的是机器智能，即计算机可执行。区块链将合约代码上链以固化合约，防范篡改或伪造；满足合约条件才能获得资产，防范盗用或作假；链上代码由区块链节点自动执行，防范干扰或毁约。区块链智能合约等数字技术的运用虽然不能完全杜绝合同欺诈等现象，但可以有效减少履约中的不可控因素，在一定程度上对违约行为进行牵制和约束，促进守约守信，使签约方对结果更有预期，有助于提升信心。

10.3.2 三元悖论

在金融领域有一种"三难选择"理论，指资本自由流动性、汇率稳定性和货币政策独立性三者不可兼得，称为"不可能三角"（Impossible Trinity）或"三元悖论"（Mundellian Trilemma）。对于对象和功能具有相似性的区块链"代币经济学"，三元悖论意味着没有一个代币经济模型能同时实现自由交易、价格锚定和自主发行这三个目标，可用于评价不同代币经济模型的可持续性和内在稳定性。在数字化技术和应用方面，如网络系统、信息系统、区块链系统等，安全性、分布性、高效性（替换为扩展性同样符合）是三个相互独立的评价维度，如图10.11所示，三者关系也符合三元悖论。

例如比特币系统，比较强调节点的对等、公平、同权，凡事由全网共识决定，同时注重交易安全，杜绝造假、分叉、双花，但代价是计算、存储效率十分低下。再比如有些经过改造的区块链技术，通过增强脚本系统、脱链支付、会话协议、链间转移等，提升灵活性、适应性和多业务支撑的扩展能力并提升效率，就需要加强中心化控制力，从而在一定程度上丧失对等性、公平性，或者增加了系统复杂性而在安全性方面难以确保。

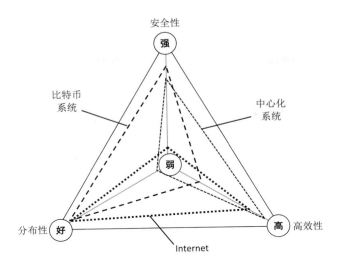

图 10.11　数字化系统三元悖论示意图

例如传统的中心化系统,控制与内容都是集中式的,分布性无疑是最差的。然而换取的是较高的安全性,用以防范入侵、保护信息。同时有较高的运行效率,用以避免拥堵,支撑尽可能多用户的并发访问,以充分提升信息系统的效益。

再例如Internet,由于其前身为军事用途的网络(ARPAnet),需要确保具有很强的容灾能力,任何部分受到打击而损毁都不会影响网络整体运行,且不能有易被重点攻击的中心化设施,因此Internet具有良好的对等性,所有联网的路由器都是平等的。同时作为网络基础设施,非常强调互连互通的效率,这就很好解释为什么Internet的安全性如此低下,其实是必须做出的牺牲。

既然安全性、分布性、高效性(或扩展性)无法同时达到完美,那么数字化系统就需要在设计时合理规划,可在为满足应用场景、应用目的需要而突出某些指标外,尽可能保持另一些指标的平衡,避免过度倾斜、让步,特别在安全性方面一般不能妥协太多。

10.3.3　DAO 组织架构

去中心化自治组织(De-centralized Autonomous Organization,DAO)来自

区块链技术理念，以对等网络节点平等协作、互利共赢的生态模式，构建扁平化的组织形态，实现群体的共创、共建、共治、共享。

不同于传统的集权式治理架构，如公司运行的总经理全权负责制，DAO开创了另一种可能性，可以把人以更加灵巧的方式快速地组织起来，实现某个盈利性或公益性目标。志同道合者不论生活在哪里，都可以通过互联网自发聚合，共同协商，达成一致的愿景目标；组织成员是合作伙伴关系，可以运用区块链代币持股，在运行中可以根据各自的贡献调整股份结构，盈利则根据持股比例自动分红（即激励机制）；组织治理方式（相当于公司章程）以区块链智能合约方法来实现，代码上链、机器执行，体现规则及实施的公开、公正；任何决策都由全体成员在区块链上共识投票产生，服从多数人的意愿，责任共担。

DAO将一个组织的所有权、治理权、分红权分离开，并进行分割，由成员共同持有。例如互联网开源社区，开发者分工合作形成松散型的技术群落生态，共同维护和促进一项技术的持续优化完善。然而，结合纷繁复杂的现实世界，理想化的DAO模式对绝大部分公司的运营难以支撑。或许对一些琐事争论不休，难以达成共识，反而延误了时机；或许会滋生出一些小团体，试图对共识决策施加影响，从而在事实上演变为中心化治理的模式。在DAO运行中起关键作用的智能合约的安全性也是一个不可忽视的重大问题，例如，2016年6月，以太坊最大的众筹项目The DAO遭到攻击，攻击者利用以太坊智能合约代码中的漏洞，针对性地构建攻击代码，盗取超过350万个以太币，使The DAO损失惨重而失败，并导致以太坊分裂为ETH和ETC。

因此，DAO所推崇的对等性、自主性未必适用于普通的公司，其价值更多体现在治理理念的更新上，具有宏观性意义，比如面向未来的数字空间运行支撑架构，构成不易受到垄断胁迫的、更为开放和稳健的基础。

10.4 数字化思维

数字化思维是发挥前沿数字科技优势开展数字化应用的方法论。首先是认识到先进技术对于提高生产力的重要性和必要性，理解墨守成规、故步自封对于未来可持续发展的危害性；其次是通过不断学习和实践来掌握数字科技的原理、特点和能力，为有的放矢地合理运用奠定扎实基础；再次是全面、深入地研究分析业务现状，揭示问题和短板，了解困难和痛点，以树立攻坚克难的"靶心"；最后是思想上大胆创新、行动上放开手脚、实施上脚踏实地，使数字化应用实现落地并发挥能效。

数字化思维应把握需求导向、数据驱动、数字赋能三个要点。

10.4.1 需求导向

一切数字化应用系统建设和运行的目的都是满足特定的需求。故数字化规划的第一步就是找准需求，才有正确的目标。数字化应用主要是为人服务的，包括辅佐人们精细化管理和科学化决策，协助人们降本增效以创造更多财富，帮助人们便捷轻松地获取所需服务等，所以提升用户的获得感是关键性需求。

数字化转型（Digital Transformation）是运用数字技术实现核心业务流程再造，达到优化、升级、扩展及创新的目的。其中，要点之一是必须触及核心，而不是外围的、辅助性的或表面上的事务；要点之二是应当在方法上推陈出新，而不能被现有的条条框框所限制，或被原有工作流程所束缚。换句话说，如果功能不合理，就优化功能，如果流程不合理，就调整流程，如果规定不合理，就修改规定，直到真正做到满足用户需求。

很多时候，如果关起门来谈需求，往往是"伪需求"，因为不了解全局情况，无法从根本上解决用户的问题。必须跳出局部"小圈子"，站在跨部门（职责主体）的更大格局上观察，才能发现问题所在。例如去医院看门诊这件事，许多人都有抱怨，花很长时间、排很多队，拖着病体折腾愈加劳累不堪。那么，让"看病不那么费劲"就是用户的需求。听上去要求并不高，但在医疗资源不够充裕的情况下，一直难以做到。考察看病全流程，如图10.12所示，会发现一个颇为令人费解的情况：整个过程的每个环节其实都已经实现了信息化，包括刷卡挂号、排队叫号、电子病历、电子处方、电子报告、移动支付等，每个环节的业务支撑系统都做得不错，如医院信息系统（Hospital Information System，HIS）、医疗检验管理系统、医保结算系统、智能卡接口、第三方统一电子支付系统等，但用户仍然感觉很费力。

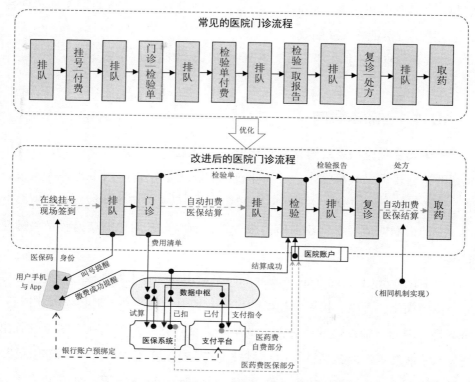

图 10.12　医院门诊流程数字化转型示意图

在常见的门诊流程中，问题在于串联所有环节的是人（患者），需要人带着各种单子来回排队、奔波。即使HIS掌握各种数据和接口，依然需要刷就诊卡、盖收费章。分析可见，患者的怨言主要由排队付费所造成，且该操作与诊疗活动无关。既然问题定位了，那么就可以让数据流动起来，虽然需要跨接不同机构，但这无非是技术实现问题（医保凭证电子化也是关键性改革举措）。通过数据交换中枢驱动各种数据，如清单、单据、报告、指令、状态、结果等，使之在不同系统间自动流转处理，最终效果就是减少了不必要的排队、减少了患者奔波、减少了线下操作环节，用户因此获得实实在在的好处。

需求是每一种数字化系统所服务用户的愿望，体现为系统的主视角。例如：车辆调度系统的用户是运管人员，需要全面实时反映状况，控制操作直接有效；医学影像共享系统的用户是医生，需要大量数据快速调取、清晰显示；决策支撑系统的用户是管理者，需要数据呈现兼顾全局与局部、概要与细节、静态与动态、现状与趋势；同城快递系统的用户分两类，所用客户端就应分两种，才能分别面向收发用户和快递员的不同需求。相反，如果对主体服务对象的确定含混不清或产生偏差，将导致视角不准，进而产生分析、规划、建设的方向性错误。例如，假设将医护人员作为医院门诊服务的主体用户群，则工作方向必然是如何提升诊疗系统的效率，根本发现不了患者就诊难的问题，也就谈不上去解决了。

同时，数字化转型中突破固有"规矩"、重构核心业务流程也是至关重要的。假定患者还是要拿着卡到窗口刷、单据上必须盖上红图章才能生效，那么就很难实现用户获得感的实质性提升。

跨越障碍完成这一流程优化（线上化）后，仿佛迈入一片新领地，从用户"未雨绸缪"前期需求出发，可拓展网上购买健康保险、在线预诊和预约、预定停车位，从用户"减轻负担"后期需求出发，可开发保险在线快速理赔、药品快递（按需冷链）到家、网上续方配药等，那么眼前将会豁然开朗。

10.4.2　数据驱动

数据就像血液里的红细胞，为人体系统的各个器官输送养分和氧气，是生命力的保障。数字化系统、数字化转型离不开数据的支撑，数据将业务全流程的各个环节串联起来形成一个整体，即使这些环节是异构系统并分布在网络的不同角落。

数据不仅包括计算机可处理的二进制形式，还包括纸张上的文字和图形、照片及电影胶片、模拟制式录音带和黑胶唱片等，当然如今数字化信息已占据绝对主导地位，许多关系到人类历史和记忆的实物资料也通过扫描、转换等方法实现数字化，便于保存、传输、处理和使用，也不易因损坏、损毁造成难以挽回的损失。

依据不同维度可对数据进行分类，如关注变化的静态数据、动态数据，关注格式的结构化数据、半结构化数据、非结构化数据，关注安全的保密数据、共享数据、公开数据，关注产生的私有数据、公共数据，关注利用的隐私数据、开放数据等。以一个自然人的数据为例，如图10.13所示，可以按属性分成多个类别，共同构成对人的数字画像。

个人信息并非都是隐私性的，如姓名、手机号码、电子邮件地址，具有公开属性。有些数据单独存在时一般不会对个人造成安全风险，如人脸识别特征值，但如果与姓名等其他身份信息关联起来，一旦泄露就可能被利用而形成威胁。其中人体生物特征具有不可再生性，因此更要谨慎对待，避免被滥用。

图 10.13　自然人数据分类构成示意图

数据边界（Data Boundary），或称为数据域，是指数据采集及被授权存放、加工、利用的范围，可以指地址位置、应用系统、相关事项、有效期限，超出数据边界即产生违规或违法。例如：私人空间不能任意安装摄像头，否则就会侵犯隐私；有些数据（如轨迹、社交）不得离境，因为关乎国家安全；有些材料只能用于指定事务的办理，用在其他事务上就无效；有些证照具有时效性，只限于在规定时间内使用。

除无条件开放的公共数据外，数据边界的设定一般遵循以下三项原则。

- **授权使用原则**。在数据确权的基础上，由权利人授权使用全部或部分数据。数据权利人对数据使用有知晓权，并有权随时撤回授权。
- **最小提供原则**。只提供应用目标所必需的数据，不提供非必要的数据。例如：公司考勤系统有姓名或工号足矣，就不应索取身份证号码；一个App的功能不需要地理位置定位来实现，就不应要求用户打开定位权限，更不能悄悄使用。

- 隐私保护原则。数据处理尽可能采用"可用不可见"的隐私计算技术，是较为彻底的数据保护机制。由于数据在提供后无法保证"回收"，因此数据应尽量不离域。

为加强数据的管理，需对数据进行精细化分级，如图10.14所示，从原始数据（Raw Data）到统计数据，共分为六个敏感性等级，分别用于不同的内部和外部需求。

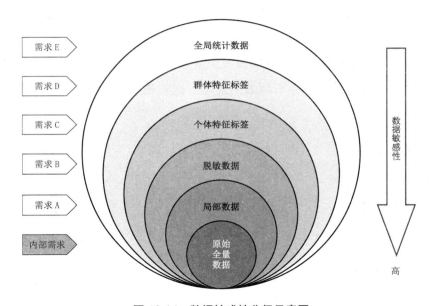

图10.14　数据敏感性分级示意图

敏感性最强的原始全量数据通常限制在域内访问，主要用于内部应用系统；外部数据需求只提供局部数据（部分记录或部分字段）、脱敏数据（屏蔽部分内容消除敏感性），或提供经过分析计算的特征标签、统计数据。加工生成的数据权属关系已不同于原始数据，一般为数据运营商所有（可视为一种知识产权），使用时不需要征得原始数据相关权利人的同意。

在数据规范、安全利用的前提下，数据可在数字化转型中发挥巨大作用。

以跨职能机构串联办事为例，如图10.15所示，用户要获得结果C_4，需要分别在三个机构依次办理，每次要复印和提交3份材料，办理和取件都要跑一趟，前后至少需要$D_a+D_b+D_c$天。

即使每个机构努力改进自身系统、加班加点工作，也只能为用户缩短几天时间而已，并没有改变跑腿次数、材料份数。最让用户不满的其实是中间结果A_4和B_4并不是自己需要的，是为办成结果C_4而要的"前置条件"，不得不前去办理，而且机构之间没有联系，只能由用户进行材料"搬家"。

如果充分运用数据驱动理念来梳理用户"要获得C_4"的整个业务流程，可以发现有些材料已经有电子化数据，有些则可以共享其他机构数据（包括中间结果的共享传递），那么经用户授权使用就可以免交（同时免取）这些材料。即使有材料需要用户提供，也尽可能电子化提交。最终用户几乎不用提交材料，甚至一趟也不用跑，全程在线就可获得所需办理结果。或许每个机构办理时间不变，但用户体验发生了极大的变化。这就是"让数据多跑路，让百姓少跑腿"的典型案例。

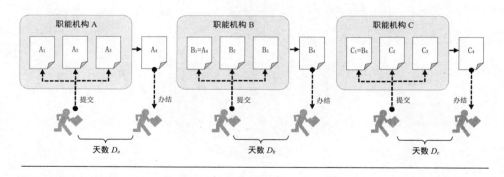

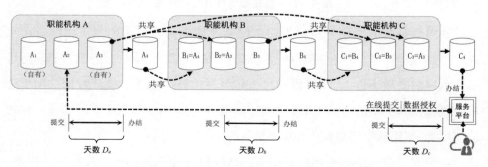

图 10.15　跨机构串联办事模式对比示意图

如果进一步智能化分析数据，还可进化出个性化、主动式服务模式。如采用标签匹配的隐私计算方法，自动提取符合用户画像特征、条件已齐备的资源（例如补助、优惠、津贴、落户）推荐给用户，实现一键即享。

10.4.3 数字赋能

假设蚂蚁生活在一条纸带上，如图10.16所示，蚂蚁只会爬动，且只能前进和后退，于是蚂蚁的世界相当于一维空间。有一天，蚂蚁接到一个任务，要从纸带的一端前往另一端，使命必达的蚂蚁唯有一种办法可以做到，就是老老实实爬完全程。如果这只蚂蚁勤奋敬业，平时一直锻炼身体增强体能，就能够爬得更快一些，即便如此，最好的结果无非是稍微缩短了一点点时间。

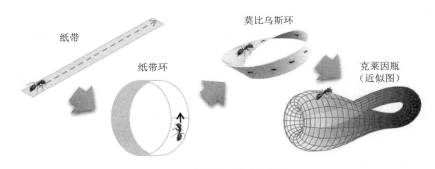

图 10.16 蚂蚁的世界示意图

如果我们想帮一下可怜的蚂蚁，可以简单把纸带环接起来，蚂蚁的世界立刻发生了变化——这只蚂蚁达成同样的使命，不再需要爬完整条纸带，只需一步就可以从一端迈到另一端，即使体力再差也无所谓。更妙的是，不管环起来的纸带有多长，都只要跨一步（就像魔幻电影的主角瞬间穿过"转移门"来到另一个地方），任务与距离不再相关。

再进一步，如果我们把纸带翻转180°后对接，即成为"莫比乌斯环"，蚂蚁的世界又改变了——这只蚂蚁可以轻松遍历纸带的两面，相当于活动空间扩展了一倍。如果将莫比乌斯环进行延展，可成为"克莱因瓶"，此时蚂蚁的世界没有了内外之分，不过在这一步上我们人类已经无法帮到蚂蚁了，因为克莱因瓶是人类都只能凭空想象的高维空间的物体。

从蚂蚁的世界可以获得如下启示：

- 封闭空间里再大的"进步"都是有限的量变，换个视角看都是微不足道的，说明一味"内卷"无助于发展，至少发展的效果不佳；
- 外力（比如帮助蚂蚁的人类）的干预拓展了空间维度，可以获得质变式体系改进、跨越式能力提升，这在原有空间的角度看完全是不可思议的；
- 蚂蚁有人类来帮助升维，而谁能帮助人类呢？

人类的进步只能依靠自己。人类首先要在思想上跳出空间局限，用"上帝视角"来审视自身，发现问题症结，然后要引入科技手段作为外力（新的生产力要素），拓宽施展空间，方能获得真正的跃升。前沿数字科技就是那双扭动纸带的手。

此外，依据熵理论，在一个系统中，如果不施加外力，其趋势是熵增。比如恒星坍缩、热水变凉、电池漏电、房间杂乱无章、计算机越用越卡等，都属于混乱程度在逐步加剧，且依靠系统自身是无法实现逆转的。更何况有些系统的熵增（比如苹果腐烂）是不可逆的。因此，要加强系统的开放性，而不是要"蚂蚁的世界"式的自我封闭，只有充分运用外部能量和力量来改善系统，才能有效阻止熵增。

人无法抓住自己的头发把自己提起来。动量守恒的物理学定律揭示了内力无法转换为克服地球引力的力量，唯有想方设法借助外力，比如使用升降机把自己提起来、乘飞行器飞上天，才是"提升"自己的正确之道。在如今和未来的数字时代，数字科技就是推进人类进步的升降机、飞行器。

充分发挥区块链、大数据、人工智能、云计算、物联网、新一代移动通信等先进技术优势，可为各行各业应用提供数字赋能，实现业务转型、升级与创新。

各种数字技术各有所长，相互间关系密切，如图10.17所示，一项技术可为另一项或多项技术赋能，使技术能力进一步加强。例如，区块链为大数据技术实现数据资产化，促进了数据流通和应用，推动数据创造更大价值。技术间的支撑关系也形成技术的组合、联动，从而对数字化应用提供更好的支持。

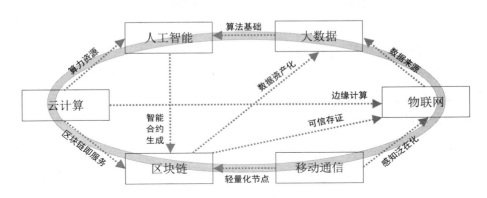

图 10.17　前沿数字科技相互支撑关系示意图

数字科技与应用需求之间往往存在一定距离，一项技术并非直接就能在应用系统中发挥作用，而是需要一个中间层的转化，比如发动机再先进也无法用来运东西，而需要与传动、变速、转向等结合，组成底盘或整车，才能说具有装载运输能力。如图 10.18 所示，数字技术底座相互融合，构建起资产确权、趋势预测等各种专有能力（功能或服务），构成数字能力平台，然后就可用这些能力模块来"搭建"数字化应用。

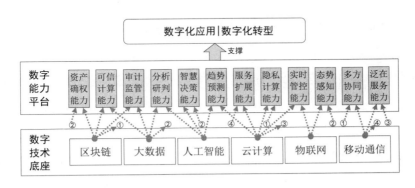

图 10.18　数字能力构成示意图

二十载光阴似乎挺漫长的，但在历史长河中只是短短一瞬间，而就在刚刚过去的二十多年里，生活中的许多东西悄无声息地发生了翻天覆地的变化。固定电话迅速淡出了千家万户，让位于智能手机；盛极一时的电视、报刊、电台日渐式微，取而代之的是想看就看、自己还能参与其中的新媒体；银行卡的热潮也退去，只能静静地呆在抽屉里听闻移动支付的喧闹声响。

数字科技拥有强大的能量，正因为如此，要避免新技术带来的"灰犀牛效应"。灰犀牛体型庞大，非常显眼，平时吃草散步，看上去人畜无害。但灰犀牛温顺的外表隐藏了一触即发的暴脾气，还有与大块头身躯格格不入的灵活和速度，如果招惹了它，它被别人激怒直冲过来，就会发生不幸的碾压事件。因此，灰犀牛效应被用于类比对一项新技术的态度和后果，假如只顾好奇观望而不去深入了解，对新技术的效能没有充分认识，更没有主动去掌握，当别人掌握了这项技术并"直冲过来"，无疑将遭受灭顶之灾。例如，在区块链金融领域，一头叫Libra的灰犀牛于2019年差一点引发全球性主权货币踩踏事件。中国央行以区块链技术原理为支撑，实现人民币数字化转型，推出数字人民币，就好比训练并驾驭了一头大象，不仅能力更强，而且可以抵御可能随时冲过来的灰犀牛。

数字科技没有"官方指定清单"，一些不起眼的"小技术"同样非常重要，能够在数字化转型实践中发挥很大作用，例如二维码。如今二维码应用十分普及，用户使用习惯已经养成，在各种应用场景中你扫我、我扫你。1994年前后出现的二维码升级自1974年开始应用的一维的条形码（又是一个二十年周期的案例），二维图形可编码更多信息，具有纠错能力，用手机即可显示和识读，几乎没有成本，因此在生产、管理、生活中得到了广泛运用。二维码对数字化的贡献可能是被低估的，一般只是被当作传递信息的媒介，其实二维码承担着线上到线下（Online to Offline，O2O）应用贯通的重大使命。

二维码可以编码保存字符串（各种自然语言文字内容）、超链接格式网址、加密标识符（通常为定时刷新的动态编码）等信息，扫描识别后可由计算机或手机根据内容执行后续的操作，例如自动解析名片信息并保存到通讯录。如果不采用二维码或成本较高的RFID等技术，许多线上、线下的服务流程是相互断开的，比如在网上做了预约，到了服务网点后需要证明自己预约过了，没有二维码就只能报手机号、出示身份证等进行人工验证，线上、线下无法无缝连接。如图10.19所示的三个常见的应用场景中，二维码起到跨越线上、线下的桥梁作用，不仅是传递信息，而且使操作得以连贯进行，似行云流水般不间断，全程由用户自助完成，不需要收银员、卖票员、管理员，降低了线下网点运营成本。因为有了现场扫码操作，应用系统以此掌握用户"到场"这一信息，即包含了"签到"功能，由此可在线上应用中扩展出更多服务，吸引客户进入"闭环"场景当回头客。

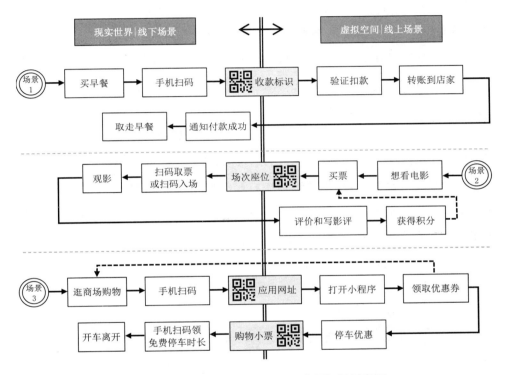

图 10.19　运用二维码实现 O2O 应用场景示意图

10.5　金融科技与数字化应用

前沿数字技术的运用可扩展和增强金融科技能力，金融科技的支撑力可为数字化应用提供强有力的保障。特别是在基于区块链的跨行业、跨机构应用场景中，应充分发挥代币的金融功能，实现用户数字资产确权和流通等核心业务。

在全球推进碳达峰、碳中和行动中，引导每个人在日常生活中树立节能、环保、低碳意识非常重要。量化的碳积分可以使人们获得对于各种低碳行为的直观认识，如尽量乘坐公共交通工具、购买绿色家电、少用一次性物品、垃圾分类与废旧物回收等，分别能得到一定的碳积分，清晰了解不同的行为对减排的贡献度的差异（包括有些行为对减排的负面影响），不仅可让人真切体会到保护地球环境的参与感，而且碳积分还可用于换取一些服务等实惠，使参与者更有获得感，提升长久保持绿色生活状态的积极性。

如图10.20所示，由于行为数据分散在各个行业领域，如出行、家电、能源、旅游、环保等，采用区块链技术进行汇集将较为有利，实施较为可行。首先，各种源头数据可以上链存证（可采用与行业链跨链交互），保障原始数据不可篡改和可追溯，在此基础上通过运营中心的计算模型引擎统一换算为区块链代币表示的碳积分，发放并确权给用户，记入用户的链上碳积分账本，使用户可以通过"钱包"客户端清晰掌握自己的低碳轨迹，也可按需使用获得的积分；其次，监管部门可从区块链上不断了解动态交易信息，及时发现异常操作并可实施阻断，实现有效的过程性管控；最后，决策部门可全面分析行业和用户数据，从中发掘规律、趋势、特征，用以指导政策、措施、制度的制定。

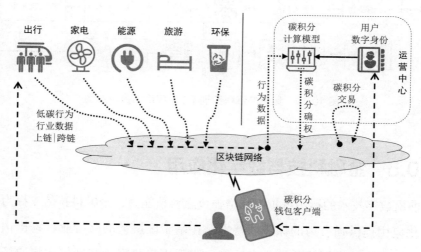

图10.20　基于区块链代币的碳积分确权示意图

这一技术架构并没有一味追求对等性，碳积分计算、生成、确权和交易采用中心化系统实现,用于保障运营的统一性、高效性,以及管理的规范性、严格性。区块链技术主要用于支撑数据汇集、可信操作和金融功能。中心化系统和区块链技术各自发挥优势,相互配合有助于业务活动顺利开展。

学习型社会倡导学习的终身化,根据自身职业发展所需,按照知识和技术更新的要求,参考经济社会急需人才目录,每个人都不应让学习这件事终止在从学校毕业这个时间点上,而应当有计划、持续性地学习,尤其是系统性较强的课程学习,使自身保持高水平的知识积累,紧跟时代前进的步伐。为鼓励学习热情,记录并量化学习成果是必要的,终身学习的学分银行应运而生,不仅可以将自己的学习点滴存入银行,学分还可以在很多场合发挥价值。

但是终身学习的时间跨度大、学习形式多样、学习行为随机性强,采集和汇总信息的难度可想而知。除规范的学历教育外,终身学习可以包含业余学位教育、短训班、研修班、岗位培训、职业技能培训、老年大学等,实际上听一次专业讲座、读一本好书等都应包含在内。因此,如图10.21所示,可制定统一数据标准,采用区块链汇集碎片化信息,转化为代币表示的学分,实现量化和交易,即可跟随学习者终身。

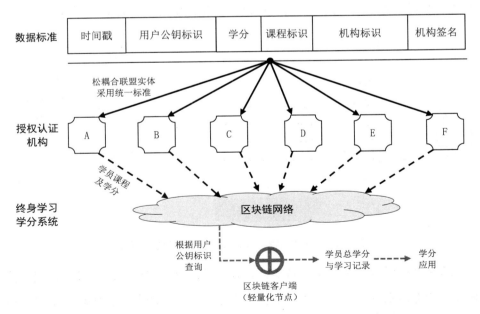

图 10.21　基于区块链代币的终身学习学分银行系统示意图

基于数据驱动思想，运用大数据分析，可为用户量身定制相关课程或学习内容推荐，决策部门可准确掌握全社会学习需求，有的放矢地部署学习资源。

商业保险是重要的金融产品，就个人和家庭而言，是资产配置的重要内容。对未来可能影响个人和家庭安全的风险点（如健康、事故、伤害）进行管控，是一种理性的、负责任的作为。在购买保险时，个人的困惑是不懂该买什么保险、什么时候买、买多大额度，保险公司的痛点是无法全面细致地了解购保者的真实情况，包括过往和现状，光凭购保者自己说，难以保证真实性，很难确定是否符合购保条件、费率浮动条件，对风控不利。以医疗保险为例，在购保时需要填写烦琐的表格，说明家族病史、过往病史、健康状况等，既麻烦又有过分暴露隐私之嫌。

医疗机构保存的个人健康档案属于公共数据范畴，是可以客观、可信地反映健康情况的数据，但是即使有权利人授权，在购保时进行全盘数据"搬家"明显不合理，会更多暴露个人隐私，也会与数据不出域的规定产生冲突。如图10.22所示，运用隐私计算技术原理，可将保险条款所涉及的数据进行分类建模，在健康档案库域内进行分析，结果与条件进行匹配，如只显示符合哪一级别的疾病，而不披露具体为哪一种疾病，从而实现最小化数据服务。

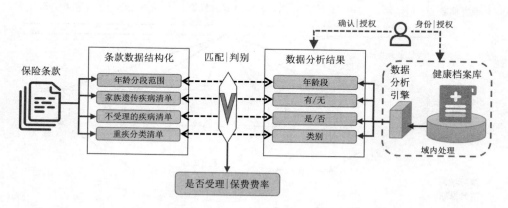

图 10.22　采用隐私计算实现购保数字化示意图

站在用户服务立场，购保隐私计算方法可以反过来用，即通过分析健康档案数据产生结果后，反向智能匹配各种医疗保险产品的条件，比较保险费率与保额，结合理赔要求高低等，从中遴选适合用户购买的候补目标。可见数字技术的合理运用不仅能够帮助保险公司利用数据驱动实现业务的数字化转型，还能够帮助普通用户弥补专业知识不足的弱势，在一定程度上减少金融产品选择的盲目性和局限性。

第11章 元宇宙——人生并非游戏

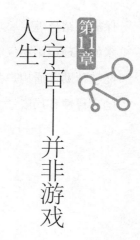

数字科技的创新和迭代越来越快,数字工具的能力和水平越来越强,数字应用的深度和广度越来越大,数字经济的增幅和份额越来越高。凡此种种迹象表明,数字空间鸿蒙已破,时值混沌初开,吾辈自当傲立虚境,争做数字盘古,行开天辟地之大业。

11.1 元宇宙认知

元宇宙的英文名 Metaverse 是个合成词,首见于美国科幻作家尼尔·斯蒂芬森 1992 年出版的科幻小说《雪崩》(*Snow Crash*),作者将词根 Meta(超越)与 Universe(宇宙,指代现实空间)合二为一成 Meta-verse,描绘想象中的超越现实的虚拟世界。Meta 中文通常翻译为"元",取本源之意,例如 Metadata 译为元数据(描述数据的数据,即超越普通数据的数据),同理译名元宇宙有一定道理。

1981年,美国数学家和计算机专家弗诺·文奇教授在其小说《真名实姓》中,创造性地构思了一个通过脑机接口进入并获得感官体验的虚拟世界。四十年后的2021年，在数字科技全方位发展、高水平应用的背景下，元宇宙概念再次被提出，并得到学界、业界、政界的广泛认同，迅速成为规划、投资、建设的热点，因此被冠以元宇宙元年称号。

一时间出现了许多关于元宇宙的描述或"定义"，如：一个人们用数字化身实现控制并相互竞争的未来世界；人类可以真切体验的虚拟世界；由现实世界映射，并与现实世界交互的数字空间；数字平行空间；等等。对元宇宙的理解和构想可以见仁见智，但元宇宙之所以受到各方关注和重视，主要是其完美描绘了未来数字空间的一种理想模型，使数字科技发展有了极远处的一个目标点，从而更有方向感，也更有奔头，同时可以从理想反推现实，揭示现在人类所掌握的数字技术尚有哪些盲点、死角或不足，进而可针对性地加以完善和改进。

元宇宙往往容易（或被人故意）与网络游戏混为一谈。虽然如今的网络游戏已经能够做到非常精美、极其逼真，几乎能让人感觉身临其境，但游戏就是游戏，除了可视化、交互式的共同点，其他要素与元宇宙完全不同，两者不可相提并论。不妨将两者做一个具体对比，如表11.1所示，两者在参与者、人物形象、场景及环境、社会关系、发展演绎、道德与法律、个人财产、目的和定位等最重要的八个方面均呈现出天壤之别。

表 11.1 元宇宙与网络游戏比较

比较要素	元宇宙	网络游戏
参与者	真实个体映射的数字化身，不可自动行动	注册账号选择的虚拟人物角色，可随意更换
人物形象	与真人相貌和身材一致（可略有美化）	千奇百怪（可以是僵尸、怪兽、动物）
场景及环境	数字孪生，与真实城市建筑、道路、布局一致	任意想象的虚幻场景（通常范围有限）
社会关系	亲属和社交关系与现实世界相同	由游戏设定，通常为合作或对抗
发展演绎	同现实世界，由所有参与者共同演绎，无设定	由游戏剧本预先设定，可反复重演

续表

比较要素	元宇宙	网络游戏
道德与法律	与现实世界一致的道德与法律，须遵守	无法无天
个人财产	与现实世界共享财产（资产）	单向购买游戏装备
目的和定位	消费、娱乐、学习、生产（创造经济价值）	娱乐至上

元宇宙应服务于经济价值的创造，这样才能与现实世界联手推动人类社会的进步。为此人们可以在现实世界和元宇宙之间"穿行"，在元宇宙中做那些更适合在数字空间做的事，不论是娱乐还是工作。把元宇宙建得与我们生活的城市类似是必要的，否则进入元宇宙就等于迷路，或者产生陌生感、分裂感，比如原来应该是家的地方变成了一片森林，可能就会产生无家可归的失落情绪。每个人及其社会关系应当平移进元宇宙，即使大家都能意识到自己身处元宇宙场景中，但兄弟相见不相识将会十分怪异，公司开会时如果还要费劲猜谁是总经理恐怕相当不利于工作。

元宇宙是数字空间与现实世界的有机融合体。元宇宙在空间维度上是数字构建的、虚拟的，而在时间维度上是真实的，与现实世界是同步一致的；在元宇宙里既有现实世界的数字化复制物，也有虚拟世界独有的创造物；元宇宙与现实世界紧密关联，又高度独立运作，可视为人类所创建的平行宇宙。

关于元宇宙，有三个有意义的问题值得深入思考。

第一，有些职业消失了怎么办？比如数字空间纤尘不染，肯定就不需要环卫工了，那么现实世界的环卫工进入元宇宙是否就"失业"了？或许必须换一个职业？其实不能一概而论。就以环卫工为例，元宇宙时代维护现实世界城市环境清洁美观仍然是必需的，但早已不是人力所为，环卫工甚至会先于其他许多行业用上元宇宙技术，环卫工进入元宇宙后，有权限在城市场景上叠加呈现"环卫视图"，可开启俯视模式，能够观察到哪些街道有落叶、哪些垃圾箱满了，只需动动手指就可调动自动机械装置前去打扫和清运。

第二，是否可以进行场景重现？技术上无疑是可以做到的，不是录像重放,而是记录的还原,然而同时可能成为窥视他人、侵犯隐私的手段,所以应该对权利进行严格的限制。例如,假定有人在元宇宙偷偷进入其他公司盗取了机密设计图,理论上"数字侦探"可以看彼时彼地的"慢镜头回放",重现嫌疑人的作案过程,立刻破案。再如,监管机构可以重现涉嫌操纵股票的投资公司内部会议,以"旁观者"身份聆听整个策划过程,铁证如山。因此,场景重现有其存在的价值,但如何保证依法授权才能启用这种功能、如何保障超级权限安全是至关重要的。

第三,如何防止人沉迷于虚幻?元宇宙呈现的场景可以极其精美,元宇宙可以体验到现实中无法实现的梦想,元宇宙里的感受可以非常愉悦。那么,人类或许会深陷其中无法自拔。设想一个极端情况:科技已经进展到除吃饭外的一切都可以在元宇宙完成,人只需要舒服地躺在椅子中,眨眨眼睛、转转脑子、动动手指就可以办公、购物和旅游,大部分人很乐意一辈子就这么躺着,似乎每天都和很多人打交道,可是没见过几个真人,似乎随心所欲就能去世界任何一个地方,可是连屋子都没出。如果这样的话,生命是否还有意义?

元宇宙浮出水面后,也随之出现了借其高科技光环炒作概念、跟风牟利、蓄意误导、盲目投资等现象,但无论如何,以构建元宇宙为未来愿景是一个正确的方向,在向目标努力前行的路上,围绕元宇宙的数字科技发展将给人类生活和社会经济发展带来多方面的变化:

- 促进数字化技术创新,加强技术协作,加速提高社会生产效率;
- 催生出一系列新技术、新业态、新模式,推动传统产业的数字化变革;
- 引导文创等产业进行跨界衍生,带动信息消费,激发实体经济高质量发展;
- 重构工作和生活方式,保障"数字移民"隐私、权益及生存环境;
- 推动数字城市、孪生城市建设,创新城市和社会治理模式。

元宇宙是一种新颖理念和宏大构想,需要技术、产业、管理等各方面长期演进、持续迭代式的探索,发展中必然会遇到许多挑战和风险,而解决这些问题的过程就是逐步将元宇宙塑造成形的过程。如需要确立元宇宙治理的基本框架，因为元宇宙是现实经济社会的场景映射，其中涉及道德观、价值观、社会组织、管理制度和法律体系等一系列要素，需要逐一完善并与数字技术融为一体，才能保障元宇宙有序运行。

11.2 元宇宙关键技术

元宇宙是所有数字科技综合运用的产物。

将元宇宙体系分为支撑层、赋能层、交互层，如图 11.1 所示。支撑层为基础底座，好比是岩石、土壤、矿物构成的大地。赋能层为功能要素，好比是阳光、空气、水分和食物。交互层就是生态环境，使人类可以体验数字空间的生存方式。先进数字科技发挥各自的技术优势，为元宇宙各个层次功能的实现提供支撑。

交互层的数字孪生、赋能层的 Web 3.0、支撑层的 4A 要素是元宇宙架构中的关键技术。

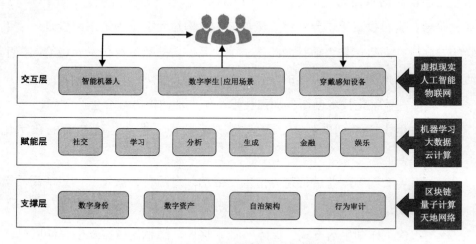

图 11.1 元宇宙系统和技术构成示意图

11.2.1 数字孪生

人类与元宇宙交互应当采用人性化的、自然的方式。例如，转头或转身能看到不同的场景画面，迈动双腿向前行走或转弯，交谈时面带表情且口型对得上，在会议桌边自己的椅子上坐下，打开或关上一扇门，调亮教室的灯光，离远一点听到的声音就变轻了……这些在现实生活中最习以为常的事情，在数字空间中要做到并不简单，因为所处的空间里不是只有自己，而是要与其他人及周边环境互动，而如果做不到，身处元宇宙就会感觉十分别扭。

人类最基本的活动是感知和动作（如图11.2所示），分别相当于计算机的输入和输出。感知是人体感觉器官接受来自外部环境或其他人的信息，包括看、听、闻、尝、触等；动作是指人体在虚拟场景中做各种事（主要指可见的动作，不包括思考等），例如说、写、走、坐、拿、做鬼脸等。比如元宇宙里两人见面握手，既要保证两只手在空间的精准位置交叉相握，又要能感觉到握手的力度，技术实现难度可见一斑。

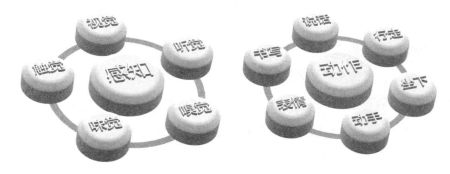

图 11.2　人类与数字空间交互关系示意图

人类的感知和动作都需要通过计算机设备连接到元宇宙。如今在虚拟世界中实现看（显示）、听（耳机）、说（麦克风）、写（输入）的技术已非常成熟，但其他方面的技术则有待进步，基本实现思路是不用物理方式而能让人感觉到什么（如闻到香味、尝到甜味），也能获知人想干什么（如往前走、转过身），有三种技术路径在探索中，即穿戴式设备、脑波控制器、脑机接口。其中脑机接口最为激进，需嵌入式直接连接大脑，而一旦成功则效果最好，可接收到大脑发出的各种指令，也可向大脑发送信号使人体产生特定的感知。

虚拟现实（Virtual Reality，VR）是元宇宙最基本的场景呈现技术。VR是由计算机仿真生成的三维立体图像（可为平面显示器的二维、2.5维图像），呈现出模拟现实世界的声音和视觉效果（如光与影），用户可以获得沉浸式体验、互动式操作。VR可用以显示实物、虚构之物、肉眼不可见的物体或物质、数据等各种数字化信息、正在创新和设计的东西等。1990年，科学巨匠钱学森先生曾提出将VR翻译为"灵境"，颇为传神，亦甚达意，可惜最终未能成为通用术语。

VR的重点是虚拟，就是数字化图像展现，即使表现的是实景，也不能直接使用照片或视频，而是由计算机绘制而成的画面。VR所说的现实不是物理世界，而是让人感觉看到的场景非常有真实感，虚构的内容也十分逼真，达到身临其境的效果。一些写实手法的动画片很接近VR，但有所不同，VR可以由用户控制角度、路径等，即步入虚拟场景。

增强现实（Augmented Reality，AR）是VR技术的一种变化（如图11.3所示），顾名思义，落脚点是"现实"，就是对物理世界的现实画面用数字技术进行内容增强，方法是在现实场景的照片或视频上叠加虚拟物体或信息，并可进行操作。例如智能试衣镜，实际上并不是镜子，而是一个具有AR功能的计算机大屏幕，摄像头拍摄站在前面的人，叠加上衣服后显示出来，就能看到自己"穿上"这件衣服的效果，不用进试衣间就能随便"换"衣服、改颜色。再比如透过AR眼镜看到的街景上显示导航箭头，餐馆的外文菜单自动翻译为中文，碰到一个不太熟的人旁边会贴心地跳出名字等。

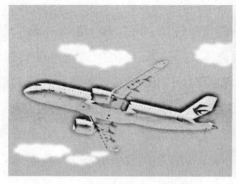

VR
计算机绘制画面，可选观看角度

AR
实景画面叠加信息，信息可操作

图 11.3　VR 与 AR 对比示意图

扩展现实（Extended Reality，XR）是进一步强化的AR，与AR一样是对现实世界场景的虚拟化内容和功能进行叠加。一种XR是现实环境中支持裸眼观看的方式，如采用3D投影、激光全息影像等技术。例如，在历史遗迹的废墟上"复原"建筑原貌，在游乐园中让恐龙在身边漫步，在家里让虚拟"管家"与主人对话等。另一种AR注重交互式功能的实现，将真实与虚拟融合起来，创造一种可以操作的虚拟场景。交互式AR一般需要智能眼镜等设备辅助支持。例如，戴上眼镜后办公桌上立刻出现了一个设计了一半的作品，伸手即可"拿起来"，可转动、放大、缩小，或"抓取"虚拟工具继续修改作品，设计完成后，将作品放到生成图标上，就会自动发送给3D打印机打出实物作品。

数字孪生并不是一项技术，也不是一个系统或产品，而是VR、AR和XR技术的应用模式。好比是一对双胞胎，一为实体，一为虚物，系出同源，面貌相似、"血脉"相通却相互独立，个性、特长迥异，因此能够各据一方、各展所长。如图11.4所示，数字孪生将物理世界的场景和物品在虚拟世界中复现出来。这么做不是为了观赏，而是有明确的目的，如为了仿真测试到修复改进、状态监管到远程控制、态势感知到精准施策、趋势预测到预防介入、

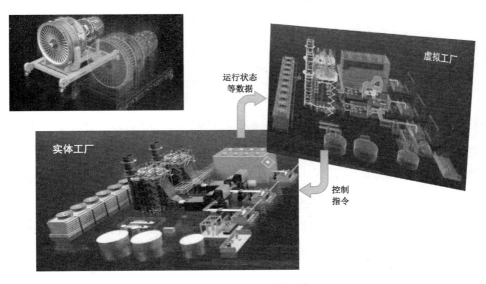

图11.4　数字孪生场景示意图

漫游预览到实际体验、沙盘演练到临场实战等，可充分发挥虚拟场景易叠加信息、任意调整后一键复原、无损性及低成本、没有人身与财物伤害的危险性、脱离时空限制自由发挥创意、支持历史过程复盘等优势，以优化现实世界运作。

元宇宙就是数字孪生城市、国家、地球乃至太阳系，但在元宇宙时代到来前，数字孪生很有价值，可以在局部场景产生显著功效，如无人码头、智慧车间、虚拟景点、数字城市等，活跃于经济、生活各个领域，在数字化转型中大显身手。

11.2.2　Web 3.0

Web本意为网状物，比如渔网、蜘蛛网，网型只是其结构，作用是整体性发挥的，如蜘蛛网能拦截并粘住昆虫，与Network（网络）用于连接计算机的含义和目的均有所不同，所以应从工具的角度去理解Web。

随着Internet上文字、数据、文档、表格、文件、图形、图像、音频、视频、动画、邮件等多媒体信息的急剧膨胀，用户寻找和获取信息变得越来越困难，需要知道信息存储方式（文件或数据库）、计算机位置（IP地址或域名）、采用的应用协议（远程登录Telnet或文件下载FTP等）并获取到账号，然后下载、安装和运行正确的客户端软件，才能获取到所需信息，网络信息访问的技术门槛很高，信息的碎片化程度很严重。

1989年CERN（欧洲粒子物理研究所）由蒂姆·伯纳斯·李（Tim Berners-Lee）领导的小组设计了一个协议和系统，1991年上线运行，目的是让用户能够方便地利用Internet交流文件等信息。这个系统被命名为World Wide Web（万维网），简称WWW或Web。如图11.5所示，Web采用超文本（Hyper-Text）、超链接（Hyper-Link）构建网页（Web Page）表达各种信息及其关联，通过HTTP协议进行传输。用户只需使用标准化的、易操作的浏览器，即可访问全网各网站（Web Site）上的多媒体信息，甚至可以运行脚本小程序。

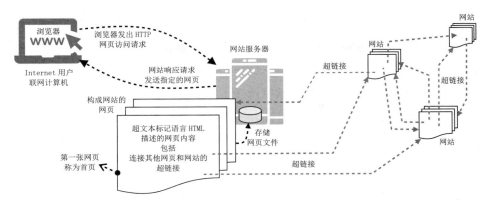

图 11.5　Web 技术原理示意图

Web 具有跨媒体、跨平台（不同计算机和操作系统）、跨站点等优秀特性，聚合了海量的、无序的信息，支持信息动态显示、用户交互操作，更重要的是实现了瘦客户机访问模式，使上网用户可以"以不变应万变"，即只用浏览器就能适应不同信息内容、类型、位置等。Web 统一信息访问技术对用户非常友好，在很大程度上消除了数字鸿沟，促进了网络应用普及。Web 技术思想发扬光大，还进一步演化出网格、云计算技术。

最初的 Web 网站通常用于信息的发布，例如复旦大学网站、某新闻媒体网站、某公司网站、某政府部门网站、个人网站等，现在称之为 Web 1.0，其特点是网站主体就是内容发布者，是各自为政的状态，因而就出现了搜索服务，帮助用户寻找所需信息的来源。

2004 年蒂姆·奥莱利（Tim O'Reilly）提出了 Web 2.0 构想，将 Internet 应用当成一种服务，于是 Web 网站演变为网络应用的服务平台，例如微博平台、即时通信平台、短视频平台、图片共享平台、购物平台等，推动了互联网平台经济的繁荣。Web 2.0 的特点是网站及其服务的提供者与内容创作者分离。网站平台发布上线后完全是空白的，内容需要由用户来创建，用户既是信息的发布者，又是信息的需求者。对比 Web 1.0，强化用户参与、鼓励内容创新的 Web 2.0 的核心价值不在于技术（虽然技术上也有改进），而在于思想与模式的转变。

然而，Web 2.0 平台上用户创造的劳动果实、积累的社交关系、赚取的利益财产（如积分）等，按理说属于用户的个人资产，而究竟由谁说了算、用户自己能否完全把控、如何监管等，逐步成为网络用户所关注的焦点。比如，随意复制或转发他人作品、恶意编造及传播谣言、非法构陷和诽谤他人等屡见不鲜，却又很难追责，有些平台方往往选择推卸责任，甚至有时候会删帖封号。

人们不愿意在无法保护私有财产和个人隐私的现实世界里生活，那么在数字空间亦然。Web 3.0正是试图解决 Web 2.0时代存在的诸多困扰。Web 3.0概念的提出可上溯到2006年，许多互联网技术、商业、意见领袖各抒己见，探究如何使互联网变得更好。Web创始人蒂姆·伯纳斯·李认为Web 3.0与Web3有所不同，Web 3.0符合其重塑互联网、将个人数据从大型科技公司的控制中脱离出来的理念，而不赞成2014年由以太坊创始人之一加文·伍德（Gavin Wood）提出的依赖区块链技术的Web3。其实，不考虑技术实现方式的差异，两者的努力方向和奋斗目标是一致的。因此，抛开"流派"成见，形成推进合力才是明智之举。

Web 3.0（Web3）的愿景是在互联网环境下构建价值网络，强调数据可信、数据主权和价值互联，建立去中心化、隐私保护、安全可靠的互联网服务。如图11.6所示，Web 3.0对比Web 1.0、Web 2.0有明显区别，用户对自己的账号（身份）、数据、财产等资产具有自主性，掌握拥有权和控制权。

Web 3.0可能给数字空间带来诸多变化：人们可以直接控制自己的数字资产，而不需要依靠对第三方机构（平台）的信任；能够获得更加安全的数据处理方式，人们可以更好地保护自己的隐私信息，决定自己的数据与他人共享的程度；人们可以更好地掌控自己的数据、内容和社交关系，避免中心化平台在信息流与算法上的控制；实现信息链的全程可追溯性，增强透明度和可信度，同时有利于实现依法监管；运用智能合约可编程能力，实现灵活的条件判别和逻辑控制，扩展更多能力和信息应用方式；更好地保护数据免遭攻击或丢失，提供存储可伸缩性和高效处理。这些变化的背后隐隐约约可看到区块链技术的影子。事实上，正是区块链技术可为Web 3.0目标的实现提供有力支撑，包括智能合约、广义代币、信息加密、分布式存储和点对点通信等技术的运用，为数字身份、数字资产的创建和利用铺平了道路。区块链技术因此成为Web 3.0

最有竞争力和可行性的技术架构。

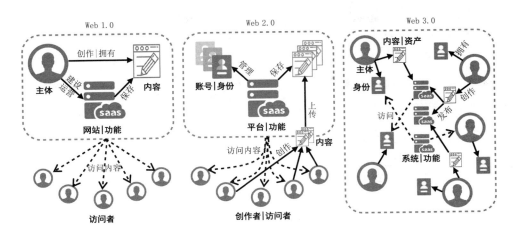

图 11.6　Web 服务模式对比

Web 3.0 是元宇宙的数字基础设施的要素，且与元宇宙类似，Web 3.0 技术成熟尚待时日，网络应用更是门可罗雀。因此，对 Web 3.0 过早进行大手笔投入的风险很大，极有可能成为探路的"先烈"而不是行业先驱。此外，不可否认 Web 3.0、区块链、元宇宙领域的鱼龙混杂、良莠并存，常见利用大众对新技术不了解来设局诈骗，在资本市场强行挂靠题材进行圈钱，以及炒作概念实施欺诈式营销等，比如负面事件频发必然导致行业口碑受损，产业投资望而却步，使实干的创业者难以获得足够的资本，技术迟迟无法得到市场认可，陷入恶性循环。但只要是真正优秀的、有用的技术，一定能左冲右突、拨开迷雾，在未来数字空间里占据应有的一席之地。

11.2.3　元宇宙基础 4A 要素

2021 年 8 月上映的科幻电影《失控玩家》（*Free Guy*）讲述了一个发生在元宇宙中的故事。电影情节有两个设定令人印象深刻。

一是主人公 Guy（银行职员）和他的好朋友其实是虚拟人，每天过着千篇一律的生活，但他们起先并不知情，以为自己与服务的顾客们一样，是真实人类的数字化身。虚拟人在元宇宙中是必要的，有些从事真人用户不愿干的职业，有些则完全是背景人——比如推着婴儿车路过公园或街道，以免环境过于冷清、缺少生活气息。但Guy"意识觉醒"了，发现了自己和朋友原来只存在于虚拟世界里的真相，感到沮丧、愤怒和崩溃。

二是有一天Guy听到了元宇宙系统要升级的消息，无异于晴天霹雳，因为从1.0版本到2.0版本，真人用户的数据会迁移过去，但不属于用户的虚拟人都会被系统管理员无情放弃，推倒重来。那么，对于Guy和朋友来说就等于来到世界末日。于是就有了Guy和朋友夺路狂奔的画面，因为当前版本系统开始关闭，他们赖以生存的唯一的世界在背后爆裂、崩塌。

不管最后Guy和朋友有没有逃出生天，都应该替Guy发出这样的质问：究竟谁有权力拔掉元宇宙的电源插头？

这个问题实际上关系到元宇宙架构的基础，就是是否存在中心化机制。由于元宇宙属于极其宏大的超级工程，需要巨量的技术集成、算力设施、资本投入，使之带有与生俱来的垄断基因。如果任由一两家超级公司来构建和运营，必然会导致这样的结果：少数人掌握了大多数人的"生杀大权"。Guy的遭遇很有可能会重演。超越生态系统的特权（像操作系统的根账号root）明显不符合自然法则，以此为基础构建的社会体系——哪怕只是数字化的——也是脆弱不堪的。因此，元宇宙要成为可信、安全的数字空间，需要从根本上确立开放性的、非垄断式的架构，这在一定程度上类似于互联网，没有人可以拔掉互联网的插头，因为插头是不存在的。

元宇宙的基础要素可归纳为4A：Avatar（数字化身，数字身份），Asset（数字资产，数字财产），Autonomy Architecture（自治架构）和Action Audit（行为审计）。4A要素分别对应于维持数字空间社会体系的持久和稳定运行所需的核心要求：真实可信的人（包括其他实体），安全得到保障的私有财产（包括公有财产），可扩展且不受胁迫的支撑底座，受行为规范约束的有序运行的社会。

元宇宙4A要素之间存在相互依赖、相互赋能的紧密关系，如图11.7所示。自治架构为基础底座，分别从可信认证、共识决策能力上为数字身份和行为审计提供支撑，两者反过来为数字社会的形成贡献社会关系和治理手段；数字身份为元宇宙参与主体,处于中心地位,目的是用数字资产来创造更多价值,而形成的财富就是对贡献者最有效的激励;最后,不论是数字人还是其财产,都受到法律和制度的保护,同时也接受合法合规性监管。

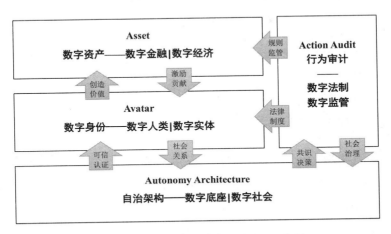

图 11.7 元宇宙 4A 要素及其关系示意图

区块链技术和系统对元宇宙具有不可或缺的支撑作用,在元宇宙 4A 要素的每个方面都有体现,如表 11.2 所示在唯一性数字身份及认证、家庭与社会关系(身份间关联)、行为可信记录及其溯源审计、多方协商与共识决策、数字资产确权和流通、规则制定与机器执行等方面,区块链都可提供关键性贡献。尤其在对等网络架构方面,因为元宇宙必然不能基于中心化模式来构建,而应当像人类社会一样,是独立、平等的个体的组合体,共同协作、共识决策,只有这样,任何人或机构才无法凌驾于元宇宙之上,元宇宙及数字社会才能更为稳固,并伴随现实世界持续进步。

表 11.2 元宇宙与区块链技术关系

元宇宙要素	元宇宙需求	区块链技术和系统支撑能力
数字身份	唯一性身份认证:个人,法人,组织,机构;家庭与社会关系	公钥身份标识;密钥自主操作;哈希关联
数字资产	数字货币;个人财产;数据资产;金融产品;经济活动	可信账本;资产确权;匿名交易;零知识证明;智能合约;价值网络

续表

元宇宙要素	元宇宙需求	区块链技术和系统支撑能力
自治架构	数字底座；基础设施；社会组织；多方协商；决策机制	对等网络；共识算法；可信计算；DAO
行为审计	行动轨迹；行为追溯；金融审计；制度制定；监管执法	记录存证；信息溯源；链上代码

11.3 元宇宙哲学观

元宇宙有用吗？——不用着急回答这个问题，或者说现在任何回答都可能是苍白无力的。不妨浏览几条不同时期的权威人士（机构）的论断。

- 电话作为一种通信工具，有许多缺陷，对此应加以认真考虑。这种设备没有价值。（西欧联盟，1876年）
- 我认为全世界市场上有可能售出五台计算机。（IBM董事会主席托马斯·沃特森，1943年）
- 未来计算机的重量可能不会超过1.5吨。（《大众机械杂志》，1949年）
- 无论对谁来说，（电脑）640K内存都足够了。（比尔·盖茨，1981年）

技术的发展速度远远超乎想象，即使是专家也经常会看走眼，高估了自己的专业预测能力，却很容易低估人类创造创新的潜力。在技术数量稀少、品种单一的时代，技术进步可能是缓慢、艰难的，但是在各种各样的技术涌现后，技术间的交叉融合会催生更多新技术，就像如今的数字科技领域，新技术、新模式层出不穷、日新月异。

所以，或许对元宇宙较为实事求是的判断是：元宇宙是未来。

首先，未来的意思是还未到来。唯一能够确定的是，现在元宇宙尚处于萌芽阶段，有些技术不够成熟，有些技术的性能有待提升，有些技术甚至还在孕育中，不管元宇宙的未来是远是近，总而言之有一段很长的路要走，还会经历很多挫折和失败。元宇宙不是"期货"，不应去炒作，更不能今天就去贩卖。

其次，未来说明一定会来。网络应用、数字经济的发展及其增长趋势表明数字空间的价值越来越大，数字化应用得到人们的普遍认可，人们已经非常习惯在现实世界与虚拟世界之间来回穿梭，越来越多的场景已离不开网络，可见以这样的态势进展下去，走着走着忽然间就会发现眼前就是元宇宙的绿洲。

最后，未来需要有备而来。无食材调料，无烹饪技能，则无以成席，安能大宴宾客？无知识积累，无系统思考，则无以成书，谈何释疑解惑？元宇宙即如此，需要磨炼各种技术、探索各种模式、积累各种成果，假以时日，方能水到渠成。元宇宙可能是人类生存的"第二空间"，如果对此毫无准备，就会成为数字空间的弱者或附庸，因为掌握核心科技的一方会成为方向引导者、规则制定者、利益获得者。

虽然元宇宙是数字化的，但不是唯心的，而是唯物的。元宇宙不是"游戏人生"，而是一种生活（生产）方式，是人类在蓝色星球上开垦出的一片广袤无垠的生存空间。人类会自然而自在地在现实与虚拟间无缝切换，实现虚与实的辩证统一。

- 虚实相对：虚，乃相较于实而言，似乎看不见摸不着，显得可有可无、无足轻重，其实虚就像影子，一直与实相伴而行。人类的思想、数学、道德及姓氏等其实都为虚物，但恐怕没人会说无关紧要。元宇宙之虚空亦然，虚拟只是数字化性质，却能产生实实在在的贡献，况且元宇宙并非无形，而是可看可听可感受可触达。

- 虚实相容：元宇宙与现实世界的虚实关系不能简单用脱虚向实或脱实向虚来描述和看待，两者不是对立、相斥的，相反，在应用时两者本质上是融为一体的，比如在现实世界里运用数字化手段，在虚拟世界里做现实世界的事。

- 虚实相映：现实世界的突破时空限制、提升能力和成效等需求，不断激发数字科技创新，推动数字化应用扩展，而数字化成果极大地加速人类文明的发展进程，因此虚实有道，两个方面可相互促进，相辅相成，交相辉映。

- 虚实相当：元宇宙不只是现实世界的附属物，反之，现实世界也不应该退化为元宇宙的从属品，两个时空实力相当，可平行推进，各展所长。

虚者实也，实则虚也。若能将虚拟化东西做实做透，创造财富、服务人类，那么更多事情都可以放心交给虚拟空间去完成，元宇宙就能真正成为一部以数据为燃料的引擎，为人类社会前行提供强劲动力。